自主和美教育实践论

杨 骞 著

吉林大学出版社

图书在版编目（CIP）数据

自主和美教育实践论 / 杨骞著 . —长春：吉林大学出版社，2018.4
ISBN 978-7-5692-2424-5

Ⅰ．①自… Ⅱ．①杨… Ⅲ．①教育研究 Ⅳ．① G40-03

中国版本图书馆 CIP 数据核字 (2018) 第 135803 号

书　　名：自主和美教育实践论
ZIZHU HEMEI JIAOYU SHIJIANLUN

作　　者：杨　骞 著
策划编辑：朱　进
责任编辑：朱　进
责任校对：杨　宁
装帧设计：美印图文
出版发行：吉林大学出版社
社　　址：长春市人民大街 4059 号
邮政编码：130021
发行电话：0431-89580028/29/21
网　　址：http://www.jlup.com.cn
电子邮箱：jdcbs@jlu.edu.cn
印　　刷：三河市嵩川印刷有限公司
开　　本：787mm×1092mm　1/16
印　　张：16.75
字　　数：230 千字
版　　次：2018 年 4 月第 1 版
印　　次：2023 年 5 月第 3 次
书　　号：ISBN 978-7-5692-2424-5
定　　价：58.00 元

序一
追寻"政策、理论、实践"相融合的办学之路

　　开发区国际学校刚刚度过 20 岁生日，作为校庆一项重要成果的专著《自主和美教育基础论》和《自主和美教育实践论》又和大家见面了。应该说，这是一件大事，也是一件好事。

　　说它是件"大事"，是因为这个时间节点，恰逢学校承前启后的关键时期，理应进行继往开来的创新思考。20 年前，开发区国际学校成立大会的情景，至今还历历在目。忽然之间这样一所被冠以"国际"头衔的学校，在开发区"冒"了出来，其"冲击力"可想而知。其实，那时谁也拿不准它的类别归属，更不知道它的办学模式。但是，第一个吃"螃蟹"的他们，不仅让学校发展了，更使学校成功了。其间，尽管有过这样那样的波折，他们毕竟成功地摸着"石头"过了河，走出了一条独具特色的办学之路。今天，在和大家一起分享生日的幸福时刻，他们并没有满足现状，没有停下脚步，而是筹划了下一阶段以"自主和美教育"为主题的顶层设计和学校变革，并在本书中系统展示出来。从此开启了今后 20 年改革和创新。所以，对于学校本身来说，这是一件很大的事情。

　　说它是件好事，是因为这个时间节点，又恰逢教育改革发展的关键时期，理应进行全面深入的理性思考。继《国家中长期教育改革和发展规划纲要（2010—2020 年）》颁布以后，2013 年党的十八届三中全会又提出了一系列教育综合改革的要求。在全市各类学校现代化标准建设全面铺开的进程中，如何结合自身实际，实施素质教育，落实规划纲要，推进综合改革，确保本市在全国率先实现教育现代化，已经成为全市学校工作研究的重点。本书呈现的顶层设计和学校变革，无论是整体性，还是系统性，无论是深刻性，

还是操作性，都及时地为大家贡献了很多宝贵信息。虽然他们的"自主和美教育"，属于学校"个案"，但是同样可作为参考，甚至"拿来"借鉴。所以，对于大家来说，这又是一件极好的事情。

校庆当天，我曾经聆听过杨骞校长的主题演讲，深有感触。写这篇序之前，又认真拜读了全书，更是感想良多，感慨良多。他们拿出的顶层设计，提出的学校变革，起码在三个方面确实具有普遍推广的价值。

其一，是政策落地。这里的政策是国家的教育政策。它包括党的方针、政策，国家法律、法规，既是学校办学思想的根本依据，也是学校办学行为的根本守则。之所以要用"根本"来强化"依据"和"守则"，是因为这些政策是从培养什么人和怎样培养人这两个根本问题上，表达了国家教育的根本方向，所以"根本"不可动摇。学校教育作为国家教育的"细胞"，无论确立怎样的理念，定位怎样的特色，选择怎样的策略，进行怎样的改革，是不能偏离政策规定的"根本"方向，这就是政策落地。可是，谁都知道现状真的并不那么理想。这些年的素质教育，是"说一套做一套"的，甚至是"说归说做归做"的，这已经不是个例。尽管情况非常复杂，但政策没在学校落地，导致偏离根本方向，这大概是根本原因。

为了把握正确方向，他们走了自己的路。在进行顶层设计，推进学校变革的过程中，实现了政策落地。"自主和美教育"的目标确定，构架形成，体系建立，策略研制……无不抓住了政策这个"根本"，无不结合着自身的实际情况。在这里，国家关于"培养什么人，怎样培养人"的若干政策，非常自然地融入了顶层设计和变革的每个维度的每个层面。当然，他们为了政策能够真正落地，也付出了很多很多。就拿政策学习来说，杨骞校长和他的管理团队，几乎读遍改革开放以来关于教育的改革和发展的重要文献。他们围绕一些重要问题，他们对不同历史时期的不同表述，做了认真地比对和缜密地思考。对于国家政策的这种热衷和执着，不仅非常可贵，而且尤其珍贵。这本书给人的直接感受就是，在这里国家政策和学校教育没有丝毫距离，就在学校里面，就在教育之中。

其二，是理论整合。这里所指的理论，是广义的教育理论，既包括古今中外的名家理论，也包括本土生成的"草根"经验。源于名家也好，出自"草根"也罢，其实就是在教育实践中发现、总结的一些基本规律。应该说，无论哪个方面的教育规律，都是人类教育活动的共同成果。大概正是这个原因，这些年教育理论一直"热度"不减。特别是在凡事都能一"网"打尽的今天，在带来学习便利的同时，也带来了学习误区。遭遇理论被"碎片化"的无奈，或是概念被"贴标签"的尴尬，可能谁也在所难免。

为了体现教育规律，他们走了自己的路。在进行顶层设计，推进学校变革的过程中，突出了理论整合。"自主和美教育"，从概念的界定，到要素的挖掘；从内涵的分析，到外延的引申；从原则的确定，到方法的策划……似乎没有直接引用的经典名言，更没生硬摊开的大家论述，人们自然生发了另外一种感觉：无处没有理论支撑，随时都像专家对话。因为在他们那里，众多理论经过了系统整合。杨骞校长和他的管理团队，在马克思关于人的自由、全面发展理论的统领下，从自己学校的实际出发，将中国的有教无类、因材施教、大道至简等传统教育思想和国外的建构主义、多元智能、需求层次等现代教育学说所揭示的基本教育规律融为一体，指导顶层设计，助推学校变革。这本书给人的直接感受就是，他们已经把以人为本，以学生发展为本，具体化、形象化、生动化了。

其三，是实践研究。实践研究已经比较"普及"。因为，它对于转变工作方式、提高实践层次、培育改革典型、提供创新成果，确实具有积极作用。但是"遭遇"异化，也给一些实践研究带来了负面影响，特别是把研究"需要"与个人"需要"结合起来，连一些本人都很羞于出手的东西，都能偶然得手，确实令人担忧。尽管为数不多，尽管一再纠偏，仍然不好控制。难怪有人戏谑，这种实践研究不仅是"短平快"，简直是"空手道"。时下，"板凳能坐十年冷"似乎已经成为一种奢求。

为了做实实践研究，他们走了自己的路。不仅在办学实践中，将整个"自主和美教育"作为一个大课题进行研究，而且还将分解以后每个目标，每项策略，都作为与之配套的小课题开展研究。更值得大家关注的是，无论是大课题还是小课题，杨骞校长和他的管理团队都力求带领全校沿着"调查分析—改革设想—实践验证—阶段评价—反复修正—总结升华"这样一个"实践—认识—再实践—再认识"的轨迹行进。可以说，他们进行的顶层设计，推进的学校变革，已经将日常的工作"实践"，当作严格的学术"研究"。大概这正是本书的字里行间，都能让人领略到浓郁学术气息的缘故吧。

其实，杨骞校长约我为本书作序的时候，还真有几分紧张。因为，我们在去年刚刚认识，几次接触他就给我留下了极深的印象，高深的学养，丰富的阅历，自不必说，就是那种"一竿子插到底"的精神和劲头儿，始终让我敬佩不已。作为一位早已功成名就的大学教授，肯于躬下身来做中小学的事情，而且做得还如此投入、如此精深，绝对不止眼界，更是境界。

在一定意义上，本书是对全市基础教育的引领，因为开发区教育就是本市教育的排头兵。

刘长兴

2015 年 1 月

序二
按照教育的规律办学校

杨骞校长是我的老朋友，也是我非常钦佩的一位教育家。他和我都是安徽人，彼此之间自然有一种老乡的情愫，但这不足以让我对他产生钦佩之情。真正让我对他产生钦佩之情的，是他对于教育事业的那种执着、那份情怀和那份坚守。

杨骞校长也是学院派出身，受过系统的教育学术训练，发表过许多有影响力的学术论文和专著，早年曾经在辽宁师范大学学科教育研究中心和教育科学研究所工作。但是，在以后的岁月里，他走向了一条不同的教育研究道路，不是在书斋里和图书馆里研究教育，而是跑到了教育一线（基础教育学校）研究教育。在办教育、办学校中研究教育，把对教育的思索纳入教育实践体系中加以检验和创新，体现了一位真正的教育家对于教育实践的勇气、热情和责任感。在这一点上，我没有办法和他比。尽管我本科毕业、硕士毕业和博士毕业时，都曾经想过要去按照教育的理想办一所真正的学校，可是最后都没有实现，这使我对教育的理解常常自觉不自觉地停留在"应然"的水平上。若不是我中师毕业后有过两年小学工作的经验，可能我的文章和演讲会遭到实践一线老师们的耻笑。

教育有自己的规律，这恐怕没有人去反对。尽管要对教育的规律讲出个子丑寅卯来，是一件非常不容易的事情，有人办教育升学率很高，但学生并没有得到全面的发展；有人办教育办得一塌糊涂，误人子弟；有人办教育办得有声有色，师生都得到积极主动和有价值的发展，这是不争的事实。所以，按照教育规律办学校，实在是校长的第一要务。可是，到哪里去寻找教育的规律呢？理论学习不可少，经验总结也是捷径，借鉴国外的做法也非常必要,可是这些做法都不能保证一位校长真正地掌握教育规律。一位校长要想掌握教育规律,恐怕还是得贯彻理论和实践相结合的原则,在理论和实践相结合处下功夫,把实践与研究结合起来。

杨骞校长就是这样一位努力在理论和实践的结合处探寻教育规律,并努力按照自己所把握的教育规律来办学校的人。他提出的"自主和美"教育理念在理论上来源于马克思主义的人性论、主体性理论以及诸多的现代教育理论,在实践上又是对先进办学经验的总结,反映了学校内涵式发展的要求,并努力将这个核心理念具体化到学生发展、教师发展、课程改革、教学改革、学校文化建设以及校长专业发展等领域,可谓上下求索,知行合一。

为什么这么说?教育是人道主义的事业,关注的是人的发展。人的发展是如何实现的,学校教育就应该怎么办。人的发展究竟是如何实现的呢?抛开社会历史的条件不说,自主发展是一切人的发展的一个共同特征。一个人,不管是孩子还是成人,也不管是中国人还是外国人,除非他自己想发展、愿意发展并努力为发展创造条件、追求发展目标的实现,否则谁也没有办法要他发展。失去发展的愿望、动力、自主性和主动性,是一切发展停滞的内在原因。教育要促进人的特别是青少年学生的有价值发展,不探索自主发展的秘密,不谙熟自主发展的节奏,不去努力创造自主发展的环境,如何能够实现自己的理想呢?所以,我以为杨骞校长抓住了人的发展的自主性,也就找到了教育世界的金钥匙,为课程改革、教学改革、教师队伍建设、学校文化建设等提供了一个上位的理念。

为什么提个"和"字?没有这个"和","自主"可能就会演变为"自私",从发展的动力蜕变为发展的障碍。人的发展,青少年的成长,自主性居于核心地位,这毫无疑问。但是,人的自主性是如何体现的呢?又是如何实现的呢?如果一个人的自主性水平不高,究竟如何来提高呢?这都是需要认真研究的问题。杨骞校长在自己的办学思考中,对这些问题都进行了深邃的思考,思考的结论之一就是自主性的体现、实现要在社会关系中完成,不能孤立地、个别地去实现。这真是非常辩证的观点,跳出了形而上学在个性与社会性之间的摇摆,也解决了教育实践活动中个性发展和集体主义精神培养、学生中心和教师中心的二元对立问题。一个从来不关注他人的人,一个从来不参与公共活动的人,一个不肯与他人合作共事的人,他的自主性水平是很低的,其发展也会遭遇很大的瓶颈。学生发展是这样,教师发展也是这样。所以我以为，一个"和"字，带来了一个更加良好和积极的教育生态，为师生自主性的发展奠定了坚实的基础，也是通向幸福学校生活的一座桥梁。

杨骞校长的人生格言是"做事求真，与人为善，人生寻美"，美是其人生的最高境界，也是其教育理想的最高境界。我想这是"自主和美"教育理念最后一个字——"美"所要表达的深刻含义。我大学时代的一位老师曾经说过，真正的教育是美的。我的另外一位朋友也说过，要按照美的规律办教育。我想他们表达的是同一个意思，即美的标准是教育评价的一个基本标准，好的教育、理想的教育让人终身受益，没齿难忘的教育一定是美的。理想的学校是一个美的王国，学校生活的一切也应该给人以美的体验、美的愉悦和美的记忆。天津开发区国际学校确实是一所处处闪烁着真、善和美的光辉的教育场所！

伟大的人民教育家陶行知先生在中华人民共和国成立以前曾经说过，办一所真正的学校，要有农夫的身手、科学的方法、艺术的旨趣和改造社会的精神。尽管陶行知先生当时是对着晓庄乡村实验师范学校的同学们讲这番话的，是对未来乡村教师们提出的要求，但是也同样适用于今天中国的基础教育。"农夫的身手"，要求教育者要像农夫那样不怕苦不怕累，要扑下身子舍得时间，终身为教育思与行；"科学的方法"，要求教育者要有科学的头脑和研究的精神，不能莽撞，也不能仅凭自己个人的兴趣和爱好办教育，要尊重教育规律；"艺术的旨趣"则要有美的眼光，力图将学校打造成美的乐园和自由的王国，为孩子们的自主发展创造良好的环境；"改造社会的精神"则要求教育家从长远的社会进步和国家民族的繁荣角度来看待今天的教育，要做抬头看路的教育家，不做低头拉车的教育家。杨骞校长在创办自主和美的教育实践中，自觉地践行了陶行知先生的思想，并结合时代的发展做了新的诠释和贡献。

自主和美的教育理论与实践，是新时代中国基础教育改革与发展的一朵奇葩！愿它的芬芳吸引更多的同行者，也愿中国基础教育的明天更加美好！

2015 年 1 月

前　言

一

　　自主和美教育是依据马克思人学和主体哲学,在吸取自由教育、自主教育、主体教育、和谐教育、生命教育等多种教育思想精华的基础上,经过近二十年的学习思考和十余年的教育实践而形成发展起来的。思想的形成是一个基于实践与经验,在不断假设—验证、归纳—演绎的基础上,选择、建构的螺旋式上升的过程,也是一个"隐性知识显性化""个别知识普遍化""零散知识系统化"的过程。

　　自主和美教育就是培养自主和美的人的教育,即强化"自我意识"、提升"主体能力"、促进"和谐发展"、引领"美好人生"的教育。

　　自主和美教育,旨在让学生成为真正的教育主体和自身发展的主体,使自我教育和自我管理在人的成长和发展中发挥作用。让课程设计、课堂教学、团队活动、实践活动、主题活动、自我管理等多种活动形式构成一个和谐开放的系统,坚守学生立场和实践观点,使学生成为完整的人、自主的人、和美的人;让教育成为一个尊重与信任、沟通与理解、体验与建构、合作与互动的过程,在教育过程中彰显生命的价值和活力,追求生活和人生的美好;让学生理解并珍惜生命存在的独特性,使人与自然、人与社会、人与他人、人与自我呈现出和谐统一的发展状态。

二

　　自由教育是 19 世纪末 20 世纪初产生于欧洲教育革新运动之中,并在

20世纪前半期成为一种影响广泛而深刻的教育思潮。自由教育思想可以追溯到古希腊时代的亚里士多德。他所说的自由教育主要是指学习的内容是文雅的、高尚的，应该是服务于自由民的、闲暇的，指的是一种"'自由人'的教育"，"即适合于'自由人'兴趣、需要和职责的教育，因此是'精英教育'，而非大众教育，是一般'博雅教育'，而非'职业教育'"[1]。到了18世纪的欧洲，自由教育的内涵发生了变化，主要体现在被誉为"教育上的哥白尼"的卢梭的自然教育思想之中。卢梭强调，教育应该培养自由的、独立的和自食其力的自然人，强调热爱儿童和尊重儿童天性的教育原则，而不是指学习的内容，遵循儿童自然天性的教育必定是自由教育，也只有自由教育才能使儿童的身心得到自由的发展，以区别于"强制教育"。自由教育的主要代表人物有蒙台梭利、罗素以及尼尔，自由教育的核心就是尊重和热爱儿童，强调儿童个性的自由发展。蒙台梭利指出，科学教育学的基本原则是儿童的自由，教育者应该观察自由儿童的自我表现，研究儿童的本性。罗素认为，尽可能减少教育上的权威，给予儿童更多的自由，更好地发展个人的自由，既包括见解的自由，也包括行动的自由。尼尔也提出，注重儿童天性发展的自由，让儿童在自由的环境中生活和成长。

依据自由教育思想的历史变迁和内涵外延上的变化，石中英先生给出了自由教育的一个定义[2]：（1）"自由"或"非权威"是与"强制"相对应的，从方法论方面说明了自由教育的性质；（2）"理性""以知识本身为目的""内在的价值目标"等，则从目的方面说明了自由教育的性质；（3）"基础性和普遍性"则从课程内容上说明了自由教育的性质，并提出了自由教育的三种精神：人道主义精神、民主主义精神以及理性主义精神。

三

自主教育，也许不是新概念，但在国内的研究和实践并不充分。以"自主教育"为"主题"，中国知网中显示的从1993年至2013年底近20年只有近300篇文献，其中包括了所有的教育形式，如高等教育、职业教育等，也包括诸如数学、语文等所有的学科教育，涉及基础教育办学方面的却很少，比较有影响力的文献不到10篇。这些研究大致集中在两个时间点，也恰好将自主教育研究大致分为前后两个阶段（前后各十年）。

　　第一个点是在 1993—1994 年前后。这正值全国由"应试教育"向"素质教育"转轨的重要时期,全国都在研究中小学校整体改革及其实验。"自主教育"是针对当时现实问题,在学校整体改革背景下提出的。第一篇相关文献是 1993 年徐一多同志的论文《论"自主教育"——关于小学教育整体改革主题的思考》[《上海师范大学学报》1993（1）]。这篇文献除了给出了"自主教育"的概念定义外,主要从三个方面论述了自主教育的实践:以培养学生的自我修养能力为目标改进与加强思想品德教育,以使学生乐学、会学为目标深化教学改革,以培养学生的多方面兴趣和创造精神为目标组织和开展课外活动。第二篇文献是 1994 年鞍山市钢都小学高春荣的文章《"自主教育"的理论与实践——当前小学教育个性发展途径探索》[《教育改革》1994（6）],该文主要论述了"六自能力"及其培养途径:思想品德养成中的自我教育能力,知识获得中的自主学习能力,生活中的自我服务能力,集体中的自我管理能力,文体活动中的自我锻炼与审美能力,科技活动中的自我创造能力。

　　第二个点是在 2003—2005 年前后。这正值我国全面启动第八次课程改革,自主教育是体现"以人为本""为了每一个学生的发展"的教育主张。《人民教育》2003 年（22）刊发河南省实验小学孙广杰的文章《自主教育:充分发掘学生的潜能》,该实验包括了五个方面:实行自定目标,倡导自我激励;摆脱师长监督,鼓励自觉学习;努力发展特长,允许自主选择;培养自主意识,落实自我管理;建立考评机制,引导自我评价。《上海教育科研》2003 年（8）和《上海教育科研》2005 年（6）都刊登了上海崇明中学的自主教育模式和实践经验,该研究从四个角度开展了自主教育:培养学生主体人格,形成自我完善的德育工作体系;发挥学生主体作用,形成自我教育的班集体建设体系;强化学生主体地位,形成自我发展的探究性学习体系;激发学生主体意识,形成自我管理的生活实践体系。

　　从中国知网中搜索,几乎没有找到理论性的文章,国内几大理论刊物如《教育研究》《教育学报》《华东师范大学学报（教育科学版）》《教育研究与实验》等无一篇文献。如果说有,可以说有两篇:分别刊登在《新课程研究》2004（1）张宇和詹万生的文章《新课程实施中自主教育的理论与实践探索》和《高等农业教育》2007（11）延边大学张寿的文章《关于自主教育的理性思考》,前一篇文章较为详细地论及了自主教育的理论依据和基本原则,有一些理论研究;后一篇文献虽然涉及了自主教育的概念界定、价值定位、理论基础、属性表现等问题,但"理性思考"并不够深刻,"理性"也并不强。

《中国知网》硕士博士文库中只有东北师范大学教育硕士谭兴光的一篇文章《中学自主教育研究(对主体性教育中基础问题的探究)》(2007)。该文从自主教育在主体性教育中所处的地位入手,对自主教育的意义、宗旨和基本任务进行了分析。通过分析和研究所在中学实施自主教育的具体实践,阐述了实施自主教育的基本理念、实践重点及展开的重要途径。最后,还提到了实施自主教育需要注意的相关问题并探讨了相应的对策。并试图通过以上探究,揭示出实施自主教育的基本思路和一般策略,以便更好地提高教育教学效果。

通过百度搜索,有关自主教育的图书也只有一本,浙江省义乌市宾王中学校长吴希红的《我要长成自己——初中生自主教育实践探索》(浙江大学出版社,2012)。本书较为系统地论述了初中生自主教育体系的建构、自主教育中的学校文化建设、学校社团组织的建设、学校德育与班级自主管理、促进学生自主学习的教学策略、体育活动中的自主教育、综合实践活动中的自主教育以及适应自主教育的学校管理体系变革。这是一本难得的自主教育实践的成果。当然,有关"自主学习"的图书有好几本,如《自主学习》(靳玉乐著,四川教育出版社,2005),《自主学习》(郑金洲著,福建教育出版社,2008),《自主学习——学与教的原理和策略》(庞维国著,华东师大出版社,2012),《自主学习与学习策略》(穆兰著,外语教学与研究出版社,2008),《课堂环境与自主学习》(范春林著,国家行政学院出版社,2013),《自主学习方法与途径》(David Little 著,福建教育出版社,2010),《自主学习——厌学是中国教育史上的癌症》(林格著,新世界出版社,2010)等。当然,有关教育教学中"自主性"培养的文献很多,这里就不再赘述了。

所谓"自主教育",就是通过教育的影响,充分调动学生的内部机制,引导学生积极有效地参与教育过程,增强学生的自我意识,在教师的指导下,使学生逐步形成自我教育的能力,成为积极主动,全面发展的人。"自主教育"的实质在于力图将教育的目标任务转化为学生主体实现教育目标、完成教育任务的自觉要求和自觉能动的活动,使学生逐步学会自我修养、自主学习、自觉锻炼、自我鉴赏、自我管理,形成自我教育的力量,实现教育与自我教育的有机统一。[3]

自主教育的实质体现在打破教育的划一性和审视、改造当前教育实践,向教育本质回归两个方面。自主教育的作用主要包括培养人的多元智能,注重教育策略和学生的差异性,激发人的创造意识,重视人的自主精神,培养人的自主能力。核心是培养人的完整德行品质,最终目的是促成人与世界、人与自然及人与自我的和谐关系的生成与发展[4]。

崇明中学以"自主教育"为突破口,在学校的教育教学和管理的各个领域,组织开展学生自我管理、自我锻炼、自我评价和自我规范的教育,使学生在志向追求上自强,在人格修炼上自律,在知识探求上自主,在生活管理中自理,学校教育的责任在于帮助和促进学生学会生存、学会学习、学会负责、学会追求。[5]

自主教育是学生主体性生成和发展的基础,自主教育是学生全面发展的内在动因,自主教育是教育有效展开的重要途径,自主教育是个体适应社会发展的需要。自主教育的宗旨是实现学生的自主发展。自主教育的基本任务是培养学生的自主意识,发展学生的自主能力,形成学生的健康人格。[6]

四

20 世纪 70 年代末期,在我国教育学术界被称之为"热点中的热点",乃是主体性和主体教育问题。这一研究发端于于光远先生的两篇文章,一篇是发表在《学术研究》1978 年第 3 期的《重视培养人的研究》,一篇是发表在《教育研究》1979 年第 3 期的《关于教育科学体系问题——在全国教育科学规划会议上的讲话》。紧接着就是于光远先生在《教育认识现象学中的"三体问题"》[中国社会科学,1980(3)]一文中提出"三体论",1981年顾明远先生在《江苏教育》(小学版)第 10 期发表的《学生既是教育的客体,又是教育的主体》文章,提出"二体论",这也就构成了主体教育研究的第一阶段(20 世纪 70 年代末到 80 年代初),由"三体论"到"二体论";第二阶段是 20 世纪 80 年代到 90 年代,从"师生主体论"到"教育主体论"。扈中平在 1989《教育研究》第 8 期发表了《人是教育的出发点》一文,把人的问题摆在了教育的核心地位,可以看作是教育人学确立的宣言书。王道俊评价这一篇论文"使问题进一步明朗化了,也尖锐化了。"[7] 所谓"明朗化了"是指将学生在教育中的地位提高到"把学生当人看"的高度明朗化了,将"教育与人"这一研究主题的地位明朗化了。所谓"尖锐化了"是将过去片面强调"教育与社会",忽视"教育与人"的矛盾和问题"尖锐化了";将片面强调"教育为社会服务(为政治、阶级斗争服务在先,为生产力、市场经济服务在后)",忽视"教育为人自身的生存与发展服务"的矛盾和问题"尖锐化了"。王道俊和郭文安先生分别在 1989 年的文章《让学生真正成为教育的主体》(《教育研究》第 9 期)和 1990 年的文章《试论教育的主体性——兼谈教育、社会与人》(《华东师范大学学报(教育科学版)》1990 年第 4 期)中,跳出了教学论与认识论的局限,从"原理的高度"与"实践的层面"提出了教育的主体问题,极大地推进了主体教育理论的发展。

关于教育的主体性,概括起来主要有三个方面:一是教育活动中人的主体性,二是教育活动自身的主体性,三是教育系统在社会结构中的主体性。首先,关于教育活动中人的主体性,一般认为包括受教育者的主体性、教育者的主体性和决策者的主体性等三个方面,有学者提出还应该包括教育理论工作者的主体性。[8] 其次,教育活动的主体性体现在三个方面[9]:一是"教育是一种主体性活动",教育活动中的人是具有能动性的主体,人的能动性影响到教育活动自身的性质、特点与规律;二是教育具有相对独立性,王策三指出,教育理论、教育实践和教育研究等方面处于被动和从属的地位,造成了教育主体性的失落,而"主动适应社会,培养主体性的人,坚持自身的规律和价值"是教育保持自身相对独立性的根本出路[10],扈中平认为,教育的相对独立性不仅体现在教育对社会的适应和服务是主动的、有自主性、批判性和选择性的,[11] 而且还体现在教育规律的特殊性(异于自然规律的必然性与决定论)和价值调控的偏移性;[12] 三是教育具有超越性。教育的超越性有两个相互联系的方面:是指教育对受教育者现状的超越,二是指教育对社会现状的超越[13]。再次,教育系统的主体性是指教育管理的主体性。教育管理是"在教育过程的基础上建立起来的教育实践的宏观层次"[14],教育系统(教育管理)的主体性涉及学校与政府的关系问题,涉及学校内部治理结构的改革问题,涉及学校能否以及如何去行政化的问题,涉及教育在行政管理、人事制度、经费来源等方面的自主问题。

从 20 世纪 90 年代，主体教育实验在 20 世纪 80 年代的单科单因素实验的基础上拓展到了整体性和综合性的实验，形成了主体教育理论建构和成果。典型的实验和研究主要有两个：一是北方由北京师范大学裴娣娜主持的"少年儿童主体性发展实验"，1992 年在河南安阳人民大道小学正式实施；一个是南方由华中师范大学部分学者主持的"学生主体性素质的构建实验"，1993 年在湖北荆门象山小学开始实施。经过十多年教育实验的探索和理论研究，"主体教育理论"在核心概念内涵的界定、主要范畴与基本命题的概括以及小学生主体性培养的指标体系和操作策略建构等方面取得了成果。具体表现为三个方面：一是界定了"主体""主体性"两个核心概念的内涵，二是围绕主体性的三维结构（独立性、主动性和创造性）建立了主体教育的理论体系、实践体系和制度体系[15]，三是形成了"价值性追求与工具性追求相结合，将责与权真正还给教育主体""在实践活动基础上通过交往促进主体性的发展""在社会化过程中实现个性化发展""优化育人环境，实现个体主体与群体主体有差异的发展"等四个基本命题[16]。"参与""体验""交往""合作""差异""个性"成为"主体教育理论"的关键词和操作策略。对主体教育的进一步的深化研究就是"主体间性教育论"[17] 和"类主体教育论"[18]，这里不再赘述了。

五

与主体教育相关但思路略不同，将"生命"作为学生主体性的载体、原点和最内在的根据，构成了 20 世纪 90 年代教育实验和教育理论发展的另一脉络，其代表是华东师范大学叶澜提出的"新基础教育"实验和"生命·实践教育学"。通过课堂教学价值观、过程观和评价观的重建，叶澜提出新基础教育改革实践的目标是"把课堂还给学生，让课堂充满生命力；把班级还给学生，让班级充满成长气息；把创造还给教师，让教育充满智慧挑战；把精神生命发展的主动权还给师生，让学校充满蓬勃生机"。[19] 经过十多年的"新基础教育"实验和理论建构，叶澜从教育基本原理的高度提出了"生命·实践教育学"，其基本观点是"教育除了鲜明的社会性之外，还有鲜明的生命性。人的生命是教育的基石，生命是教育学思考的原点。在一定意义上，教育是直面人的生命、通过人的生命、为了人的生命质量的提高而进行的社会活动",而教育的生命基础包含着三层含义[20]:一是教育具有提升人的生命价值和创造人的精神生命的意义,二是教育活动的实质是人类精神能量在师生之间、学生之间的转换和新的精神能量的生成,三是师生的生命发展是学校教育成效的基础性保证。"新基础教育"提出了很多好的教育主张是非常有价值的。比如四个"还给":(1)将课堂还给学生,让课堂焕发出生命的活力;(2)将班级还给学生,让班级充满成长的气息;(3)将创造还给老师,让教育充满智慧的挑战;(4)将精神发展的主动权还给学生,让学校充满勃勃生机。还比如七条课堂教学要求:(1)保证学生自主学习的时间和空间(自主学习的时间不得少于1/3,学习空间的结构要体现开放性、多样性与灵活性);(2)关注每一个学生的学习状况;(3)实现师生之间的民主与平等;(4)培养学生的质疑问难;(5)促进师生的有效互动;(6)实现学生的"书本世界"与"生活世界"的沟通;(7)注意教学行为的反思与重建。

六

教育本以育人为其根本目的。然而不知何时,出现了"教育被异化""教育要嫁人""教育忘了人""教育去人化""教育中的人学空场"。张楚廷先生曾在《教育就是教育》一文中直言道[21]:"教育本不是经济,却搞成了经济那样;教育本不是政治,却把它当成政治看待;教育本不是军事,却又模仿军营管理。"张志勇先生也指出[22]:"我国教育仍走着一条与经济发展相同的粗放型道路,这条道路有以下四个特点:一是高消耗——师生时间投入量极大,教育成为拼体力、拼消耗的一种体力型劳动。二是低产出——教师和学生发展不全面、不健康,畸形发展成为不少地方学校教育的一种常态。三是粗放式——对学校、教师、学生的管理不全面、不到位、不科学。从目标上讲,教育只管知识与技能教育;从方法论上讲,教育不管过程,只管结果。四是鄙视科学——教育的科学精神极其匮乏,教育发展缺乏辩证思维、科学思维。顽固地相信时间加汗水,不尊重规律、不相信科学。"

2010年3月12日《解放周末》发表了复旦附中特级语文教师黄玉峰的采访[23]:"人"是怎么不见的?指出教育中的"四个主义"。功利主义:浮躁浅薄,急功近利;专制主义:扼杀个性,奴化教育;训练主义:制造工具,剥夺灵性；科学主义：貌似科学，堂皇迫害；技术主义：专讲技巧，反复操练。比如功利主义强调的是"教育为无产阶级政治服务，教育与劳动生产相结合。"培养的是"德智体全面发展的社会主义的劳动者"。它的着眼点，不是在培养人，而在能不能够成为为国家服务的"一种有用的机器""一种服务于政治的劳动工具——劳动者"；不是在关心人的成长，而实际上是在压制人的和谐发展，健康成长。要求做一颗革命机器上的一个螺丝钉。政治挂帅不行了，又来了分数挂帅，一切为了应试，一切为了分数，所谓在分数面前人人平等。人成了分数的奴隶，进了高校后又成了"考证书"的奴隶。独立的人格不见了，独立的思想不见了，自由的精神不见了，"人"不见了。更为可怕的是，在这样环境中成长的学生，养成一种双重人格：他们知道"该"说什么和"该"做什么，例如，当教师们、校长们大呼"素质教育"的时候，他们知道实际上校长们要的是分数，当学校教育他们为人要忠诚、讲诚信时，他们知道为人须乖巧……

2014年11月20日《广州日报》刊登了练洪洋的文章《教育要把"人"找回来》[24]。教育终极目的就是"人的教育"，教一个大写的"人"，育一个完整的"人"——知识与能力之外，健全的人格、健康的心态、善良的品性，一样重要。不少家长认为，孩子接受学校教育，目的是"三好"——考一个好分数，进一所好学校，找一份好工作。至于"第四好"——把孩子培养成一个好人，则没被摆到应有位置。于德育本身而言，目标空泛，针对性不强；内容僵化，与现实疏离；手段单一，言传多于身教等，都是屡被公众提及的老问题。举个简单例子，将学生关在教室学习，不让他们多参加集体活动，如何培养他们的集体观念与合作精神？

还有在办学和教育过程中，"伪教育""反教育"的现象也比较严重。比如"把学生分成三六九等，特别歧视'差生''后进生'"，"用暴力对待'后进生'"，"用非人性的标语口号督促学生拼命学习"，"在学习中提倡竞争"，"拔苗助长，对学生实施过度的教育，过早地给儿童加重学习任务，用承重的学习负担剥夺其幸福的童年。"[25]

"回归教育的本质"，必须站在人的立场上，确立人（学生）在教育中地位和作用。人是教育的目的，意味着教育不是直接培养劳动者，不是直接培养接班人，也不是直接培养商人，更不是直接培养诺贝尔奖获得者……而是为了培养"知情意统一"的人，为了培养"真善美统一"的人，为了培养

自主和美教育实践论

"智仁勇统一"的人，为了培养自主和美的人……人是教育的出发点。在人的生活中，教育是因人之自我生存、自我完善而产生。教育一词更多的是作为儿童的一种生活方式而出现的（虽然教育起源有很多种观点）。夸美纽斯说过"人不受教育不能成为一个人"。康德在《论教育》(1803) 中也说："人只有受过教育，才能成为人。"人是教育的归宿。人的生存和发展这一内在的目的性价值是规定和衡量教育的基本尺度，一切外在的工具性价值都必须建立在人的内在的目的性价值的基础之上。这两种价值在教育价值体系中的错位，正是造成当今教育危机的重要原因。再次，只有用人的眼光去看待人的生存和发展才是人之自我生成的逻辑，也才能理解和说明教育的基本逻辑。人是生活着的人，人之生成的根源、源泉、动力以及运作机制都内在于他自己的生活之中，不需要到生活之外某种实体或法则去寻找。教育正是通过知识和人性的引导，使人在自己的生活和实践活动中不断地思考和探寻，提升人性，生成为人。

"教是为了不教。"联合国教育委员会在 1972 年指出"未来的学校必须把教育的对象变成自己教育自己的主体。受教育的人必须变成教育自己的人；别人的教育必须成为他自己的教育。"德国教育家第斯多惠说："不好的教师是传授真理，好的教师是叫学生发现真理。"这是因为"学生主体活动才是自身发展的机制"。影响学生身心发展的因素，叶澜先生认为有两大类[26]："一类是可能性因素，包括主体自身的条件（先天与后天）和环境因素，一类是现实性因素，即指主体自身的活动。""可能性因素为人的发展提供的是多种可能，但要使可能最终成为现实的发展只有借助于个体的活动才能实现。正是在使个体发展的各种可能变为特殊的现实发展的意义上，可以说个体的活动是个体发展的决定性因素，没有个体的活动就谈不上任何发展。"所以学生是自身成长的内在因素，学生的发展是自己的事情，只有通过自己的努力和刻苦，只有通过自己的学习和思考，只有通过自己的参与和体验，才有可能获得自身的成长。教育作为一种外在的教育形式和影响力量，应以学生的自我意识、主体性、自觉性、成熟为根本的价值追求。教育是为了学生的成长提供良好环境和有利条件，教育是为了学生的成长更有效和更有价值，教育是为了自我教育和自主管理、学会学习和学会共处。

教育最终还要"让学生成为他自己。"联合国教科文组织在《学会生存》中指出，教育的目的在于使人成为他自己，"变成他自己"，应该将"学习实现自我"放在最优先的位置。"我国基础教育最大的失败莫过于从小学到高中读了 12 年书,孩子却不知道自己的潜质在哪里。他们为读书而读书,为父母而读书,为文凭而读书,为改变命运而读书。读书就是完成一项任务,读书成了一件纯功利的活动。唤醒孩子的自我意识,解决'我是谁'的问题,应该是基础教育的任务。"[27] 这种"成己的教育以自我完整性为追求,以自我实现为目的,通过对差异性、独特性、自主性和独立性等个性品质的尊重,使教育走向了现实的自我。"[28] 不仅如此,还要"做最好的自己。"每个人都可以在超越自我的基础上不断取得成功,实现自我价值,追求一种完满的幸福生活。借用李开复先生的"成功同心圆"模型[29],每个人只要拥有正确的价值观,具有积极、同理心、自信、勇气、胸怀等人生态度,并采取追寻理想、发现兴趣、有效执行、努力学习、人际交流、合作沟通等行为方式,每个人都可以做最好的自己。

从教育中将人当作"工具"(称为"成物"的教育),到教育学立场的人学转向(称为"成人"的教育),再到"成己"的教育,"在当前都有其存在的现实基础与合理性依据,只有这三者在教育发展过程中形成一种必要的和恰当的平衡,才能真正实现教育对社会、对个人乃至对人类的承诺。"[30] 这是一种工具理性和价值理性的合理判断,我们的主张应该是在"成人"的基础上"成己"并"成物",进而实现这三者的统一。当教育培养出的人是"自主和美"的人,他一定是一个能"成全自己"的人、一个能"成就自己"的人,进而一定是一个合格的劳动者、一个高素质的接班人⋯⋯

七

本书主要包括了两大主题的研究与实践。

(一)培养什么样的人:自主和美的人

1. 学校确立培养目标的依据

(1)人学、心理学、伦理学等学科基础

(2)国家对人才培养的基本要求

(3)社会发展对人的基本需求

(4)学生身心发展规律

（5）教育实践的理论拷问

（6）古今中外已有的教育思想和理论

（7）学校的历史与社区的实际

（8）校长的成长历程与眼界

2. 培养自主和美的人

自主和美的人具有生存、生活以及追求美好人生的意识和能力，能够与自然、社会、自我和谐共生，最终成为一个具有健全人格、自由创新和负责任的人。

自主和美的人是一个完整与和谐的人，自主和美的人是一个具有社会担当能力和创新精神的人，自主和美的人是一个追求个体幸福与社会幸福相统一的人。

（二）怎样培养人：自主和美教育

1. 自主和美教育思想

自主和美教育即为强化"自我意识"、提升"主体能力"、促进"和谐发展"、引领"美好人生"的教育。自主和美教育，作为一种思想，强调由不愿意到愿意、由不自觉到自觉、由被动到主动、由他律到自律的转变；强调学生发展中的主体性与社会性、成人与成事、精神与行为、当下与未来的高度统一；强调在教育过程中学生的自主选择、自主学习、自我管理以及自我评价；强调学校改革中的课程建设、课堂活力、社团发展以及活动设计；强调学校发展中的价值引领、文化自觉、自主变革以及持续发展。

2. 自主和美教育实践体系

实践自主和美教育，除了文化育人外，主要有课程设计、课堂教学、社团活动、主题活动、实践活动以及自我管理六大教育途径。

3. 通过学校自主管理，使教育更有价值、更高质量，使学校更加和谐、更具美好。

杨军

注释：

[1][2] 石中英. 教育哲学 [M]. 北京：北京师范大学出版社，2007，213，214-216.

[3] 徐一多．论"自主教育"——关于小学教育整体改革主题的思考 [J]．上海师范大学学报，1993（1）．

[4] 张宇，詹万生．新课程实施中自主教育的理论与实践探索 [J]．新课程研究，2004（1）．

[5] 赵树利．自主教育：让每一位学生获得成功 [J]．上海教育科研，2005（6）．

[6] 谭兴光．中学自主教育研究（对主体性教育中基础问题的探究）[D]．长春：东北师范大学，2007．

[7] 王道俊．主体教育论的若干构想 [J]．教育学报，2005（5）．

[8] 王策三．教育主体哲学刍议 [J]．北京师范大学学报（社会科学版），1994（4）．

[9] 王道俊．关于教育的主体性问题 [J]．教育研究与实验，1996（2）．

[10] 王策三．教育主体哲学刍议 [J]．北京师范大学学报（社会科学版），1994（4）．

[11] 扈中平．现代教育思想的两个基本要点 [J]．华南师范大学学报（社会科学版），1998（5）．

[12] 扈中平．教育目的论（修订版）[M]．武汉：湖北教育出版社，2004．

[13] 王道俊．关于教育的主体性问题 [J]．教育研究与实验，1996（2）．

[14] 王道俊，郭文安．关于主体教育思想的思考 [J]．教育研究，1992（11）．

[15] 北京师范大学教育系、河南安阳人民大道小学联合实验组．小学生主体性发展实验与指标体系的建立测评研究 [J]．教育研究，1994（12）．

[16] 裴娣娜．主体教育理论研究的范畴及基本问题 [J]．教育研究，2004（6）．

[17] 张天宝．走向交往实践的主体性教育 [M]．北京：教育科学出版社，2005．

[18] 冯建军．当代主体教育论 [M]．南京：江苏教育出版社，2001．

[19] 叶澜．反思学习重建——十五年学术探索的回顾 [J]．天津市教科院学报，2000（4）．

[20] 叶澜．为"生命·实践教育学派"的创建而努力——叶澜教授

访谈录［J］. 教育研究，2004（2）.

　　［21］张楚廷. 教育就是教育［J］. 高等教育研究，2009（11）.

　　［22］张志勇. 转变非理性教育思维推进教育改革新突破［J］. 教育研究，2011（2）.

　　［23］黄玉峰. "人"是怎么不见的［N］. 解放周末，2010-3-12.

　　［24］练洪洋. 教育要把"人"找回来［N］. 广州日报，2014-11-20.

　　［25］顾明远. 要与反教育行为作斗争［J］. 中国教育学刊，2011（9）.

　　［26］叶澜. 影响人发展的诸因素及其发展主体的动态关系［J］. 中国社会科学，1986（3）.

　　［26］张绪培. 基础教育要完成"启蒙"的任务［J］. 中国教育学刊，2013（12）.

　　［29］李开复. 做最好的自己［M］. 北京：人民出版社，2005：11-18.

　　［28］［30］吕寿伟. 成物、成人与成己［J］. 教育理论与实践，2014（34）.

目 录

第一章　学校教育的基本问题：培养什么人和怎样培养人

一、关于"培养什么人"

教育作为培养人才的社会事业，国家首先要对"培养什么人"以某种形式做出自己的回答，比如我国在不同的历史时期有着相关的规定。

1957 年，毛泽东同志在最高国务会议上指出："我们的教育方针，应该使受教育者在德育、智育、体育几方面都得到发展，成为有社会主义觉悟的有文化的劳动者。"1958 年《中共中央、国务院关于教育工作的指示》指出："培养有社会主义觉悟的有文化的劳动者。"这是新中国对教育目的的第一次明确表述。

1982 年，《中华人民共和国宪法》第四十六条中对教育目的的规定："国家培养青年、少年、儿童在品德、智力、体质等方面全面发展。"这是中国当代历史上第一个以法的形式出现的教育目的。

1985 年，《中共中央关于教育体制改革的决定》指出："各级各类合格人才，都应该有理想、有道德、有文化、有纪律，热爱社会主义祖国和社会主义事业，具有为国家富强和人民富裕而艰苦奋斗的献身精神，都应该不断追求新知，具有实事求是、独立思考、勇于创新的科学精神。"

1986 年颁布的《中华人民共和国义务教育法》中是这样的表述：义务教育必须贯彻国家的教育方针，实施素质教育，提高教育质量，使适龄儿童、少年在品德、智力、体质等方面全面发展，为培养有理想、有道德、有文化、有纪律的社会主义建设者和接班人奠定基础。

1993 年,《中国教育改革和发展纲要》指出:"教育改革和发展的根本目的是提高民族素质,多出人才,出好人才。各级各类学校要认真贯彻'教育必须为社会主义现代化建设服务,必须与生产劳动相结合,培养德、智、体等方面全面发展的社会主义事业的建设者和接班人'的方针。"

1995 年,《中华人民共和国教育法》总则第五条规定:"教育必须为社会主义现代化建设服务,必须与生产劳动相结合,培养德、智、体等方面全面发展的社会主义事业的建设者和接班人。"

1999 年,《关于深化教育改革全面推进素质教育的决定》要求全面推进素质教育,教育要从德育、智育、体育、美育多方面培养学生。德育方面"要加强辩证唯物主义和历史唯物主义教育,使学生树立科学的世界观和人生观","培养学生坚韧不拔的意志、艰苦奋斗的精神,增强青少年适应社会生活的能力"等;智育方面要"激发学生独立思考和创新的意识……培养学生的科学精神和创新思维习惯,重视培养学生收集处理信息的能力、获取新知识的能力、分析和解决问题的能力、语言文字表达能力以及团结协作和社会活动的能力";体育方面要"使学生掌握基本的运动技能,养成坚持锻炼身体的良好习惯","培养学生的竞争意识、合作精神和坚强毅力";美育方面要"增强学生的美感体验,培养学生欣赏美和创造美的能力"。

2001 年,《国务院关于基础教育改革与发展的决定》又指出:"坚持教育必须为社会主义现代化建设服务,为人民服务,必须与生产劳动和社会实践相结合,培养德智体美等全面发展的社会主义事业的建设者和接班人。"

2010 年,《国家中长期教育改革和发展规划纲要》分别从德育为先、能力为重、全面发展三个方面,对培养目标做出了如下规定:"坚持德育为先。引导学生形成正确的世界观、人生观、价值观,培养学生团结互助、诚实守信、遵纪守法、艰苦奋斗的良好品质。树立社会主义民主法治、自由平等、公平正义理念,培养社会主义合格公民。坚持能力为重,优化知识结构,丰富社会实践,强化能力培养。着力提高学生的学习能力、实践能力、创新能力,教育学生学会知识技能,学会动手动脑,学会生存生活,学会做人做事,促进学生主动适应社会,开创美好未来。坚持全面发展。加强体育,加强心理健康教育,促进学生身心健康、体魄强健、意志坚强;加强美育,培养学生良好的审美情趣和人文素养。加强劳动教育,培养学生热爱劳动、热爱劳动人民的情感。重视安全教育、生命教育、国防教育、可持续发展教育。促进德育、智育、体育、美育有机融合，提高学生综合素质，使学生成为德智体美全面发展的社会主义建设者和接班人。"

2012年"十八大"最新表述的教育方针是坚持教育为社会主义现代化建设服务、为人民服务，把立德树人作为教育的根本任务，全面实施素质教育，培养德智体美全面发展的社会主义建设者和接班人，努力办好人民满意的教育。

上述的各种表述都是将教育目的定位在培养"劳动者""建设者和接班人"抑或"人才""公民"，始终保持着基本一致的表达方式和内容要求，应该说都各自有其特定的合理性，各有其时代性和针对性，但"这些提法都不够理想，内涵不够丰富，外延不够完整，不能表达教育总目的的理想和追求。""作为教育的总目的，定位于培养'人'更具合理性"，"培养'人'更具有终极性"，"培养'人'更具有普适性"，"培养'人'更具有丰富性"。[1] 近几年来，这一问题成为教育界争论的焦点。显然，人是教育的核心，这也是近二十年来教育实践的一条重要经验和教训，不可轻视。同时人的社会性与教育的社会功能也不能忽略，由此寻求两者之间的统一是研究的关键。

与此相关的、更为具体一些的表述就是学校的培养目标。

2001年教育部颁发的《义务教育课程方案》中是这样的：全面贯彻党的教育方针，体现时代要求，使学生具有爱国主义、集体主义精神，热爱社会主义，继承和发扬中华民族的优秀传统和革命传统；具有社会主义民主法制意识，遵守国家法律和社会公德；逐步形成正确世界观、人生观、价值观；具有社会责任感，努力为人民服务；具有初步的创新精神、实践能力、科学和人文素养以及环境意识；具有适应终身学习的基础知识、基本技能和方法；具有健壮的体魄和良好的心理素质，养成健康的审美情趣和生活方式，成为有理想、有道德、有文化、有纪律的一代新人。

2003年教育部出台的《普通高中课程改革方案》中写道：普通高中教育应全面落实《国务院关于基础教育改革与发展的决定》所确定的基础教育培养目标，并特别强调使学生初步形成正确的世界观、人生观、价值观；热爱社会主义祖国，热爱中国共产党，自觉维护国家尊严和利益，继承中华民族的优秀传统，弘扬民族精神，有为民族振兴和社会进步做贡献的志向与愿望；具有民主与法制意识，遵守国家法律和社会公德，维护社会正义，自觉行使公民的权利，履行公民的义务，对自己的行为负责，具有社会责任感；具有终身学习的愿望和能力，掌握适应时代发展需要的基础知识和基本技能，学会收集、判断和处理信息，具有初步的科学与人文素养、环境意识、创新精神与实践能力；具有强健的体魄、顽强的意志，形成积极健康的生活方式和审美情趣，初步具有独立生活的能力、职业意识、创业精神和人生规划能力；正确认识自己，尊重他人，学会交流与合作，具有团队精神，理解文化的多样性，初步具有面向世界的开放意识。

就"培养什么人"的问题，上述是国家两个不同的层次，其实还有一个学校层级。学校通常要根据国家的标准、要求以及学校的办学历史、社区实际，要进一步细化或者特色化，提出学校独特的培养目标或教育目标。比如：

天津南开中学的培养目标是：具有强烈的社会责任感，具有健全的身躯及心理品质，科学素养、人文素养兼备，创新思维、实践能力两翼齐飞，为祖国的繁荣、世界的和平与发展培养创新型、拔尖型后备人才。

中国人民大学附属中学的培养目标是：全面发展＋突出特长＋创新精神＋高尚品德。

北京十一学校的培养目标是：具有世界眼光、中国魂和多元文化理解力的社会栋梁和民族脊梁。

清华大学附属中学的培养目标：理想远大、品德高尚，全面发展，学有所长。

复旦大学附属中学的培养目标是："四个主人（即学习的主人、学校的主人、国家的主人、时代的主人）"，尤其重视学生对于多元文化的认识和理解，并通过语言学习、知识探究、环境体验、人际沟通等途径，构筑学生文化交流的桥梁和平台，培养学生具备国际化视野及对多元文化的包容共存。

东北师范大学附属中学的培养目标：塑造思想远大、知行合一、勇于创造、全面发展、个性优化的创新型人才。

苏州中学的培养目标：基础扎实、素质全面、能力较强、特长明显、人格健全、社会适应性强。

成都石室中学的培养目标：融合中西方文化，兼备科学与人文素养，全面提高素质，发挥个性特长，为培养时代需要的专门人才（专才）、复合型人才（通才）和杰出人才（英才）打好素质基础。具体而言，包括以下几个方面：培养尊重自然、关爱他人，具有社会责任感，遵纪守法、个性鲜明、自由平等、公平正义，具有创造力和领导力的杰出公民；培养崇尚科学、追求真理、文理兼通、品德与学识同步卓越的祖国栋梁之材；培养具有中国情怀、世界眼光、通晓国际规则，能够参与国际事务和国际竞争的国际化精英人才。

不同国家在不同的历史时期对"培养什么人"问题也会做出不同的回答。比如：联合国21世纪教育委员会提出的21世纪教育四大支柱——"学会求知、学会做事、学会共处、学会生存"。

2012年3月经合组织发布的《为21世纪培育教师提高学校领导力：来自世界的经验》研究报告指出，21世纪的学生必须掌握以下四方面的技能：（1）思维方式，即创造性、批判性思维、问题解决、决策和学习能力；（2）工作方式，即沟通和合作能力；（3）工作工具，即信息技术和信息处理能力；（4）生活技能，即公民、生活和职业，以及个人和社会责任。其中，掌握无定式的复杂思维方式和工作方式最为重要，这些能力都是计算机无法轻易替代的。

欧盟提出的八大关键能力分别为母语沟通、外语沟通、数学能力与基本的科技技能、数字能力、学会学习、社会和公民的能力、主动性和创业意识、文化的认识与表达。这八大关键能力分别由知识、技能、态度三部分组成，并与批判性思维、创新能力、首创精神、解决问题的能力相互配合。

二、关于"怎样培养人"

关于"怎样培养人"，国家以各种不同的方式提出要求和指导。

第一，国家从法律层面对此做出规定。比如《中华人民共和国教育法》《中华人民共和国义务教育法》《中华人民共和国教师法》《中华人民共和国未成年保护法》等。

第二，国家以教育法规文件的方式就"怎样培养人"做出指导性意见。比如《中国教育改革和发展纲要》（1993.2）、《面向21世纪教育振兴行动计划》（1998.12）、《关于深化教育改革全面推进素质教育的决定》（1999.6）、《国家中长期教育改革和发展规划纲要》（2010.3）等。

第三，以规章文件就"怎样培养人"做出指导性意见。比如《小学德育纲要》(1993)、《关于加强和改进学校德育的若干指导意见》(1994)、《中学德育纲要》(1995)、《中小学教师继续教育规定》(1999)、《中小学教师职业道德规范》(2008)、《关于大力推进教师教育课程改革的意见》(2011)、《中小学文明礼仪教育指导纲要》(2011)、《中小学健康教育指导纲要（修订）》(2012)、《教育信息化十年发展规划（2011—2020 年）》(2012)、《关于在全国各级各类学校深入开展"爱学习、爱劳动、爱祖国"教育的意见》(2013)、《中小学书法教育指导纲要》(2013)、《关于培育和践行社会主义核心价值观的意见》(2013)、《关于培育和践行社会主义核心价值观进一步加强中小学德育工作的意见》(2014)、《关于推进学校艺术教育发展的若干意见》(2014)等。

第四，近两年来，国家在加强教育领域《国家标准》的建设，这表明我国教育发展达到一个新的发展阶段。比如《义务教育学校校长标准》(2013)和《义务教育学校管理标准（试行）》(2014)的出台，就对"怎样培养人"的问题做出了很多回答。

《义务教育学校校长标准》(2013)以"以德为先""育人为本""引领发展""能力为重""终身学习"为基本理念，从"规划学校发展""营造育人文化""领导课程教学""引领教师成长""优化内部管理""调适外部环境"等六个专业职责，对校长办学共提出了 60 个要求。

《义务教育学校管理标准（试行）》(2014)以"育人为本，全面发展""促进公平，提高质量""安全和谐，充满活力""依法办学，科学治理"为基本理念，从"平等对待每位学生""促进学生全面发展""引领教师专业发展""提升教育教学质量""营造和谐安全环境"这五个方面的管理职责，对学校管理提出了 92 条标准。

第五，每一所学校都是在实践着"怎样培养人"，每一个校长也都在思考着"怎样培养人"。比如，由袁振国先生主编、高等教育出版社出版的《中国当代教育家》丛书，所记载的都是这些校长和他们的团队在回答"怎样培养人"的问题的一些探索；由裴娣娜先生主编、教育科学出版社出版的《守望者的凝思：读懂学校、读懂校长》系列论丛，所反映的也都是这些学校及校长的教育创新；时晓林主编、教育科学出版社出版的《用心做校长》(2010)，转载的是《中国教育报·校长周刊》上发表的 20 多位校长的办学纪实；华东师范大学出版社的大夏书系中的《造就卓越学校》(陶继新主编，2009），记载的是 20 所学校的成长档案。

第六，教育的理论研究，大多也是在探讨"怎样培养人"的问题。比如王定华先生（时任教育部基础教育一司司长）在"把立德树人作为基础教育根本任务"（载《人民教育》2012 年第 24 期）提出了"课程育人""文化育人""实践育人""礼仪育人""网络育人""制度育人""合力育人"等七大育人方面。吴康宁先生在"信息时代学校教育的四种转型"（《人民教育》2007 年第 20 期）中指出：教育理念要从着眼于"社会规限"到致力于"人的解放"，学校课程要从出示"学习的范本"到提供"共享的资源"，教师角色要从扮演"知识传授者"到担当"学习引导者"，教育活动要从注重"接受与模仿"到强调"研究与建构"。

三、对"教育"的认识

"在一个充满浮躁与短见的社会氛围中，'反教育'与'假教育'盛行。""所谓'反教育'就是违背规律的、认'分'不认'人'的教育。拔苗助长，无视孩子兴趣，忽视孩子人格。说到底，反教育就是不把人当人看的教育。""所谓'假教育'就是行教育之名，收自己名利之实的'教育'。""对孩子的爱有'真爱'与'假爱'之分。假爱：名曰爱学生，实则爱自己，教师将学生的成绩当作获得自己名利的工具，校长把学校当跳板。"[2]

关于教育是什么？顾明远先生说过这样一段话："教育虽然自从有了人类社会就存在，人人都受过一定的教育，但要对教育下一个科学的定义却不是容易的事情。对教育的本质属性就有各种不同的解释，这是因为教育既具有永恒性，又具有历史性"，而且"历史上不同教育家对教育的理解和诠释都是不相同的。他们都是在不同的历史背景下，根据自己的哲学观对教育的理解和诠释"，因此，教育理论界"教育是什么也是众说纷纭，至今没有统一的定义"。[3] 是的，对"教育是什么"的回答，各有千秋。最新的也是最权威的《中国教育大百科全书》（第一卷，668～669）认为：教育"是培养人的一种社会活动。是人类通过传递生产经验和社会生活经验，实现自身再生产的手段。"教育"有两种主要的定义方式。一是从外铄的角度，以教育者进行定位，认为从广义上说，凡是增进人们的知识和技能、影响人们的思想品德的活动都是教育。狭义的教育主要指学校教育，是教育者根据一定社会（或阶级）要求，有目的、有计划、有组织地对受教育者的身心施加影响，将他们培养成为一定社会（阶级）所需要的人的活动。二是从内发的角度，关注受教育者身心的健康成长，如'教育即生长'。"如《国际教育标准分类法》1997 年对教育的定义更新为："教育指专为满足学习需要的各种有意识而系统的活动，包括文化活动或培训，教育是导致学习的有组织的及持续的交流。"

无论人们对教育有多少种不同的定义和各自不同的认识，校长不能没有自己对教育的理解和追求。在综合上述两种定义方式以及其他多种定义的基础上，这里用一种"递进方式"来表达我对教育的认识和理解，那就是：教育是一种实践活动，一种不同于生产劳动、艺术创作等其他实践活动而指向人自身的实践活动，一种使人成为人的实践活动，一种主体自身建构的实践活动。

教育是一种实践活动，表明教育要"认识和解释世界"，也要"改造世界"，"改造"人的主观世界；教育是一种不同于生产劳动、艺术创作等其他实践活动而指向人自身的实践活动，表明教育必须关注人和人性、关涉人的本质和人的生命；教育是一种使人成为人的实践活动，表明人既是教育的出发点，也是归宿；人是目的，不是手段；教育是一种主体自身建构的实践活动，表明人是教育中的主体，人是自身发展的主体，人的发展是主体性的发展，人的主体性是教育的基本目标和终极目标。

从真、善、美三个维度认识教育，那就是：教育是"成人之学"，既指教育教会人有知识、教会人会学习，也指教育是培养人的学问，教育不只是一门遗憾的艺术，更是科学，教育只有遵循教育规律，才能使人获得应有的发展；教育是一个探索过程，一个追求真理的过程；教育是"做人之道"，指只有"做"才能成人，人要成为人必须学习"做人"。"做人"的意思包括：（1）人要意识到自己是个人，自觉按照人的样子去做才能成人，做人是人的一种目的性活动，是主体意识支配下的活动，而不是自然状态下的客体性的运动，做人就是要把自己当作人来看待，把做人当作目的来追求；（2）做人是人的意志性的活动，在成人的路上人会遭遇到各种矛盾和冲突，要尽力去做，付出意志的努力才能实现成人的目的，不付出意志的努力是成不了人的；（3）做人是人的践行活动，要成为一个人，不仅要有成人的意识，更为重要的是要去做，要有相应的行动、行为表现，人只有在他自己的生活实践中才能成为人。

教育是"为人之美"，指人是完整、健全的"存在"，只有"受过教育的人"才能成为"完整的人"。教育必须成全人的完整，身心完整，德才完整，理性非理性完整，完整、完美、完满是人类的最高理想和追求。正如让·米勒所言："全人教育是一个梦，但梦要让它实现。"

人是教育的关键词和核心词。人不能成为教育的"社会工具"，也不是教育的"经济工具"。人既是教育的出发点，又是教育的归宿。尊重人、关爱人是教育的重要基础，人是自身发展的主体和教育中主体。

在我国，教育曾经被认为是上层建筑、是生产力，过多、过分地强化了教育的社会功能和经济功能。"教育本不是经济，却搞成了经济那样；教育本不是政治，却把它当成政治看待；教育本不是军事，却又模仿军营管理。"[4] "把教育理解为社会借此可以保存、延续、进步，个体借此得以获得某种素质而在未来过上幸福完满的生活的工具"。[5] 由此学者们发出了呼叫声："教育忘了人""教育去人化""教育要嫁人"。

无论教育受到什么样的影响、处于什么状态，无论是国家希望通过教育将学生培养成为国家发展、社会发展的人才，还是家长把教育看成是敲门砖，认为自己的孩子是天才，望子成龙，个个都成拔尖人才；还是市场将教育作为逐利的工具，归根结底都需要还原为人。人的立场即为教育的立场。

站在人的立场上的教育，首先要将生活中的人作为出发点。在人的生活中，教育是因人之自我生存、自我完善而产生。教育一词更多的是作为儿童的一种生活方式而出现的（虽然教育起源有很多种观点）。夸美纽斯说过"人不受教育不能成为一个人"；康德在《论教育》（1803）中也说"人只有受过教育，才能成为人。"其次，人也是教育的归宿。人的生存和发展这一内在的目的性价值是规定和衡量教育的基本尺度，一切外在的工具性价值都必须建立在人的内在的目的性价值的基础之上。这两种价值在教育价值体系中的错位，正是造成当今教育危机的重要原因。再次，只有用人的眼光去看待人的生存和发展才是人之自我生成的逻辑，也才能理解和说明教育的基本逻辑。人是生活着的人，人之生成的根源、源泉、动力以及运作机制都内在于他自己的生活之中，不需要到生活之外某种实体或法则中去寻找。教育正是通过知识和人性的引导，使人在自己的生活和实践活动中不断地思考和探寻，提升人性，生成为人。

四、对"管理"的认识

在很多人看来,"学校"等同于"教育",其实这是一种误解甚至可以说是一个错误。学校还需要"管理",管理虽然也具有教育的"意义"和"价值",但本身不是"教育",所以在我的办学思想中,我是区分了"教育""管理"以及"学校"这三个概念的。学生在学校里接受什么样的教育、过着什么样的生活是与管理有关,比如有的学校里的学生死读书、读死书,只忙于各种考试,甚至加班加点;而有的学校里的学生除了学习之外,有各种各样的自主活动和丰富多彩的校园生活;还比如有的学校把学生当作工具,不是为了培养人,而是为了学校的升学率和名誉;更有甚者,学校不把学生当作人,不尊重学生人格、不关注学生的生命、压抑学生自主性、扼杀学生创造性。教育作为一种"活动",是需要管理的,好的教育需要优质的管理,如课程管理、教学管理、课堂管理、作业管理等;还要对学生实施管理,以确保正常的教学秩序和生活秩序;还要有教师管理,以确保教学秩序和教师专业水平的提升;还有学校内部人、财、物、时、空等方面管理以及与学校外部(社区、政府等)的协调。管理除了具有一定的教育职能和功能外,更多的是为了更有效地而且符合伦理的实施教育、践行教育,好的管理才能产生高质量的教育。

管理,从字面上讲,就是管辖、处理的意思。由于管理涉及面很广,为多个学科所研究,所以很多时候人们都是按照某种需要、从某个角度来谈论管理。比如企业家、政治家、经济学家、社会学家等他们对管理的认识是有所区别的,也正因为如此,学术界才出现了众多不同的管理理论。这里,我仍然认同哲学意义上的管理——人类的一种基本活动。"它是管理主体在能动地认识客观对象的本质和规律的基础上,自觉地制定决策、计划,然后通过组织、指导和控制等环节,将自己的思想、意志转化为管理客体的人的思想、意志,从而有效地利用人、财、物,特别是统一人的认识、行动,协调他们的努力,实现决策、计划并达到共同目标的一种社会活动过程"。[6]

学校管理,作为一种特殊的社会管理,直至20世纪50年代,几乎还没有什么正规的教育管理课程与研究。在此之前,学校管理方式与工业管理的方式是类似的。20世纪50年代以后,一方面总结提炼学校管理活动中积累的经验，另一方面借鉴已有的管理理论开始走向专业化的研究。管理的"科学理论"启发"学校管理的效率化"，"科层制"启发"学校管理的组织化"，"行为科学"启发"学校管理的人本化"。[7] 我国的学校管理研究，1983 年成立中国教育学会教育管理研究会（现更名为教育管理分会）是其重要的标志。我们认为学校管理就是要回答"办什么样的学校"和"怎样办学校"这两个办学的基本问题。通过管理办好学校，通过管理实施好的教育（或者说让教育更好）。我们的观点就是：通过自主管理，办和美学校。

以"依法办学、自主管理、民主监督、社会参与"为特征的现代学校制度的确立和实践，其价值就在于尊重人、依靠人、解放人，就在于主体性的觉醒、学校办学自主权的明晰。由此，学校管理的价值取向将发生重大的转向[8]，（受益主体）以国家利益为本转向以学生发展为本，（学校管理体制）由外控管理模式走向校本管理模式，（学校管理方式）从刚性集权式管理走向弹性人本化管理，（学校文化建设）由冲突状态走向合作氛围。简而言之，学校管理强调人的主体性，强调自主管理。

现代学校自主管理更加强调的是：（1）彰显价值引领。学校管理要践行社会主义核心价值观，并确立自己的核心价值；将学生的道德品质的培养放在首要位置，立德树人；教育过程和教育行为也必须符合价值原则，不尊重学生、随意体罚学生乃至刁难辱骂学生，为完成升学任务而忽视甚至放弃所谓"差生"，只注重知识的传授而忽视如何做人的教育，这都是不符合价值原则的。（2）改善学校领导。学校领导者，要改变以往只倚重自上而下的科层结构、重视指挥命令系统、强调权力权威的行政领导方式，向教学领导、课程领导、文化领导、学习领导和道德领导等多样化的领导方式转变。（3）吸纳教师参与。首先，参与是一种意识。参与是"思想和感情的投入"，成为决策的"主人翁"或者"成为决策的一员"。其次，参与更是一种技术。有一定的操作程序和方法，包括参与的方式与途径、共同决策、"授权"以及强调灵活性等。再其次，教师参与要力求保持组织目标与教师利益的统一，在学校领导与教师之间建立互相信任、互相尊重的关系。（4）促进学校发展。通过管理创新，实现学校发展方式的"五大转变"[9]，即：从学校发展的动力上看，要从外控式发展向自主式发展转变；从学校发展的内容上看，要从外延式发展向内涵式发展转变；从学校发展的性质上看，要从同质化倾向向特色化发展转变；从学校发展的途径上看，要从经验的简单模仿向创新发展转变；从学校发展的结果上看，要从间断性的变化向可持续发展转型，最终实现学校的健康、科学发展。

办学要求真，合乎办学的客观性和科学性，遵守教育规律和人的规律；办学要崇善，寻求办学的规范性和伦理性，要合理合法，要以人为本；办学要至美，追求理想、和谐、创造、卓越；办学当然也有功利，那就是办家长、社会满意的教育，办学生和教师满意的学校。无论办学处于一种什么境界，人是办学的核心，人是办学的主体，学生和教师都是学校的主人，尊重人、关怀人是办学的精神，弘扬人的主体性、提升人的主体性是办学的终极目的。

在学校教育和管理中，如何理解"以人为本"尤为重要。它应该包括了很多的层级：（1）教育要以"人"为本，而不能以"物"为本。人是活动的主体、自身发展的主体，也是终极目标，不是手段和工具。人是活生生的、有适合其年龄特点的发展规律的生命体，是既具有自然属性，又具有社会属性的历史主体。教育应该尊重生命、敬畏生命，尊重人性、守护人性。在课堂教学中，教师心中有学生，目中有人。教育中不能侮辱、打骂、伤害学生。在现实的应试教育中，不是把人当成人，而是当成物，当成装知识的口袋，当成父母和老师实现自己愿望的工具和器皿。不注重人的发展，而只重视和关注物化的分数和考试成绩，甚至以牺牲学生身体、心理为代价追求眼前的功利。（2）以人为本要以促进人的全面进步和发展为本。教育要将人作为社会主体和中心，在社会发展中满足人的需要、提升人的能力、优化人的品质、实现人的全面发展。素质教育就是为学生打全面基础的教育，为将来生活和工作做全面准备的教育，提高全民族素质的教育；应试教育不是以人为本，而是以知识为本，考什么就教什么，不考就不教，同时又将知识降低到了"术"的演练层次，将教育和学习过程变成了训练解题术的过程，教学变成了培训，学校变成了培训班，目标不是促进人的生动活泼主动自主发展，而是培养某种技能，或者说就是训练考试能手或熟练工。（3）以人为本的"人"，包括所有的人，每一个人，特别是弱势群体，关注人人接受教育机会的公平性。教育最崇高的理想是让所有的人都能够享有均等的受教育机会。教育领域的弱势群体，除了农民工子女、留守儿童等这一类弱势者之外，还包括学习成绩不好的或行为品德有缺陷、在老师和同学中被人看不起的那少部分学生。基础教育不应选择学生，不能有区别地对待学生，更不能排斥一部分所谓"差生"。基础教育应根据每个孩子的个性特点施行不同的教育，使每个学生都在自己的基础上获得应有的进步和提升，使每一个孩子成为最好的自己。应试教育则是在选择一部分学生（比如成绩好的学生、听话的学生）的同时排斥一部分学生的教育，违背了公平正义的原则。（4）坚持以满足人民群众的需要为本。教育是现代社会中人们最大的需要，教育必须不断满足人民群众日益增长的科学文化教育的需要，更要切实保障人民群众渴望子女接受优质教育的需要，让教育发展的成果惠及全体人民，办好人民满意的学校。（5）满足每个人接受教育的个性需要。教育的最高境界是满足每个人的个性需要和期望。学生的潜力是无限的，智慧是多元的，个性是多样的，特点是不同的；学生的发展，既要全面的发展，又要强调个性的发展，每个学生在发展过程中必然会表现出不同的需要和愿望，教育除了要了解社会和文化的多样性，也要了解每个人、每个学生都有着不同的个性，使教育能够满足每一个学生的需求和他们的期望。（6）学校讲"以人为本"，不要忘了教师也是人。教育大计，教师为本；学校发展，教师为本。教师是教育的主体，也是管理的主人，还是学校变革的可持续的动力。教师的职业倦怠和工作繁杂，让一些教师感受不到教育的幸福和教师生活的快乐；教师为本，就是以教师的利益、教师的发展、教师的职业生活为本；教师为本，就是尊重教师、关心教师、相信教师、依靠教师；教师为本，就是将管理与培训、它管与自管、职业与事业、工作与生活有机结合起来。

在学校管理中，对以人为本的理解很容易产生下面两种异化现象：（1）将"以人为本"异化为"以人情为本"。比如有的学校管理者对"尊重"与"和谐"的理解却有失偏颇，认为尊重就是互留情面，和谐就是没有矛盾。一些学校管理者为了体现管理的人性化，以宽容代替处罚，以表扬取代批评，不知不觉中将"尊重人"异化为"不得罪人"，工作上只讲感情，不谈原则，有求必应。对教师的缺点和错误，碍于情面，或只字不提，或轻描淡写。回避工作矛盾，凡事都可以放宽要求，甚至没有要求，讲究一团和气，事事留情面，处处给人情，唯恐被贴上不能"以人为本"的标签。事实上，倡导"以人为本"，应该是本着肯定人、激励人、发展人的思想去管理学校的，学校管理者的"人情味"应该体现在对教师人格的尊重、真诚的关心，以及精神上的鼓励和事业上的支持。学校的"人际"应该是温馨向上、互相支持、团结协作、有强烈归属感和认同感的命运共同体，而不是庸俗化的人情主义。（2）将"以人为本"异化为"以个人为本"。在少数教师的眼里，"以人为本"就是要求学校让个人感受到绝对的尊重、自由和满足,学校的一切管理,必须尊重个人的需要而进行,以个人是否认可、是否满意作为评判标准,认为个人的需要得到满足就是"以人为本"了,却较少考虑所需要的尊重、自由、满足是否符合学校的公共价值准则。一旦自己的要求得不到满足,动不动就说学校不人文,这些教师强调和期望的是权利和个人利益,忽视的是责任和义务,将"以人为本"理解为"以个人为本""以自我为本"。事实上,前文已阐明"以人为本"中的"人"具有丰富内容和多重规定性,就学校而言,既是师生个体又是师生群体,更是个体与群体的统一。这里强调的"人",是多数人的利益和积极性,而绝非少数人的利益和积极性。那种将"以人为本"理解为"以个人为本""以我为本",过度强调个人的需求是对"以人为本"的曲解,必然会与群体的整体利益相抵触,与学校的发展需求相违背,有碍于学校的发展和和谐的人际关系的建立。

五、对"学校"的认识

1. 四种对学校的诠释

（1）"学校隐喻"说

学校是一个"风景",学校是一个"希望",还有更多的隐喻,比如:有人说,学校是工厂,教师是工人,新生是原材料,毕业生是产品,而且这种生产还是现代企业的批量生产,培养出来的是一批批规格相同的人才。有人说,学校是警察局,校长是警察局长,教师是警察。开办一所学校就等于关闭一所监狱。学校的价值在于对学生的监管和训导。也有人说,学校是车站、是码头、是空港,输送着南来北往的"教育顾客",将不同的教育顾客运送到不同的目的地,分配到不同的职业中。还有人说,学校是超级市场,是购物中心,是连锁商店,任你挑选自己喜爱的教育"商品",学校要在市场竞争中求生存求发展。

（2）"学校假说"说

历史上曾对学校提出过三种假说[10]:"真空假说"——将学校视为一个纯洁的、无毒素入侵的真空,是一个绝对的世外桃源,与社会无涉。但现实社会中的学校的表现却打碎了这个美丽的梦,使此学说失去了立论的现实依据,因为从学校出来的儿童未必都是使教育家满意的人。"中立假说"——学校独立于各种价值之外，对所有价值都持有冷静的批判态度，通过比较分析和批判，由学生自由自觉地选择与形成价值。"中立说"使学校更加接近社会，承认学校要受社会各种价值的影响，但学校绝不是无所作为的，应重视学校对这类价值的选择、简化、分析、比较的作用。"社会同构假说"——学校是社会主导价值的体现，学校成为社会统治的工具，体现和执行社会的主导意志，并且学校是一个自我封闭的连续系统，形成一种从低到高的系列，是一个社会的副本。显然，以上几种观点都有一定的偏颇之处。

（3）"学校四维"说

有人从学生、教师、社会（国家）以及文化四个维度解读学校[11]：学生维度——学校是学生进入社会的初级化、格式化和正规化的通道，学校是青少年由个体性学习转向群体性学习、由直接经验式学习转向间接经验式学习和由主要向日常生活学习转至主要向书本教师学习的场所，学校是学生在与同学的交往中，在与师长的沟通及与他人的冲突、碰撞中学习建立起个人良好自我意识系统、自我适应机制和自我超越能力的独一无二的加速器；教师维度——学校是教师、社会与个人价值得以显现的主要场所，学校是教师个人潜能得以舒张的地方，学校是教师心灵得以净化的圣坛，学校是教师个人理想得以实现的殿堂；社会（国家）维度——学校是社会的缩影，是社会的希望，也是社会的理想，有论者指出，通过主体与主体的社会互动，一方面，可以提供认识他人观点、思想的机会，促进其观点采择能力的发展，另一方面，社会互动可以直接促进学生的社会敏感性的发展，使学生获得关于他人的直接知识，学校是国家推行政治理念，宣传思想意识、施行社会基则、确立行为规范、造就合格公民的机构，更是培养社会劳动者、充实和发展生产力以及谋求经济技术发展的摇篮；文化维度——学校是文化遗传的过滤器，学校是文化扬弃的调谐器，学校是文化再生的孵化器，学校是文化创造的加速器。

（4）"理想学校"说

理想学校是人们向往和追求的办学目标，这里有几个代表性的观点。

教育理论工作者眼中理想学校的形象是[12]：一所有特色的学校，一个有品位的学校，一个富有人格魅力、有远大理想的校长，有一支创新型的、有活力的教师队伍，拥有一批善于探索、具有良好习惯的学生，有一个面向所有学生的课程体系，有一个永远对学生开放的图书馆和计算机房。

一位老校长这样形容理想学校[13]：理想中的学校，整体模式像一只腾飞的"大鹏"，要以培养学生健康的人格为主体（立人为本），科学和艺术为两翼。中、小学的学制为10年（5+5），另外可有2年的弹性空间。终极目标是出人才苗子、出经验、出新的教育思想，出教育家。理想中的学校要冲破当前教育天空低压的云层，挣脱应试教育的桎梏和狭隘眼界，以学生的健康成长为本，集中国和西方教育之所长，"以我为主，融合创新"，进行重构基础教育的改革实验，为孩子们一生的发展打好基础。同时，在这个过程中要奋力攻克"差生"难关，使"红杏出墙"和"弱苗促壮"交相辉映。理想中的学校，是以振兴中华为己任的人生教育导航，使学生懂得珍惜、懂得自强、懂得责任，在成长过程中高悬"立志、好学、奋斗"的征帆。学生离校后，不论将来身处世界何地，也不论做什么工作，都能"鹏程万里，心系中华"，有出息，有作为。理想中的学校，首先要抓好启蒙阶段的教育和素质基因的培育和矫正，将"爱学习、会学习，爱思考、会思考，爱活动、会活动"作为引领孩子们最优发展的"三驾马车"。到了中学，在教师激励和指导下，将学生向"自主学习、自主活动、自主管理"之路引导，学习做自己的主人。做学校的主人，进而做社会和国家未来的主人。理想中的学校，要培育浓厚的"勤奋好学，自强不息"的学风，学生要在教师指导下走自学成才之路，非自学不能成才，这是古今中外人才成长的一条普遍规律。面对21世纪，要成为人才，还必须培养和锤炼三种终极能力，第一是适应能力，第二是选择能力，第三是创新能力（三者的先后次序是不能颠倒的）。这些都需要从中小学开始进行，成为"勤奋好学，自强不息"学风的重要内涵。理想中的学校，热爱学生是教师的天性，教好学生是教师的天职。教师要铸就自己的"师魂"，将爱、严、教育教学统一起来，实施教学互动、"死"活结合、因材施教三原则。"诗内"功夫与"诗外"功夫并重。要读懂学生这本"无字书"，既是学生的良师，又是学生的益友，能够情通理达，教学相长。理想中的学校，实行常规管理与非常规管理（活的管理）相结合，将"一心一意，奋发有为，兢兢业业"作为学校办教育和进行教改实验的"校魂"，倡导多边良性互动，共创理想学校之未来。

一位老教育专家认为在理想学校里要重点解决三个结合问题：一是将东方教育与西方教育结合起来，二是将教育民族化与教育现代化结合起来，三是将素质教育与提高教学质量结合起来。

2.两个维度的学校观

（1）"学校组织"维度

学校是什么？我们认为学校是一个组织,育人为本、贡献社会的服务型组织,崇尚理性、注重创新的学习型组织,关注价值、持续发展的生态型组织。

《质量控制手册》（Juran J.M.，McGraw Hill，1974）中指出："所有组织（企业公司、学校、医院、教堂、政府）均致力于为人们提供产品或服务",沙利斯（Salis E.）更直接就将学校定义为服务的提供者,而接受服务的"顾客"则是不同的利益相关者。"利益相关者"包括"'初级利益相关者',即直接接受服务的人,以及'次级利益相关者',如家长、主管机关等,还有'三级利益相关者',如未来的雇主、政府和整个社会。"[14] 显然,学生是最直接、最重要的"顾客",而其他是次要的,不妨统称为"社会的"。由此,学校就要坚持育人为本,将育人作为学校价值实现的直接目的；教师就要认识到教育就是一种服务,不断增强服务意识,自觉地俯下身子服务于学生,更深刻地认识到提高服务水平,就是提高教育质量。

学习型组织是一种管理理论,由美国麻省理工学院教授彼得·圣吉提出,在其著名的《第五项修炼》中指出：学习型组织是不断创新、进步的组织,在其中,大家得以不断突破自己的能力上限,创造真心向往的结果,培养全新、前瞻而开阔的思考方式,全力实现共同的抱负,以及不断一起学习如何共同学习。为了成功地构建学习型组织,他提出学习型组织的五项修炼,并刻意将其中的核心第五项修炼放在第一,五项修炼分别是：第五项修炼,系统思考（Systems Thinking）；第一项修炼,自我超越（Personal Mastery）；第二项修炼,改善心智模式（Improving Mental Models）；第三项修炼,建立共同愿景（Building Shared Vision）；第四项修炼,团体学习（Team Learning）。[15]

生态,原本指一切生物的生存状态,以及它们之间和它与环境之间环环相扣的关系,但如今"生态"一词涉及的范畴越来越广,人们常常用"生态"来定义许多美好的事物,如健康的、美的、和谐的等事物均可冠以"生态"修饰。生态的核心要素是"适应与发展""平衡与失衡""共生与竞争"。生态型组织,关涉学校的"生存与发展""生命与文化""质量与影响力"等主题,即要以科学发展观和价值原则为指导,以系统论的方式方法正确处理好人与自然、人与人、人与社会、校内与校外、硬件与软件、物质与精神、眼前利益和长远利益的关系，实现学校的可持续发展、全面发展、和谐发展，进而打造绿色校园、书香校园、平安校园。

（2）"学校发展"维度

学校发展是学校的首要问题，学校发展，属评价领域的话题。在普通大众眼里，通常会用如下的一些指标来衡量学校发展：升学率提高，考入重点学校的比例提升，学校教师中硕士、博士比例提高，生源数量、入学成绩提高，学校硬件改善，管理越来越严，校长能力提高，学校口碑越来越好，等等。然而，校长作为专业的教育工作者，承担着为国家培养人才的历史使命，在办学过程中，不能只做事实判断，还要进行价值思考。在价值多元、文化多元、社会多元、经济多元的社会里，学校发展的多重追求当然在情理之中，但教育毕竟还是教育，所以我们应该尊重教育规律、遵循教育规律、坚守教育规律。"现代社会功利目标有压倒性影响，要求学校、学生或学生家长抛开功利考量，追求主体的适性发展或自由发展，希望他们在规划个人发展或评价教育质量时看淡升学指标，似乎有强人所难味道。但是，如果有学校、教师在应对升学需要之余，能真心关注学生升学考试之外的发展需要，能为学习者个性发展提供时间与机会，能让他们有可能自己决定自己，从而让他们的发展更积极、更主动、更自由一点，那就可以视为一种有推广意义的学校革新。再进一步，如果有学校能更加关注现代精神品格，如主体性、开放性、科学态度与批判精神等在学生身上的生长表现，有学校将把学习与考试的管理权力更多地交给学生自己，学校和家庭对儿童少年的要求更符合人的成长规律，更具人性色彩，那么，可否认为这些学校离现代教育质量标准又近了一步？"[16] 是的，作为有着教育情怀和人生追求的教育管理者，应该追寻一种科学的学校发展观。

古今中外的历史经验告诉我们，学校发展观包括三个维度：发展结果、发展过程以及发展潜能。发展结果包括两个方面，一是指量和质的统一发展，学生的"质"，当然指的是全面发展、个性发展、健康发展、持续发展，另外，质与量，可以是统一的，也可能是不一致的。在中国，上千人的学校很多，甚至有上万人的学校。在办学现实中，为追求数量而牺牲质量、因数量扩张过快而影响质量的现象大量存在，这种"发展"是功利的，也是短暂的，因而是我们应该拒绝的。二是指办学水平的提升，一般要包括[17] 办学理念先进、教育思想科学、课程结构合理、教师队伍优秀、校园文化和谐、变革机制自主、校园建筑优美、教学设备充足、功能教室完备、信息化高度。

发展过程也包括两个方面：一是逻辑演绎的过程,包括价值思考——实践设计——智慧行动；二是不断调试和螺旋式上升的过程,包括再思考——再设计——再行动。学校建设和规划是需要论证的,比如学校秉承的理念、遵从的理论、学生培养目标；学校建设是需要设计的,比如实施什么样的课程结构、什么样的学校文化、什么样的管理制度；学校实践在一定程度上是一个行动研究,在实践中研究,有假设、有调查、有实验、有检验,在研究中实践,有反馈、有改进、有措施、有管理。

对"发展"的认识,"结果"与"过程"是常规的两个维度。然而对学校的发展,我们认为还要看它的发展有没有后劲,或者说要看学校是否有发展潜能,即潜在的能力,亦称为"学校发展力",这种发展潜能决定着发展结果,也影响着发展过程,应成为"学校发展"的应有之意。学校实践和经验告诉我们,以下十个方面的学校发展力至关重要。

学习力,学校如果没有良好的学风和改进学生学习的措施,教师不学习,也没有促进教师学习的机制,这样的学校是很危险的,甚至不能称之为学校。

创新力,面对新的挑战、新的问题、新的情景,学校需要有效变革和创新,只有不断创新,学校才能进步,没有创新,就没有发展。

批判力,用审视和批判的眼光对现实需要进行诊断和分析,质疑、批判、反思对学校改进而言不可缺少。

课程开发力,学校如果不能研制和开发自己的课程,不能满足学生发展的需要,这样的学校是走不远的。

教学有效力,教学如果不能让学生发生"学习",产生"变化",这样的教学是无意义的,当然也是无效的。

决策力,面对重大事项、针对重要问题,学校要有明确和果断的决策,决策是学校管理的重要行为。

执行力,学校政策和管理措施的执行显得十分重要,没有执行或者错误的执行,这个组织也就失去了战斗力。

应变力,变才是绝对的,学校必须有应对各种变化的能力。

道德力,道德是最高的标准,教育是道德的,管理也离不开道德,学校离开了道德,就背离了人。

生命力,生命活力就是人气,没有人气的学校是不受欢迎的,也是有悖人性的。

3. 自主和美学校

自主和美学校不仅具有服务型组织、学习型组织、生态型组织的基本特征,而且是一所具有强烈自主发展愿望和自主变革意识、强大的发展潜能和变革能力以及抗风险能力的学校,还具体表现为:(1)学生全面发展、思想行动一致、课程多样、自主选择、课堂高效、师生平等、生生友爱、干群融洽、家校合作、学校与社区互动;(2)秩序井然、资源丰富、书声琅琅、会学乐学、诚信关爱、自由平等、敢当责任、勇于创新、充满活力、奋发向上。

注释:

[1] 扈中平. 教育目的论(修订版)[M]. 武汉:湖北教育出版社,2004.

[2] 陈玉琨. 教育:培育美好人性 [M]. 上海:华东师范大学出版社,2012.

[3] 顾明远. 对教育定义的思考 [J]. 北京大学教育评论,2003(1).

[4] 张楚廷. 教育就是教育 [J]. 高等教育研究,2009(11).

[5] 周浩波. 教育哲学 [M]. 北京:人民教育出版社,2000.

[6] 胡德海. 教育学原理 [M]. 兰州:甘肃教育出版社,1998.

[7] 范国睿. 学校管理的理论与实务 [M]. 上海:华东师范大学出版社,2003.

[8] 张雷. 社会转型时期学校变革的价值取向 [J]. 湖南师范大学教育科学学报,2013(2).

[9] 陈如平. 学校管理创新的现代命题 [J]. 中小学管理,2012(8).

[10] 周浩波. 教育哲学 [M]. 北京:人民教育出版社,2000.

[11] 张广君. 学校是什么——新形势下的多维解读和基本学理 [J]. 天津市教科院学报,2007(6).

[12] 朱永新. 新教育之梦 [M]. 北京:人民教育出版社,2002.

[13] 敢峰. 我理想中的学校 [N]. 中国教育报,2005-9-5.

[14] 苏启敏. 学校质量文化建设的基本理念 [J]. 教育科学研究,

2013（5）.

　　[15]【美】彼得·圣吉. 第五项修炼 [M]. 上海：上海三联书店，1998.

　　[16] 文喆. 学校发展与校长的教育家成长问题 [J]. 中国教育学刊，2013（5）.

　　[17] 杨骞. 办学水平与教育质量关系之研究 [J]. 中国教育学刊，2013（5）.

第二章 培养目标：自主和美的人

一、理论基础

1. 人（是什么）就是人

人是什么？哲学家们提出了成百上千不同的定义和解释。这些大体上可以分为两类：[1] 一类以物的观点认识人，将人归结为动物的族类，运用"求异法"寻找人与动物的不同特征，只要从特征上将人与动物区分开来，就把握了人的本质。"人是政治的动物""人是文化的动物""人是理性的动物""人是有思想的动物""人是自我意识的动物""人是使用语言的动物"等，这些定义是将精神、理性、语言、社会性等作为人的本质。另一类是从超越性把握人，宗教将人神化，将人性定义为上帝的神性。

无论是从"物"的角度来把握人，或是从"神"的角度把握人，将人归结为"物性"或"神性"，都忽视了"人性"，因为人既不是"物"，也不是"神"。"人就是人"，这就是对人的认识，我们只能以"人"的方式来认识"人"。马克思认识到了将人归结为非他自身的危险，提出"人是人的最高本质""人的根本就是人本身"。[2]

2. 人是（四重）生命体

人不是物，但来自于物，所以人虽具有动物的生命体，又不等于动物的生命体。动物的生命被称为单一的"种生命"，是自然给予的，与肉身结为一体，遵循着生物体的运行机制和规律，有生有死，是有限的生命，非人的意志和意识所支配，但人的生命超越了种生命的有限性，走向了无限，获得了自我超越、自我规定的自为性。人能够支配自己的生命，主宰自己的生命，人依靠自己的实践活动,创造了自身独有的"类生命"。所以马克思也指出,人的本质就在于创造和实现具有价值和意义的类生命。

人的生命究竟有几种存在形态,不同的人有不同的观点。大多数持"三重生命观",如张曙光、冯建军、钱巨波等:自然生命(或肉体生命)、精神生命和社会生命(或智慧生命);也有"四重生命观",如刘济良等:自然生命、价值生命、智慧生命和超越生命;王北生等:自然生命,精神生命,智慧生命和价值生命。

在所有的存在物中,人的存在是最为独特的。"人不仅仅是一种存在,而且是知道与理解存在,并赋予各种存在以命名与指称的一种特殊存在。"[3]

从教育的角度,"教育的本质是生命教育"(顾明远语),叶澜先生也指出:教育是直面人的生命、通过人的生命、为了人的生命质量提高而进行的社会活动,是以人为本的社会中最体现生命关怀的一项事业。教育的原点必须回到人的生命,教育要将学生看作人,教育要点亮人的生命之灯,教育要唤醒人的主体意识,教育要培养人的自由精神,教育要为美好人生做准备。为此我们提出这样的四重生命观:自然生命,精神生命,社会生命和价值生命。首先像所有动物一样,以物质载体和本能性的方式存在着(自然生命);其次人之所以为人,不同于动物的地方,就在于人不仅是为了满足自己的自然生命而活着,还需要追求超越自然生命的精神生命,"它使每一个个人成为唯一的、特殊的","精神是自我存在中的一种具有动力学特征的因素","只有完整的精神生活才能揭示真理和存在",具体表现为人的思想、意识、信念、理想、信仰。[4]然后,人又是处在一定的"社会关系"中,人只有从个人领域进入到公共领域,在民主的空间和公正的制度下,才能从一个自然的生物人、个体人变成一个社会人、契约人,即意识到自己的社会存在、社会生命。最后,人还是价值存在,人具有创造价值的能力或特性,人能够创造出满足人们需要的财富或价值。人正是因为具有价值生命,才能更好地生存和延续,社会也才借此获得可持续的发展。

3. 人的生命体活动

人首先要将自己与动物区分开来,所以人需要有"自我意识";人在现实生活中所从事的现实活动是一种主体性行为,所以人需要有一定的"主体能力";人的现实生活和现实活动,都离不开各种"关系",与"关系"相处需要的是人的"和谐发展";最后人生需要创造价值、追求幸福,实现"美好人生"。

二、现实依据

通过对教育实践的理性拷问,现实教育中存在三个层级的问题。

1. 整体上"三大缺失"

对学校教育实践的理性拷问,存在三个明显缺失:人的生命完整性的缺失,学生立场的缺失,生活元素的缺失。

2. 具体表现九个方面

(1)"分数"遮蔽了人的发展的完整性、主体性以及独特性。

(2)教育过程中忽视了学生的主体作用、向学性以及向师性。

(3)德育观念错位、行动低效以及脱离学生生活实际。

(4)课程设计中缺乏课程的综合性、实践性以及可选择性。

(5)教育活动的设计缺少整体性、系统性以及坚守性。

(6)学生管理中缺少对学生的尊重、平等性以及真爱。

(7)课堂教学中缺少学生主体地位、学习中心以及教师信念。

(8)教师培训中缺少专业性、针对性以及系统性。

(9)学校文化建设中缺少价值引领、参与性以及文化自觉。

3. 学生表征

(1)以自我为中心。如:在生活中表现为"唯我独尊""小皇帝"形象,过分强调个体独特,不考虑别人的感受,不容易接受批评,自私自利,盲目自信,虚荣心较强,爱攀比,缺乏自强精神。

(2)强依赖性。如:缺少做事的自觉性和主动性,依赖他们,自理能力、劳动技能、合作能力、审美意识较差,意志力薄弱。

(3)身心不够健全。如:知行、德行不一,人文素养、艺术修养较差;动手能力、创新精神也有待提升;缺乏环保意识,缺少社会公德。

(4)人生观、价值观出现偏差。如:"理想观""金钱观""苦乐观""幸福观""爱情观"诸多方面存在偏差,学习、生活无目标、无追求、不辨真假,盲目追求;不能吃苦、不节俭,真诚、关爱、感恩、宽容、信任等方面也不同程度存在问题。

4. 问题列举

（1）道德与价值观教育问题较为严重

青少年中出现了多重人格现象,如行为无常、智德分离、知行不一等。这种多重人格现象是社会价值观多元性的折射。价值观教育缺失、学科德育薄弱和师德建设有待加强是我国青少年道德教育面临的三个突出问题。我国中小学生思想品德状况总体良好,但在价值观、人生观、基本品德及其他有关方面尚存在一些问题或不足。社会生活中的价值缺失、迷茫和冲突给每个人的生活带来极大的困扰。应试教育观点始终不能得到根本改善,分数至上的倾向压倒一切,价值观受到明显的挑战。

（2）学生课业负担过重

学生负担过重是既定事实。据调查,56.6% 的小学生和 73.1% 的初中生作业时间超时,46.4% 的小学生和 38.1% 的初中生参与学习辅导班,77.6% 的小学生和 87.1% 的初中生一学期至少新增一本教辅。[5] 进一步研究,学生课业负担可以分为四种类型：理想负担形态,竞争性负担形态,非理性负担形态和强制性负担形态。

（3）知识缺陷

国内外的许多研究表明,中国学生虽然在国际学业能力测试中取得很好的排名,但内在学习动机低,学习成绩与心理发展水平不协调。进一步的基于实地观察和脑科学理论的研究认为"中国学生的知识结构存在两大脱节：传统文化知识与生活经验脱节,传统文化知识与现代人文、科学知识脱节。"[6]

（4）未成年人违法犯罪触目惊心

大范围的调研,违法犯罪的未成年人最崇拜各类明星、有钱人和有权人,近六成未成年人没有信仰,40.7% 的违法犯罪未成年人选择朋友的标准时"讲义气",这个群体呈现理想的现实化、信仰的世俗化、道德观的庸俗化和法律意识淡薄化等特征。[7]

三、政策导向

2010 年《国家中长期教育改革和发展规划纲要（2010—2020 年）》的

发表,为我国未来十年的教育指明了方向和道路,明确指出:重点是面向全体学生、促进学生全面发展,着力提高学生服务国家人民的社会责任感、勇于探索的创新精神和善于解决问题的实践能力。

2011年10月中共中央《关于深化文化体制改革推动社会主义文化大发展大繁荣若干重大问题的决定》再次指出:弘扬以爱国主义为核心的民族精神和以改革创新为核心的时代精神。爱国主义是中华民族最深厚的思想传统,最能感召中华儿女团结奋斗;改革创新是当代中国最鲜明的时代特征,最能激励中华儿女锐意进取。要广泛开展民族精神教育,大力弘扬爱国主义、集体主义、社会主义思想,增强民族自尊心、自信心、自豪感,激励人民将爱国热情化作振兴中华的实际行动,以热爱祖国和贡献自己全部力量建设祖国为最大光荣、以损害祖国利益和尊严为最大耻辱。广泛开展时代精神教育,引导干部群众始终保持与时俱进、开拓创新的精神状态,永不自满、永不僵化、永不停滞,以思想不断解放推动事业持续发展。大力弘扬一切有利于国家富强、民族振兴、人民幸福、社会和谐的思想和精神,大力发扬艰苦奋斗、劳动光荣、勤俭节约的优良传统。加强民族团结进步教育,增进对伟大祖国和中华民族的认同,促进各民族共同团结奋斗、共同繁荣发展。加强爱国主义教育基地建设,用好红色旅游资源,使之成为弘扬培育民族精神和时代精神的重要课堂。

2012年10月国务院办公厅《关于进一步加强学校体育工作的若干意见》中指出:广大青少年身心健康、体魄强健、意志坚强、充满活力,是一个民族生命力旺盛的体现,是社会文明进步的标志,是国家综合实力的重要方面。体育锻炼是提高学生健康素质的有效途径,对青少年思想品德、智力发育、审美素养和健康生活方式的形成具有不可替代的作用。

2013年11月中共中央《关于全面深化改革若干重大问题的决定》提出深化教育领域综合改革:全面贯彻党的教育方针,坚持立德树人,加强社会主义核心价值体系教育,完善中华优秀传统文化教育,形成爱学习、爱劳动、爱祖国活动的有效形式和长效机制,增强学生社会责任感、创新精神、实践能力。强化体育课和课外锻炼,促进青少年身心健康、体魄强健。改进美育教学,提高学生审美和人文素养。

2013年12月中共中央办公厅印发《关于培育和践行社会主义核心价值观的意见》,倡导富强、民主、文明、和谐,倡导自由、平等、公正、法治,倡导爱国、敬业、诚信、友善,积极培育和践行社会主义核心价值观。

2014 年 1 月教育部《关于推进学校艺术教育发展的若干意见》强调：艺术教育能够培养学生感受美、表现美、鉴赏美、创造美的能力,引领学生树立正确的审美观念,陶冶高尚的道德情操,培养深厚的民族情感,激发想象力和创新意识,促进学生的全面发展和健康成长。

2014 年 3 月教育部《关于全面深化课程改革落实立德树人根本任务的意见》进一步提出：要着力培养学生高尚的道德情操、扎实的科学文化素质、健康的身心、良好的审美情趣,努力使学生具有中华文化底蕴、中国特色社会主义共同理想、国际视野,成为社会主义合格建设者和可靠接班人。

2014 年 9 月国务院颁发《关于深化考试招生制度改革的实施意见》,提出要实施综合素质评价,主要反映学生德智体美全面发展情况是学生毕业和升学的重要参考。建立规范的学生综合素质档案,客观记录学生成长过程中的突出表现,注重社会责任感、创新精神和实践能力,主要包括学生思想品德、学业水平、身心健康、兴趣特长、社会实践等内容。科学设计命题内容,增强基础性、综合性,着重考查学生独立思考和运用所学知识分析问题、解决问题的能力。

四、基本词义

这里我们将“自我意识”“主体能力”“和谐发展”“美好人生”简称为“自主和美”。

“自主和美”从词源和字面上有两个层面上的理解：一个是包含了“自”“主”“和”“美”这四个字,另一个是包含了“自主”与“和美”这两个词。

“自”的释义主要有：自己、自身,原来的样子,自然,当然。

“主”的释义主要有：君、长,主人,物主、事主,根本,掌管,主持,事物的主体,要素,主张,主流。

“和”是多音字,发音 hé 时,其释义主要有：平稳,和缓,协调、关系好、均衡,调和,和解。

“美”的释义主要有：美味、美食,形貌好看、漂亮,美好,理想的,得意、高兴,赞美。

"自主"即自己做主，不受别人支配。

"和美"主要有三个释义：和善，和谐优美，和睦美满。

"自主和美"从哲学和教育的角度做进一步的分析。

自我意识。正是自我意识的存在，使人超越了动物界，称为真正的人。自我意识即为"人作为主体通过反省把自身的内在尺度由潜在状态转化为显在状态，从而使之成为自觉把握的东西，即马克思所说的把'自己的生命活动本身变成自己的意志和意识的对象'"[8]。它主要包括对自己生理素质的意识（称为生理我）、对自己心理素质的意识（称为心理我）以及对自己在社会关系中的角色、地位、作用的意识（称为社会我），其形式主要有：自我认识（自我感觉、自我观察、自我分析、自我评价、自我批评等），自我体验（自信、自卑、自尊、自满、自傲、自我肯定、自我接纳等）以及自我调控（自立、自理、自制、自律等）。

主体能力。人的现实活动区别于动物本能性的生命活动就在于，人的现实活动是一种主体性行为，是人的主体性的发挥和主体功能的实现。主体能力正是人作为主体从事活动的重要内在条件和依据。主体能力，即在社会实践中形成而又潜在于主体内部，并在主体与客体的对象性关系中表现出来的客观的能动的力量，是认识能力、实践能力、评价能力、审美能力的统一。

和谐发展。人的现实生活与活动必定是处在一定的关系结构之中，通常表现为人与自然、人与社会以及人与自身的关系。人能够认识自然、改造自然，但人永远也无法游离于自然环境而独立地存在，也永远不可能绝对地摆脱自然环境对人的终极制约，为了人的发展必须保护自然，人与自然保持和谐。在人与社会关系中，一方面，社会环境对人的存在和活动具有先天的制约性；另一方面人通过实践活动积极地变革和重建自己的社会环境，并在对社会环境不断优化过程中推动历史的发展，人与社会这种非线性的双向辩证关系要求人与社会和谐，也只有和谐发展的人才能担当起社会的角色。在人与自身的关系中，人必须身心和谐、德才兼备、知情交融，成为一个完整的人。

美好人生。人不仅力求"活着"，而且力求"体面地活着"，"过一种高尚的生活"。人生活在现实中，也生活在理想中，理想是人的重要的本质力量，人生要有追求，有追求、有信念、有信仰，就有希望。希望的实现，不仅体现在自我价值，更重要的是实现社会价值，过一个有意义的人生。美好的人生还应该在法律、道德、人格上获得自尊,尊重他人,并受别人的尊重。

五、基本含义

1."自主和美"之关系

"自我意识""主体能力""和谐发展""美好人生"四者之间的关系可以表述为:

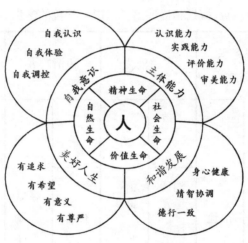

自 主 和 美 模 型

2."自主和美"之本质

自主和美的人,一个融自然的、精神的、社会的为一体的完整的人,一个拥有自我意识、自治能力、自立人格的人,一个具有自主性与他主性、能动性与受动性、创造性与保守性的人。

自主和美的人,一个具有理想、信念、仁爱的人,一个具有好奇心、兴趣、执着的人,一个具备学习能力、审美能力、健康能力的人。

自主和美的人,一个具有现代意识、自由精神的现代人,一个拥有国际视野、民族情怀的国际人,一个担当历史责任、创造社会价值的历史人。

概而言之,自主和美的人具有生存、生活以及追求美好人生的意识和能力,能够与自然、社会、自我和谐共生,最终成为一个具有健全人格、自由创新和负责任的人。

从个体发展的角度,自主和美的人是一个完整与和谐的人。

从社会发展的角度,自主和美的人是一个具有担当社会能力与创新精神的人。

从人类的角度,自主和美的人是一个追求个体幸福与社会幸福相统一的人。

3."自主和美"之特质

我们以"自主和美"为依据,以"你认为国际学校的学生现有的特质"和"你期待国际学校的学生应有的特质"为两个维度,通过对教师、家长和学生的问卷调查,概括和提炼出了"国际学校的学生24个基本特质":

	自我意识 / 个体意识		主体能力		和谐发展		美好人生	
人与自然								
人与社会	守信忠诚正直	节俭	沟通合作国际视野	审美批判思维创新	包容	尊重关爱责任	与人为善	感恩理想
人与自我	自信坚强		自律		勤奋好学		真诚乐观	

注释:

[1] 冯建军. 生命与教育 [M]. 北京:教育科学出版社,2004.

[2]《马克思恩格斯全集》,第1卷. 北京:人民出版社,1956.

[3] 黄楠森. 人学原理 [M]. 南宁:广西人民出版社,2000.

[4] 王坤庆. 精神与教育 [M]. 上海:上海教育出版社,2002.

[5] 宋乃庆,杨欣. 中小学生课业负担过重的定量分析 [J]. 教育研究,2014(3).

[6] 张红霞,吕林海. 中国学生的知识结构脱节及其改造 [J]. 教育发

展研究，2014（21）.

　　[7] 张良驯,刘胡权 . 违法犯罪未成年人的思想道德和法律意识研究
[J]. 中国教育学刊，2014（12）.

　　[8] 黄楠森 . 人学原理 [M]. 南宁：广西人民出版社，2000.

　　[9] 黄楠森 . 人学原理 [M]. 南宁：广西人民出版社，2000.

第三章
如何培养自主和美的人：设计原则

一、"整体性"原则

人本身就是一个整体，无论是"德、智、体、美、劳"，或"真、善、美"，还是"思想道德、学业成就、身心健康、审美素养、个性发展"，缺少任何一项都不是健全的人，因而教育的途径和措施也应该是整体设计，只有越完整的教育才能培养出越完整的人。

学校做顶层设计，将"培养什么样的人"和"怎样培养人"这样两个问题一起思考，这本身就体现了整体性原则。大多学校不做顶层设计，甚至在考虑"怎样培养人"时忘记了自己的目标，甚至偏离了培养目标（比如片面追求考试分数和升学率），这是校长办学的一大缺陷或者说弊端。

将教育与自我教育（以及自我管理）纳入学校教育体系，这也是整体性思考的一个结果。如果只将教育理解为"一种培养人的社会活动"，显然教育指的是他人教育，不包括自我教育。教育与自我教育在理论上是有区别的。前者从社会整体出发，强调在文化传递、继承过程中的师授性、他控性；而后者从社会个体着眼，强调人对知识文化继承吸收的自控性与自授性。然而，在实践中，教育与自我教育有其统一性和互补性，尤其是我们强调学生的主体性培养目标和重视活动中学生的主体建构时，自我教育显得更为重要。基于"教育的最终效果是看学生学得如何"，所以学生的"学"既是"教"的归宿，也是"教"的出发点。教与学相辅相成，重教轻学、重学轻教都有失偏颇，教育与自我教育缺一不可。将自我管理纳入学校教育体系，也是基于"管理育人""学生是学校和成长的主人"等理念而确立的。

我们从整体上构建学校课程体系，并将校本课程设计、实施、评价一体化作为校本课程开发的首要原则，是学校顶层设计的一个重要组成部分，这很好地解决了"培养什么样的人"与"怎样培养人"成为两张皮的问题。在研究教学时，正确地处理好教学与教育、有效性与价值性、课堂与教学、教学与管理、教与学、形式与内容、教师与学生、知识与能力、过程与方法等各种辩证的关系也是整体性原则的体现。

二、"活动性"原则

学生在活动中成长，离开了活动，人的发展就是空中楼阁。知识的学习需要观察、探究，技能的形成需要操作性活动，能力也只有在活动中形成，道德、习惯等都离不开体验。古今中外的许多教育家无不重视活动在人的成长中的作用。苏联的维果茨基、列昂节夫、达维多夫等活动与发展学说，皮亚杰的发生认识论，卢梭提倡让儿童通过实践活动和接触实际事物获得知识，裴斯泰洛提倡教学与生产劳动相结合、让每个儿童参加农业和手工业劳动，杜威提出学校即社会，教育即生活，要摆脱课堂中心、课本中心、教师中心，让学生在生活中学习，陶行知则将杜威的话倒过来，即社会即学校，生活即教育，提倡"生活教育"，更强调学生要以社会和生活为学习对象，并在生活中学习。顾明远先生最近也特别提出"让学生在活动中成长是教育改革方向"，倡导活动教育论。[1]

学校教育的设计，无疑是以学生活动为核心。课堂是师生共同的教育教学活动，社团、实践、劳动、体育、艺术等无不都是以活动的方式和形式呈现；课堂中除了有显性的学生操作活动，还有隐性的学生思维活动。

学习活动类型的划分是学习活动的重要侧面，依据学习者接触的学习对象、领域或发展资源的不同，"完整的学习至少应该包括符号学习、操作学习、交往学习、反思学习、观察学习等五种不同维度的学习，而且这五种学习分别具有相对独立性，彼此不能互相代替。当然，这里包括所区分的五种基本的学习活动类型，实际存在的学习类型可能不止这五种，并且这五种学习活动类型之间还可以交叉或同时出现在某一学习场合。"[2]

关注活动，必然关注过程。"'应试教育'的局限在于忽视教育活动的过程属性和过程价值,而过程属性是教育活动的基本属性。""教育的过程不仅仅是一种活动进程、活动阶段、活动环节、活动程序,而且是教育活动的主体教师和学生围绕一定的活动主题符号知识主题或生活经验主题,在特定的情境,有组织的课堂情境和有发展意义的开放活动情境中,通过互动式交往进行的建构性实践活动的结构,是教育要素之间交互作用的变化和发展过程。"[3]教育过程,"根据连续程度可划分为清晰型教育过程和模糊型教育过程","根据技术手段可划分为语言传授教育过程、实际训练教育过程、情境陶冶教育过程和实践锻炼教育过程","根据活动类型划分为实物活动教育过程、知识学习活动教育过程和交往活动教育过程","根据沟通性质划分为传递性教育过程与交往性教育过程"。[4]

三、"主体性"原则

主体性是人的根本特性,只有当一项活动成为主体性活动时才具有教育意义。学生是自身学习和发展的主体,学习和发展是学习者自己的事情,任何他人都不能代替学习者去完成学习任务和达到发展目标。因而在教育教学和管理中要充分体现学生的主体地位,充分发挥学生的主体作用。

强调主体性,就是在思想上确立人是教育的出发点,人的价值是教育的最高价值,培育和完善人的主体性(自主性、自为性、选择性、创造性),使之成为时代需要的社会活动的主体,是教育的根本目的。在实践中,学生的身份是主体而不是客体,承认并尊重学生的主体地位,将学生视为能动的、独立的个体,赋予他们自主活动、自主发展的空间,使教育活动成为以学生为主体的活动。

强调主体性,即为强调主体主动地活动而非外力推动活动、强调主体活动是自控的而非他控的,以区别于被动性活动、本能性反射、冲动性行为以及工具性行为等。主体性活动即为主体在自身需要(表现为活动目的)的推动以及自身的意识的调节控制下,依据自身活动的目的以及活动的对象、环境及过程的规定性,选择和创造相应的活动程序、方式和方法作用于客体,使客体发生相应的变化,从而实现自身的活动目的的过程。在主体性活动中,主体与客体之间发生着主体的客体化和客体的主体化双向对象化。同时,在主体性活动中,存在着两种重要的机制,即动力机制和自主调控机制。

遵循主体性原则,意味着强调交往的教育学意义。"交往的教育过程观,打通了教育与生活之间的壁垒,使教育不仅局限于科学世界之中,而且延伸到生活世界之中,使教育不仅限于以书本为中心的知识教学,局限于课堂、学校,而且走向日常生活,关注学校教育中的生活层面,也关注社会生活。交往的教育过程观,使学生的交往关系成为学生的全部生活,教育的世界就是学生的世界。只有这样,教育才是完整的教育；只有这样,教育才不是人对物的训练和塑造,而是人对人的教育。"[5]

主体性原则,还意味着学生具有生理结构上的"非特定化"和"未完结"特征,这些特征,为人类后天的创造和自由提供了生物学的基础和前提,同时也表明了人类学习和发展具有巨大潜能和可能性。当然,学生主体不是现实的、完成的主体,而是一个潜在的、可能的主体,学生主体性的形成和发展需要教师的指导、激发和培养。

四、"针对性"原则

人是教育的归宿,也是教育的出发点。以学生为起点,根据学生的实际,实施教育才是有效的。学生的差异性,更需要"因材设计""因材施教"。

学校教育的针对性,具有很广泛的意义。针对学校实际和学生实际,确立自己学校的教育哲学、培养目标以及教育体系；针对学生的兴趣、特长、短处以及学校实际,开发和研制校本课程结构；针对学生和学校实际,建立自己的评价体系；针对学生的认知规律和情感特点,实施有效教学；针对学校的实际,建立自己的校园文化和教育特色。

五、"开放性"原则

学校虽然自身是一个封闭系统,但系统只有与外界保持信息交流,与外界发生相互作用,才能顺利运行,也才能产生更大的能量。

学校教育与家庭教育、社会教育的有机融合,课堂与课外、课程与活动、认识与实践的有机融合,纸质媒介、音频资源、视频资源的有机融合都体现了教育的开放性。课堂上的开放性,意味着学习内容的无限性,学习方式的多样性、学习思维的发散性、评价的不确定性。

案例 1：我校 2014 年 11 月申报滨海新区德育特色学校汇报材料。

践行价值教育培养自主和美的学生

2014 年 11 月 21 日

2009 年，我校以加入"中国价值教育联盟学校"的方式开展教育部长江学者、北京师范大学教授石中英博士主持的"社会转型时期的中小学价值教育"的课题研究，成立了"做最好的自己——以尊重和责任为核心的价值教育研究"课题组，开始了价值教育的研究与实践。

价值教育是党的建设和社会发展的需要。从党的十六届六中全会首次提出社会主义核心价值体系的基本内容，到十八大报告对社会主义核心价值观的最新概括，再到党的十八届三中全会决定印发《关于培育和践行社会主义核心价值观的意见》（以下简称《意见》）。《意见》中明确指出：培育和践行社会主义核心价值观要从小抓起，从学校抓起。

五年来，我校围绕十个价值品质，遵循着"全员""全过程"以及"全方位"的育人原则，不断探索实践价值教育的途径，以润物无声的德育滋养学生的心灵，丰富学生的精神世界，提升学生行为规范的水平，形成了德育工作的特色。

一、学校核心价值体系

（略）

二、学校完善的德育管理制度

（一）天津开发区国际学校全员育人规定

（二）天津开发区国际学校升降国旗制度

（三）天津开发区国际学校班主任工作条例

（四）天津开发区国际学校班主任工作一日常规

（五）天津开发区国际学校优秀学生评价办法

（六）天津开发区国际学校优秀班集体评价制度

（七）天津开发区国际学校小学生日常行为规范

（八）天津开发区国际学校中学生日常行为规范

（九）天津开发区国际学校五星级班集体评比细则

（十）天津开发区国际学校上、放学管理制度

（十一）天津开发区国际学校两操（眼操、课间操）管理办法

（十二）天津开发区国际学校班会课管理办法

（十三）天津开发区国际学校学生安全教育实施意见

（十四）天津开发区国际学校定期开展学生防灾演习实施意见

（十五）天津开发区国际学校心理健康教育实施指导意见

（十六）天津开发区国际学校社会实践活动管理办法

（十七）天津开发区国际学校网络德育工作实施意见

（十八）天津开发区国际学校学生劳动教育实施意见

（十九）天津开发区国际学校法制教育实施意见

（二十）天津开发区国际学校课外读书活动指导意见

（二十一）天津开发区国际学校学生社团管理办法

（二十二）天津开发区国际学校关于组织学生家长会的相关规定

（二十三）天津开发区国际学校家访制度

（二十四）天津开发区国际学校进一步加强"家长学校"工作的有关规定

三、学校开辟的价值教育途径

（一）在主题月活动中深化价值

学校制定了以节日为中心的主题教育活动计划，根据每月的主要节日，确定了教育主题和活动内容，开展价值教育。1 月的主题是"诚信"，在期末考试前对学生进行诚信教育。2 月的主题是"勤俭"，利用春节对学生进行传统美德教育，开展慰问特困家庭等献爱心活动。3 月的主题是"感恩"，在 3 月 5 日青年志愿者服务日开展社会服务活动。4 月的主题是"读书"，在 4 月 23 日世界读书日开展读书节活动。5 月的主题是"责任"，在"五四青年节"召开"弘扬五四精神做优秀中学生"主题校会，引导学生要担当一份应担当的责任。6 月的主题是"乐观"，在"六一儿童节"开展联欢和表彰活动。7 月的主题是"自强"，7 月 1 日党的生日召开主题班会。8 月的主题是"合作"，开展军训活动。9 月的主题是"理想"，新学期确定新目标，教师节期间开展教师为学生寄语活动，鼓励学生为实现自己的理想而努力。10 月的主题是"关爱"，开展关注心理健康的主题宣传活动。11 月的主题是"安全"，在消防宣传日举行全校防灾演习，提高安全意识。12 月的主题是"尊重"，教育学生尊重自我、尊重他人、尊重生命、尊重自然，开展校园艺术节活动。

2013 年 3 月，我校积极响应教育部和天津市教委的号召，开展了"寻找身边的'张丽莉'"活动。不仅通过全校教职工大会、校会、升旗仪式、校园网等向全校师生宣传张丽莉老师的先进事迹，而且结合学校 3 月"感恩"价值教育主题月活动，引导学生、教师发现身边感人故事，记录温暖感动瞬间，同时通过家委会、校讯通向家长征集身边教师的动人事迹。截至 3 月 25 日，共收到学生反馈 716 份，家长反馈 356 份，字里行间流露出孩子们和家长们对教师的真诚感谢和深深敬意，桩桩件件的小事反映着老师们爱岗敬业、立德树人、严谨笃学、无私奉献的精神。在 3 月至 6 月每周升旗仪式上的感动瞬间活动中，来自不同年级和班级的十位同学分别讲述了 10 位教师的感人事迹；在全校教职工大会上，大家还分享了 15 位老师的动人故事。

学校还围绕主题月，充分利用每周的升旗仪式对学生进行价值教育。国旗下讲话，学生用中英文做主题发言，与同学交流思想、分享体会、倡导行动，起到了自我教育、舆论引领的作用。每周的升旗仪式也是对学生进行爱国主义教育的好时机。规范学生的言行，从仪表、站姿、敬礼、唱国歌等方面提出具体的要求，检查落实，指导训练，使学生在庄严的氛围下体会做中国人的自豪。

（二）在班级文化建设中突出价值

班级文化主要指班级内部形成的具有一定特色的思想观念和行为规范的总和，是一个班级内在素质和外在形象的集中体现。班级文化的主要内容是班级形象、班级精神、班级凝聚力、班级目标、班级制度、团队意识、班级文化活动等。班级文化的核心是班级精神和价值取向。学校制定了《以价值教育为核心建设优秀的班级文化实施方案》，指导班主任结合本班实际情况，制定目标，优化班级环境，制订班级公约和管理制订，培养班干部，开展班会和班级活动，培养学生的集体观念和集体责任感、荣誉感，树立良好的班风、学风，真正让班级成为学生生命成长、精神发育的家园。我校以一些良好的价值品质来命名班级，如："理想三·三""乐观四·一""奋进五·三""阳光六·二""飞翔九·一"等，开展班集体建设。经学生设计、讨论，各班都形成了自己的班徽、班训、班集体行为准则、班级活动方案等班级文化。在班级管理中，充分发挥文化育人的功能，振奋班级精气神，传递班级正能量。三年级二班将学校的一日生活常规编成了歌谣，如："进校：穿校服戴红领巾，备齐用品准时到；进校说声老师好，相互问候有礼貌。""上课：铃声一响教室静，专心听讲勤思考；举手发言敢提问，尊敬师长听教导。"五年四班就日常行为规范设立了积分奖励制度，以小组为单位，每周评选最佳小组，颁发图书等奖励。九年三班确立了"做一个有修养的学生"的目标，形成了"班荣我荣，班耻我耻"的班级荣誉感和"永不言败，决不放弃"的亮剑精神以及"大家好，才是真的好"的团队意识，基本实现了自我管理、自我服务。

我校五年三班在2014年被评为市级三好班集体，从一年级入学开始，在班主任、语文教师刘玉洁的引领下，同学们学"国学"、读"经典"，并将其思想精髓内化为自身行动，形成了正确的价值品质。开展国学教育，让孩子们继承弘扬中华民族的优秀文化、优良传统、民族精神，使他们懂得"人伦之道"的做人道理，懂得"生存之道"的生活艺术，懂得人生进入文学化的"人文修养"。改革养成教育的管理方式。让国学经典"制乎外，养其内，行诸外"。从小处着眼、从细节入手，将国学的精华融于师生的每一天，融于师生行为的每一刻，以及做每一件事的微小细节。定期开展"古诗词比拼""诗文图展"、国学手抄报评比、国学知识竞赛等主题活动。在班内开展"我与经典同行"国学诵读大赛，为学生创造丰富、生动的"学习场"。开展"雅言传承文明，经典浸润人生"一言一行践行"弟子规"活动。对照内容，规范言行。校园里，同学们见到老师、客人主动行礼问好；课堂上，同学们认真思考，大胆发言；走廊里，同学们自动成行，漫步轻声；操场上，同学们嬉戏玩耍，文明礼让。升旗时，不见了走动的身影；集合时，没有了躁动的声音。不经意间，显现的是"五·三"学子不凡的特质。

主题班会是教育学生和学生自我教育的重要形式，是增强班级凝聚力的有效手段，是构建良好师生关系的桥梁，是实施德育的重要途径。为不断提升班会课质量，充分发挥其教育功能，学校于2012年3月至6月间开展了以价值教育为主题的班会"同课异构"活动，全校班主任积极参与展示、听课、评课、研讨活动，深化了教育的理念，探索了新的方法和途径。班主任根据班级教育主题上报班会主题，德育处进行统筹安排，确定了"尊重""责任""关爱""理想""感恩"五个价值教育主题，开展班会"同课异构"。虽然不同的班级、不同的学生、不同的班主任、不同的教育理念、不同的教育风格，但是参与同课异构的班主任都进行了认真的准备，班会课主题鲜明、学生参与广泛、教育效果良好。活动不仅考验了班主任各自的教育智慧,体现了他们的教育理念,同时也激发了听课班主任们对上好主题班会课的多角度、全方位的思考,在观点的交锋、思维的碰撞中工作得到了提升。

（三）在社团活动中彰显价值

学校社团是指具有某些共同特征、爱好的学生,在学校的引导下而组成的一种互益组织。中小学的社团一般由学校率头组织,在老师的指导下进行,目的是通过老师对某一方面的指导,使学生的特长得以发挥,个性得以强化。社团活动能够丰富学生的生活,促进学生智能的全面发展,有助于学生综合素质的提高。学校积极开展各类社团活动。一方面,为使学生的社团活动组织得更规范、更有效,真正使学生的特长得以发展,更重要的是提高每一个学生的综合素质和能力,学校将社团活动按课程管理模式进行了统筹安排,开设传统文化类、语言类、STS类、动手操作类、体育技巧类、艺术审美类等六大类50余门校本课程,纳入课表,全校每个学生都根据自己的兴趣、特长选择适合他们的课程进行学习、开展活动。每个项目的教师开学初制订计划,组织实施,并在学期末进行小结展示。目前,开设的校本课有少儿体操、篮球、足球、田径、健美操、纸艺、篆刻、合唱、快板、编织、航模、博客室、英文剧社、朗诵与演讲等,这些活动都受到了学生的欢迎和喜爱。在纸艺活动中,孩子们学到的不只是手工折纸,更是一种生活态度,一种环保的理念。老师提倡选择折纸的材料是废旧的广告、报纸等纸张,这些纸张本身纸质不错,比较适合折纸使用。制作后,还引导孩子们将多余或稍小的纸张放入"环保纸艺回收箱",以便下一次手工创作使用。篆刻小组的同学们设计并篆刻出学校"十个价值品质",他们的作品展示在楼道里,随时提示同学们的行为。

另一方面,我们还建立了学校、年级和班级三级,文艺类、体育类、兴趣类、公益类四大类社团。文艺类社团包括合唱团、管弦乐团、中文剧社、英文剧社、朗诵与演讲小组、快板队,体育类社团包括健美操队、篮球队、足球队、羽毛球队、田径队,兴趣类社团包括摄影社、棋社、书友会,公益类社团包括助老爱心社、科技环保社等,学生们在社团活动中学会了尊重、关爱、宽容、勤俭,懂得了责任、感恩、理想。

管弦乐团的同学们在日常训练中不断提高艺术审美能力和专业技能,乐团指导教师注重在训练中培养学生的组织纪律性和团队协作能力。为使乐团健康发展，乐团负责教师做了大量细致工作，一方面鼓励学生坚持练习，一方面与家长及时沟通、密切配合。乐团积极做好团员的组织、管理和训练工作，做好高雅艺术的普及、推广工作，做好梯队建设，认真组织排练，积极参加市区比赛和学校演出。5 月，第一次参加天津市学生器乐节比赛，以出色的表现获得一等奖。参加此次比赛的管弦乐队是由弦乐器、木管乐器、铜管乐器和打击乐器组成的合奏乐队，共 63 名队员，从二年级到八年级，其中小学生 45 名，是天津市唯一一支小学管弦乐队，他们演奏的乐曲为原创曲目《古老的出征进行曲》，在陈燕老师的指挥下，超水平完成了作品，得到了评委的一致好评，并且获得了全场的第二个高分。6 月，参加了学校九年级毕业典礼的演出。9 月，参加了学校二十周年校庆文艺展演，受到广泛赞誉。

小海燕合唱团自成立以来，喜欢唱歌的孩子将这里当成了家，当成了一个乐园，在这里歌唱，在这里放飞梦想。长期的合唱训练不但培养了孩子们的良好歌唱习惯，也培养了她们严谨的组织纪律性、强烈的团队意识。今年 4 月至 6 月，合唱团开展了"自立好少年"实践活动。合唱团的孩子们通过自我服务劳动、家务劳动的教育和实践，提高他们对劳动意义的认识，逐步培养劳动观念，养成自己的事情自己做的好习惯。培养合唱团的孩子们的劳动能力，如整理房间、叠被子、扫地、擦桌子、收拾碗筷、衣服分类、洗手绢、洗袜子、擦鞋子等等，随着对家务劳动的熟悉，再做一些劳动技能较高的事情，如换床单、清洁浴室、操作洗衣机等等，培养学生初步具备生活自理能力。活动得到了家长朋友的广泛好评，他们高兴地看到了孩子们的变化，感谢老师们不仅教会孩子歌唱，而且教会孩子生活。5 月，合唱团在滨海新区 2014 年合唱节比赛中获得一等奖，在天津市学生文艺展演小合唱项目比赛中获得二等奖。11 月，参加了天津市学生合唱节比赛的决赛，再获一等奖。

青鸟剧社吸引着越来越多喜爱戏剧和表演的孩子们。2014 年 3 月，进行了为期一周的招新工作。通过自我介绍、现场表演和特长展示三个环节的面试，招收了 30 多名新团员。剧社坚持每周课余时间排练，排练中引导学生自主协调合作，自由想象创造，引导学生发现问题，鼓励他们寻找解决问题的办法，帮助学生建立正确的情感、态度和价值观。同年，排演的英文剧《开心果子》是一个童话故事，教孩子学会尊重和关爱他人；中文剧《红领巾》是一个革命传统故事，非常有教育意义，无论是演员，还是观众,都被革命烈士英勇顽强、不怕牺牲的革命精神深深感染,少先队员要爱护红领巾,做国家的栋梁。6月,在滨海新区首届学生戏剧节比赛中两个剧目分获一、二等奖。10月,参加了天津市学生戏剧节校园短剧比赛,分获一、二等奖。

爱心社积极开展献爱心活动。2014年3月,开展了"大山小爱"捐书活动。在升旗仪式上,爱心社的社员向全校师生介绍了贵州山区学生生活条件的艰苦和学习资料的缺乏,并发出了捐书的倡议,在师生中产生了广泛影响。一周内,全校师生共募集书籍3058本,爱心社社员和五年级学生志愿者分工协作,对收到的图书进行记录、整理、打包,送至开发区志愿者协会,由他们送到山区同学手中。活动中学生们受到了感恩教育,学会了分享,得到了一份助人之后的快乐和满足。7月,开展了向贫困地区捐赠物资活动。学校响应开发区文教局的号召,向青海省黄南藏族自治州的学生募集过冬用的衣物和学习用的书籍文具。全校师生积极参与,共捐献衣物3734件、书籍文具14939件、计算机13台。这次活动的开展,是对学生的一次爱心教育,弘扬了中华民族的传统美德。

（四）在实践活动中体验价值

学校积极开展各类主题实践活动,开展建立校园劳动岗、家庭劳动岗和社区服务岗的"三岗"活动,让学生在体验和实践中感悟价值教育。校内设立了多个劳动服务岗,如校门口礼仪示范、小交警协勤、校园卫生监督、眼操示范、大课间纪律监督、餐厅服务、图书馆服务、"大手拉小手"帮服活动等,锻炼学生的自我约束和管理、劳动意识和能力、爱心与责任等,在参与和服务中进行自我管理和自我教育。家庭中,要求学生做到自己的事情自己做,帮助父母做力所能及的家务,寒暑假积极参加社区活动。学校还与紫云社区签署了共建协议,组织学生到社区开展公益劳动和公益服务。

学校积极开展社会实践活动,让学生在体验和实践中感悟价值教育。根据学生的年龄特点和季节特点,围绕核心价值,学校精心策划并组织系列主题实践活动。

2011年"世界地球日"我校与开发区环保协会、香港环保协会等单位共同发起了"绿色慈善、回收捐赠"活动。全校共回收、募捐衣物、文具等800余件,全部捐赠给西青区中北镇侯台社区单亲困难母亲阳光家园。"六一儿童节"开展了"童心向党,与星星火炬同行"主题队会,发动全校学生为新疆贫困地区爱心图书角捐款 11300 余元。

2012 年 5 月组织了"感恩先烈、热爱家乡"爱国主义教育主题实践活动。在老师的带领下，学生分别来到天津塘沽烈士陵园、极地海洋馆、大沽口炮台博物馆、军事博物馆及塘沽森林公园进行参观、学习。11 月开展了主题为"开展职业体验活动，培养学生简单的职业技能和社会适应能力"和"爱家乡，感受家乡文化和家乡变化"的社会实践活动。全校近千名学生和百余名教师分赴天津希乐城少儿职业探索乐园和天津规划展览馆、天津电力科技馆、梁启超饮冰室、意式风情区开展活动。

2013 年 4 月，学生们共同前往天津松江生态现代设计农业示范基地，进行主题教育社会实践活动。11 月，组织小学生参加了职业体验活动和参观科技馆、文化中心活动，组织中学生参加了军训、学农活动。

2014 年 4 月底、5 月初，一、二年级开展了主题为"推动科普宣传，关爱海洋生物；感受春天，爱护环境"的实践活动。同学们参观了海昌极地海洋馆，看到了各种神奇的极地动物和海洋生物，了解到了许多有关环境与自然的知识，还欣赏了精彩绝伦的海洋动物表演；到泰丰公园野餐，开展了丛林鼠、障碍赛跑等趣味体育活动。三、四、五年级开展了主题为"魅力新天津，空港工业游"的实践活动。同学们参观了伊利乳业工厂、天津纺织博物馆、应大皮衣博物馆和云计算中心，了解了奶粉生产、纺织业的发展、皮衣的演变历史以及最新的计算机云技术方面的知识。六、七、八年级开展了主题为"锻炼意志，感受大自然的魅力"的实践活动。同学们参观了长城脚下的长寿园、八卦阵、毛主席诗词馆等，感受了中国文字的博大精深、八卦阵的迷幻和毛主席伟大的诗词魅力。在爬黄崖关长城过程中，师生互助、生生互助，处处体现着团结友爱，文明礼仪……学生们在互相鼓舞中来到长城最高处，感叹大自然的魅力和劳动人民的精湛技艺。活动不仅使学生学习到了课外知识，体验到热爱大自然会给人类带来丰厚的回报，锻炼了意志品质，更增进了师生间的情谊。10 月底，一、二年级开展了主题为"体验各种职业乐趣，感受真实生动的城市社会"的实践活动。同学们来到天津比如世界，参加了职业体验活动，他们扮演了播音员、消防员、牙医、保育员等不同角色，还动手做了寿司、饼干和巧克力，在轻松的氛围中体验了各种职业的乐趣。三、四、五年级开展了主题为"体验科技魅力，感受科技让我们的生活更美好"的实践活动。同学们来到天津科技馆和自然博物馆参观学习，在科技馆中，亲身体验了力学、电学、光学的神奇,还了解了很多人体的生理心理知识,通过观摩和动手操作学习了很多科学原理;在自然馆中,欣赏了五大洲各具特色的生态环境,了解了地球上生命的发展。六、七、八年级开展了主题为"寓教于乐,参与体验,开阔眼界、增长知识,增强学工实践能力"的实践活动。同学们到天津空港经济区参观,他们深入万寿家、无人机、伊利、海鸥手表厂四家知名企业参观学习,亲手制作了巧克力,观看了无人机表演,观摩了 3D 打印机工作过程,真切感受到了工业科技的力量和家乡工业的发达,同学们在活动中开阔了眼界、增长了知识,加强了实践能力。

每年寒暑假,学校还组织学生到境外开展学访活动,使他们开阔了眼界,提高了能力,激发了集体荣誉感和爱国情结。学生的足迹遍布亚洲、欧洲、北美洲、大洋洲,在参观学习的过程中,他们真切地感到无论是西方文明还是东方文明,都是人类共同的宝贵财富,不仅需要共同保护,而且需要共同吸收,为实现世界的和平与发展,共同创造新的物质文明和精神文明。

（五）在积极评价中肯定价值

每年 7 月,学校会为 6 年级、9 年级毕业生举行隆重的毕业典礼,它已然成为 TIS 毕业生最难忘的珍贵记忆。典礼上,伴随着激昂的颁奖音乐,在父母的热烈掌声中,全体毕业生依次走上主席台,校长为每一位学生颁发毕业证书和"十一少年"荣誉证书。"十一少年"是围绕"十个基本价值品质",通过学生自评、同学或老师推荐产生的,每班评选出若干名"全才少年""勤学少年""诚信少年""爱心少年""勤俭少年""乐观少年""责任少年""才艺少年""礼仪少年""自立少年""（特色）少年"（"特色"为其他个性优点,可自己填写）。因此,站在毕业典礼领奖台上的不再是少数几个学习成绩优异的学生,而是每一个具有不同特长和优秀品质的学生。

（六）在家庭教育中践行价值

家庭教育是教育人的起点和基点。要实施更有效的价值教育,必须将价值教育融入家庭生活中,在家庭教育中践行价值教育。学校通过多种方式,向家长介绍价值教育的理念、方法,使家长在提高自身价值品质的同时注意提高孩子的价值品质。杨骞校长定期以《校长视线》家庭教育专版的形式,与家长交流分享家庭教育的好思想、好做法,并在其中大力倡导价值教育。学校定期召开家委会会议,向家长宣传学校教育理念,形成教育共识。特邀团中央知心姐姐心理健康教育全国巡回报告团的专家为家长开展家庭教育讲座，2012 年 9 月组织了两场题为"关注孩子可持续发展的能力"的主题报告，并针对不同年级学生家长在家庭教育中的困惑，回答家长的问题。每年在新学期正式开始前，由我校有经验的班主任教师和科任教师为新一年级家长开展专题讲座，重点指导家长如何对即将踏入校园的学生进行良好学习习惯和生活习惯的培养，赢得了家长的高度认可和好评。"十一"长假和寒暑假前，下发"致家长的一封信"，提出在家庭中培养孩子热爱生活、热爱劳动、自主学习、自主发展的建议，号召家长与孩子一起锻炼身体、一起读书、一起参与家务劳动、一起开展有意义的活动，两代人共同学习、共同成长。

2014 年 2 月，为拓宽学生的知识面，开阔他们的视野，激发求知欲，丰富校园文化生活，学校为学生们设立了"万象讲堂"。"万象"取"包罗万象"之意，学校特别聘请社会各界人士为学生讲解符合教育方针、对学生成长有益的有关政治、经济、科技、日常生活各个领域的知识。学期初，学校首先向全校家长发出邀请信，诚挚邀请家长朋友加入"万象讲堂"讲师团，家长们反响强烈，踊跃参与。截至 11 月，"讲堂"共举办 14 次讲座，受到学生热烈欢迎。

（七）在课堂教学中渗透价值

在课堂教学中，我们不仅追求教学的有效性，也追求教学的正当性、价值性；我们不仅重视教师的"教"，更重视学生的"学"，学生已经会的不讲，学生自己能够学会的不讲，讲了学生也不会的不讲；我们不仅致力于学生对知识和技能的掌握，更致力于学生民族精神的熔铸和价值品质的塑造；我们不仅关注学生的分数，更关注学生生存能力、终身学习意识和自主学习能力的培养；我们不仅善待优等生，更会善待后进生或是问题学生，给予他们平等的尊重，尊重每一个人的求知欲望、独特个性、思想情感；我们不仅从前人经验中汲取精华，更会尊重学生成长规律，遵循教育规律，继续探索以培养学生的学习能力为主的课堂教学模式。每学期，教务处会组织近百节研究课供老师们交流研讨，在物理课、化学课、生物课上，老师们的基本思路是让学生先提出猜想，再设计实验，然后动手实验、观察现象，最后得出结论、验证结论；在语文课上，教师或者引导学生在预习的基础上，质疑答疑，同伴互学，或者组织学生借助工具书自学，小组合作学习，这些都体现了教师对培养学生学习能力的关注。

另外，我们以反思为路径改进教学行为，"教师每日十问""学生每日十问""校长每日十问"成为学校反思文化的一个代表，教师撰写反思日记和教学研讨更是体现反思文化的主要形式。我们要求教师要不断开展教育观念反思，课堂教学反思，学生问题反思，教育现象反思，人际关系反思，专业水平反思，自我意识反思，个人成长反思。

（八）在教师培养与培训中明晰价值

举办"TIS日新杯"教师论坛。2013年，举办了主题分别为"学生管理与雷夫经验""做一名专家型教师"的教师论坛，共有14位教师在论坛上发言，和全校老师分享了在教育教学中的智慧。2014年2月13日，我校举行"做一个学习型教师"教师论坛，5位教师做主题发言，如"挖掘学校校本课程的深度价值""春风化雨——中文剧社与价值品质培养""在社团活动中培养学生健全的生命气象"等。8月28日，为了激发老师们更深入思考教育问题，我校改变了以往主题发言的形式，而是将8位老师分为正反两方，以"在学校教育中，德育和智育哪一个更重要"为主题展开辩论。激烈的辩论赛结束后，开发区文教卫体副局长周兴文博士发表了点评，他首先表达了"两个钦佩"，一是钦佩国际学校多年来坚持不断地加强队伍建设，二是钦佩国际学校在一片喧嚣中静心办学的沉稳。之后畅谈了自己的三点感受，首先，这次辩论赛是一次思想与实践相结合的典范；其次，这是一次极富才情的辩论赛，立论上有高度，辩论技巧上有亮度，各位辩手都是风采照人，辩才无碍，风度翩翩；最后，这是一次智慧的展示，也是对我们广大教师提出了一个具有重要现实意义的大题目。

重视专家引领。2013年，天津师范大学教育学院康万栋教授、以"走向理解与自主的学生管理"为主题面向全校教师做报告。2014年，吉林省教育学院教师教育与校长培训研究所所长林森教授以"成长的'烦恼'与启蒙——教师角色的新构建与教育的新策略"为主题做报告；天津市教育科学研究院王毓珣处长以"教师之魂：爱与责任"为主题做报告。专家们以最新的理念、鲜明的观点、生动的事例、深入浅出的讲解引发了老师们的深深思考，也促进了教师教育行为的改善。

开展"班主任沙龙"活动，为班主任学习、交流和研讨搭建平台。每次活动由一名班主任做主讲，围绕"班主任要具备的专业素养""班主任要搞好班级管理""班主任要认真组织指导班级活动""班主任要客观评价学生综合素质""班主任要善于协调各方面教育力量"等专题展开,其他教师进行提问,相互交流,共同研讨,解决工作中的问题和困惑。

（九）在课题研究中深化价值

围绕"价值教育",我校以"促进学生、教师和学校共同发展"为终极目的,深入开展一些课题研究,如"中小学教师职业幸福与价值取向研究""校长价值引领与学校文化建设""校本课程《红领巾爱滨海》及《弟子规新编——社会主义价值体系学生读本》编写""中小学德育与心理健康教育问题研究"等。2013年7月,由杨骞校长主持的天津市教育科学"十二五"规划课题"校长价值引领与学校文化建设"结题会在我校举行,多位教育专家与会,专家组对该课题给予了高度评价,如国家督学、天津市教育学会会长刘长兴认为"本项课题选题非常有创新,非常有意义,'校长价值引领'很好地诠释了'一个好校长就是一所好学校'这一命题,学校文化是当下学校管理的核心概念和关键主题,本课题将二者结合起来,更具有创新性和价值性"。此项课题成果已在《天津教育报》和《泰达教育研究》上发表。"基于学生的和谐发展,整合德育、价值教育与心理健康教育的研究"等8项区级课题也于2013年顺利结题。此外,"社会主义核心价值体系融入中小学语文教学的策略研究""诵读《弟子规》,践行价值教育策略研究"等两项课题都是2013年新申请并被天津市教育学会批准立项的课题,其中前者被列为市级重点课题。在我校,无论是校领导还是教师,都在结合实际开展行动研究,这些研究的目标指向在于通过解决教师"自己的问题",为教育教学提供更有价值的指导,促进学生、教师和学校的发展。

五年来,价值教育的研究成果已结集出版《价值教育探索》丛书:《价值教育在TIS》《价值教育与学校变革》《价值教育与文化自觉》《价值教育与自主和美教育》。每年学校都积极参加价值教育联盟学校工作会议,所提供的材料和大会发言都得到了与会专家和同行的高度赞誉。学校德育工作多次受到市区嘉奖,2010年获得天津市未成年人思想道德建设工作先进单位称号,2011年获得天津市教育系统中小学德育工作先进集体称号,2014年获得滨海新区德育先进集体称号。学生在和谐愉悦的氛围中、在亲身体验中、在广泛参与中、在耳濡目染中,道德、心灵、习惯趋于向真、向善、向美,形成了独特的"国际"学生气质。我们将进一步总结、创新、提升德育工作,使其更有特色、更有价值。

案例2：

天津开发区国际学校学生素质十大考评措施

2015 年 3 月

为全面贯彻素质教育思想,落实自主和美教育,践行学校核心价值,办优质教育,创特色学校,实现学校愿景,完成学校使命,特制订本考评方案。

一、指导思想和目标

由于国家升学考试制度的局限性和学生综合素质评价体系的抽象性,素质教育常常成为一句空话,综合素质评价也形同虚设,德智体美劳全面发展的人的培养没有了抓手。我校在调查和研究的基础上,提出国际学校"自主和美"学生应具备的 24 个特质。为落实和考核我校"自主和美"学生的24 个特质,也为弥补国家学生素质评价的不足,使学生素质评价更加具体、更具操作性、更加全面,特研制十个具体目标和任务作为考核与评价的标准。本目标和任务既是考核与评价的标准,更是学生进入国际学校学习和发展的目标,将发挥着引领作用。

二、十项具体目标与任务

1. 必读课外书籍36 本和选读课外书籍54 本。

2. 背诵古诗文小学130 篇、初中72 篇。

3. 做自然科学探索性实验或社会科学研究性学习4 项。

4. 志愿者（社区）服务24 个半天。

5. 帮助一位需要帮助的人并持续一年以上。

6. 采访一位人士,撰写不少于1000 的访谈记录。

7. 会唱中文优秀歌曲54 首和英文经典歌曲18 首。

8. 会吹竖笛。

9. 至少会一种球类运动。

10. 制作三幅作品赠送学校展览并留作纪念。

三、基本要求

1. 每名学生在九年内必须完成上述十项中六项,自己做好相关记录,比如读书笔记、各种记录、相关证明等,并做档案保管好。

2. 每名学生根据学校的课程以及教学要求,从三年级开始,结合个人实际逐年选好"项目"，按学年做好整体规划（当然也可根据实际情况后期做出调整）。

3. 根据学生申请和所提供档案，学校每年验收一次并颁发"单项证书"，六年级结业时进行全面验收（要求完成六项的二分之一至三分之二），九年级毕业时完成六项及以上，将颁发不同层级的荣誉证书。

4. 每一项任务的详细要求或标准另行制定，并印制手册，供学生做项目规划和验收记录。

5. 弄虚作假，违背诚信，本项目"归零"。

四、实施办法

1. 通过多种渠道广泛宣传，需要家长、社区以及社会各界的积极支持。

2. 学校成立领导小组，由专门机构负责验收。

3. 学校班主任、教师全力为学生提供帮助。

4. 对完成任务较好的学生给予一定奖励。

5. 自 2015 年 7 月起实施。

注释：

[1] 顾明远．让学生在活动中成长，是教育改革的重要方向 [N]．中国教育报，2014-7-26.

[2] 陈佑清．教学论新编 [M]．北京：人民教育出版社，2011.

[3] 郭元祥．论教育的过程属性和过程价值 [J]．教育研究，2005（9）.

[4] 黄平，李太平．教育过程的界定及其生成特性的诠释 [J]．教育研究，2013（7）.

[5] 冯建军．当代主体教育论 [M]．南京：江苏教育出版社，2001.

第四章
如何培养自主和美的人：育人体系

一、自主和美教育

培养自主和美的人的教育称之为自主和美教育,即强化"自我意识"、提升"主体能力"、促进"和谐发展"、引领"美好人生"的教育。

自主和美教育,作为一种思想,强调学生是学习和成长的主体,教师是自身发展的主体；学生和教师都是学校的主人,教师和学生也都是学校教育和管理主体；教育要让学生成为主体,培养学生的主体意识和主体能力；和谐发展是教育的追求,幸福人生是教育的终极目标。

自主和美教育,作为一种精神,强调由不愿意到愿意、由不自觉到自觉、不自信到自信、由被动到主动、由消极到积极,由他律到自律、由他人管理到自我管理、由他人教育到自我教育的转变。

自主和美教育,作为一种形式,在概念上,强调的是自觉性和主动性,生成性和建构性,理性和创造性；在理念上,强调了自由和自律的教育；在目的上,强调的是人的主体性与和谐发展；在内容上,强调的是自主选择和自主发展；在方式上,强调的是自主学习和自我教育；在评价上,强调的是自我评价和自我表现。

自主和美教育,对学校建设的意义在于主体意识的觉醒,课程的自主选择,课堂的自主学习,学生的自我管理,教师的自我更新,校长的自我完善,学校制度的自律,学校文化的自觉。

概括起来,自主和美教育的含义从三个层级来表述：狭义上,只指学生的自主和美教育和发展，教育方式上强调学生的主体性，发展方式上强调充分自由、健康和谐的发展；中义上，还包括教师的自我更新和专业发展以及校长的自我完善和职业发展，教师和校长的自主和美教育旨在指向学生的自主教育和美发展；广义上，还包括学校的自主变革和全面、和谐、健康、持续的科学发展；学校变革旨在指向学生、教师、校长的自主和美发展。

自主和美教育，旨在让学生和教师成为学校的真正主人，倡导学校的自主变革和自主发展，形成学校、家庭、社区、网络、自然环境为一体的开放空间。学校要为学生的自主学习提供多样化的课程和丰富的资源，构建以德树人、以人感人的和谐系统，成为有思想、有精神、有气质的学校。学校要关注人当下和未来的生活，为学生提供多种多样的自主活动平台和自我发展机会，成为学生向往、教师幸福、家长满意的地方。

二、育人体系

学生的成长大致可以分为两大体系：学校和校外。由此育人体系可以从两个方面来构建。

学校包括：教育途径（或教育活动）和学校文化，其中教育途径（或教育活动）主要有课程设计、课堂教学、社团活动、主题活动、实践活动、自我管理。

关于文化育人：按人的生活空间，通常将教育分为社会教育、家庭教育和学校教育三类。这三类教育各自承担有不同的责任和任务，相互补充、相得益彰，同时也以各自不同的方式对人实施着不同的教育。显然，文化育人是这三种教育类型的共同育人方式（之一）。"中国社会正在发生急剧转型，从一个封闭保守、缺少流动的静态社会，成为一个开放创新、充满活力的流动社会。这种变革导致人们的信仰从注重理想向强调实际的方向发展，从注重义务向强调权利的方向演变，从注重集体向强调个体转变。""理想和现实的分野，使人们的信仰处在一种无根、无魂、无序、无力、无声、无信的状态。"[1] 显然，这种社会文化对学生的教育价值具有十分明显的多样性，在一定程度上，这种社会文化对青少年学生的消极影响很大，甚至很深。家庭教育也是如此，由于家庭结构、家庭背景、父母受教育程度、工作性质等多种因素，家庭环境和氛围有很大差异，对孩子的负面影响也极其复杂，甚至对孩子的心理伤害也屡见不鲜。学校从它诞生之日起，就是专门的教育机构，计划性、针对性、目的性、组织性、系统性是学校教育的鲜明特征，所以学校教育中的文化育人功能显得更加明显，也尤为重要。

校外主要包括：自然环境、家庭、社区（社会）以及虚拟环境（网络）。

结构图为：

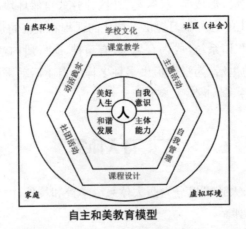

自主和美教育模型

三、课程设计

在设计课程过程中，出现了"有什么样的课程就有什么样的学生"还是"有什么样的学生就有什么样的课程"的争议。课程史上，曾经出现了三种基础理论：社会中心（社会取向）、学科中心（学科取向）以及学生中心（学生取向）。在设计模式上，也有多种模式，比如目标模式、过程模式等。我们的观点和做法是以学生取向为核心、结合社会取向与学科取向，采取目标模式与过程模式并行的范式设计课程。

在设置课程时，我们首先从课程类型、课程层级和课程领域这三个方面来考虑。对于课程类型，我们遵从普通的划分而不做调整，即国家课程、地方课程和校本课程，这样既利于实现社会、学科、学生三方面的统一，也便于课程管理；对于课程层级，基于学生的个体差异和特长发展，我们将其划分成三层，基础性课程、拓展性课程以及个性化课程；至于课程领域，为体现学科的综合性和教育性，做了有别于其他的一种划分，六大领域分别为：伦理与社会、语言与人文、数学与科技、体育与健康、艺术与审美、学习与实践。这里除了强调伦理、人文、技术、审美外，还特别地将学习方法、研究性学习、创新以及动手操作、实践作为一个单独的领域（学习与实践），以示重视。其关系表述为：

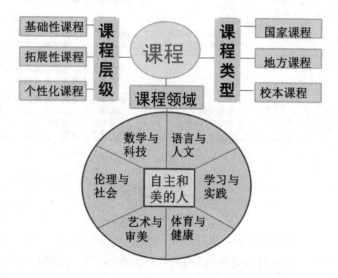

随着课程改革的不断深化，课程结构的呈现形式多种多样，出现了统整的（不再区分国家课程、地方课程和校本课程）个性化的课程体系。我们仍采取"忠实执行国家课程、适度调整地方课程、努力开发校本课程"的策略建构课程结构，并遵循"综合性原则、均衡性原则以及选择性原则"，努力实现多样化的课程类型结构、均衡的科目结构，以及具有弹性的空间结构。

课程结构

课程层级 / 课程类型 / 课程领域	基础性课程	拓展性课程	个性化课程
	国家课程	地方课程	校本课程
伦理与社会	品生（1~2年级）品社（3~6年级）政治（7~9年级）	天津与世界（3~6年级）法制天地（8年级）社会职业（9年级）	《弟子规》，《三字经》，《千字文》，《论语》，唐诗，宋词，四大名著，戏剧，中国节日，礼仪，民族常识，趣味经济学，市场营销
语言与人文	语文（1~9年级）历史（7~9年级）地理（7~8年级）	快乐英语（1~2年级）	法语，日语，韩语，英文歌曲，英文电影，英文原版配音，典范英语，国际理解，欧美文化，演讲与辩论，中英文喜剧表演，中国古代故事，外国故事

课程结构续表

数学与科技	数学（1~9年级） 物理（8~9年级） 化学（9年级） 科学（3~6年级） 信息技术（3~9年级） 劳动技术（3~9年级）	科技前沿（9年级）	数字游戏，数学思维导图，数学与技术，中国古代科技，科学启蒙（美国），科学发现（美国），生物技术，环境保护，天文气象，旅游地理，机器人，航模
体育与健康	体育（1~9年级）	心理健康（7年级） 生活科学（8年级）	健康与幸福（美国），心理体验，足球，羽毛球，网球，啦啦操，太极拳，安全常识
艺术与审美	音乐（1~9年级） 美术（1~9年级）		合唱，管乐，弦乐，现代舞，民族舞，快板，简笔画，卡通画，名画欣赏，民乐欣赏
学习与实践	研究性学习（3~9年级） 社区服务与社会实践（1~9年级）	探索与发现（3~6年级） 学习智慧（7年级）	学习方法，批判性思维，领导力，互联网，钻石画，折纸，陶艺，园艺，篆刻，编织，中国刺绣，十字绣，木工与制图，营养与烹饪，缝纫，摄影

四、课堂教学

课堂教学要以学生学习规律（学习科学）为基础，在一定的教学思想指导下，遵循一定的教学规范，以课堂管理为准则，以一定的模式为框架，采取恰当的教学方法和学科教学策略，进而实现教学目标、完成教学任务。

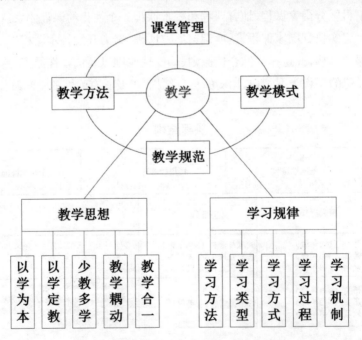

第四章　如何培养自主和美的人：育人体系

1. 关于学习规律

（1）学习机制

学习机制问题，就是要回答学习是如何发生、进行以及结束的，即元认知问题。元认知指的是学习者关于自己如何学习的知识（学习过程中的认知加工）以及学习者对学习过程的控制（控制认知加工过程）。元认知包括元认知意识（知识）和元认知控制。作为学习主体的学生，应该为自己的学习过程提供原动力，设立学习的目标，制订学习的计划，选择对自己学习最有效率的方法，对自己的学习进度和成果进行自我评估，总而言之，应该自我调控自己的学习过程。

（2）学习过程

学习过程的规律体现在三个方面。

强调本质性。一般意义上，学习就是以自己的现有的需要和价值取向、现有的认知结构和认知方式为基础，能动地对知识客体进行选择、加工、改造、变革，并最终以自己的方式将知识吸纳到自己的认知结构之中。这其中又要强调学生成为学习的主体，以及学习主体的自觉性和学习过程的发现性（创造性）。

强调阶段性。就学习过程阶段，我国古代有孔子的"学—思—习—行"、王夫之的"学—问—思—辨—行"以及《中庸》中的"博学之，审问之，慎思之，明辨之，笃行之"等多种理论，后来在吸取前人有关思想的基础上又提出了"立志—博学—审问—慎思—明辨—时习—笃行"的七步学习过程观。我国一直以来都没有突破这样七个阶段：动机阶段—了解阶段—获得阶段—巩固阶段—应用阶段—概括化阶段—反馈阶段。

强调情意性。学习不只是认知过程，同时也是一个情感过程与意志过程。赞可夫曾说过："教学法一旦触及学生的情绪和意志领域、触及学生的精神需要，这种教学法就能发挥高度有效的作用。"[2] 大量教学实践证明，动机、兴趣、情感、意志以及个性品格等心理因素在人们掌握知识过程中有着巨大作用。

（3）学习方式

学习的方式从单一、被动地"听学"（通过听教师讲来学习）和作业，过渡到多方式地学，看书思考、自主探究、主动提问、互动交流、自我检测、作业训练、反思总结、自由表达、独特地表现。

（4）学习类型

在我国，人们经常将"学习"等同于"书本知识学习"。实际上，学习具有多种类型，可以从多个角度去把握学习类型。依据人的生活主要涉及自然、他人（社会）、文化、自我等对象或领域，将学生学习的类型区分为操作学习、交往学习、符号学习、反思学习以及观察学习等五种。学生分别通过这五种学习实现他与自然、他人（社会）、文化、自我的联系与互动，并在这种联系与互动中实现自身的生存与发展。

（5）学习方法

关于学习方法，通常也要分为三个层级：通用的学习方法、学科学习方法以及学科内不同类型知识的学习方法（如数学中的概念学习方法、命题学习方法、解题学习方法等）。通用的学习方法有：①专心听课，做好笔记，及时复习，认真做题；②独立思考，勤下苦功，不懂要问，直到真懂；③认真实验，细心大胆，动脑动手，追究根源；④每章学完，系统复习，学会总结，掌握联系；⑤不怕困难，反复钻研，败不自卑，胜不自满；⑥循序渐进，由浅入深，不要急躁，不要停顿。

2. 关于教学思想

（1）以学为本

包含了如下三层含义：①强调学生的发展。这里的发展不只是知识与学业的进步，一定是包含了道德的、习惯的、情感的、方法的等诸多方面。②学生是学习主体和课堂主人。教转化为学的根本在于使学生积极学习、主动学习，让学生发生真正的学习。③课堂以学习为中心。意味着学生需要独立的学习时间和空间，同时教一定是围绕学来展开，绝不能只有教没有学（学生在场并不意味着就有学）。

（2）以学定教

包含了如下三层含义：①依据学习规律设计教学方案。学习的目标与内容不同、学习的类型与方式不同，教学的方案就有差别。比如概念教学就要强调概念的形成过程和本质特征的分析与比较，简单的内容应该安排学生自学，较难的内容就要分解、分步，由易到难、由浅入深。②依据学生实际（学情）调节教学。学生的知识基础与能力水平的差异、自主性与学习方式的差异，都是制约教学的关键点，教师的应变能力就在于此。③依据学生评价改进教学。教学的进度、难度、适切性乃至教学的好坏，评价权在学生那里,教师必须依据学生的表现和反馈改进教学。

（3）少教多学

包含了如下三层含义：①学生自己能完成学习的内容教师不要讲授。这是"少教多学"的底线,课堂上学生能做的,教师一定不能代替,即使多花点时间都是值得的。②确保学生有效的自主学习时间和空间。每节课规定讲课时间似乎有些机械,但是依据学习目标和内容,必须安排一定时间让学生自主阅读、思考、练习、研讨、交流。③将学习能力的培养落到实处。"教是为了不教",就是要教会学生会学,培养学习能力。能力不是"教"出来的,而是在教师有计划、有目的教导下,通过学生自己的学习活动逐步形成的。

（4）教学耦动

包含了如下三层含义：①教与学的异质。前面已经论述了教师的教导与学生的学习是两种本质不同的活动。②这两种不同的活动通过教师与学生的交往建立联系,教师通过言语告知学生、通过文字指导学生、通过视频传授给学生、通过感情感化学生、通过人格影响学生。③教与学的相互作用与促进。详见下图。

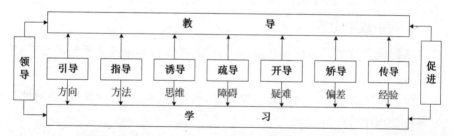

（5）教学合一

陶行知在《教学做合一》中指出：教学做是一件事,不是三件事；要在做上教,在做上学；在做上教的是先生,在做上学的是学生。这里陶先生通过"做"将教与学连在一起,实现了统一。实际在课堂上,教与学是在同一时间、同一空间中发生的,具备了合二为一的基本条件,我们这里通过"教学生学"将教与学连在一起,比如教师晓之以理,学生思考接受（逻辑思维）；教师导之以行,学生活动探究（操作思维）；教师动之以情,学生情感体验（情感思维）,以实现教学合一,进而达到教学相长。

3. 关于课堂管理

在课堂教学中,要实现"学习动力是前提,学习方法是基础,知识教学是重点,能力培养是关键,自主活动是核心,课堂管理是保障"。

(1)课堂环境管理:对学生的高度关注、充分尊重;人际关系融洽,有人情味,有安全感,归属感。

(2)教师自我管理:教师情绪的自我控制,教师行为的自我控制,教师言语的恰当。

(3)学生方面管理:积极行为的促进,学生问题行为的减少、改进、消退,学生权利的保障与独立性,学生自我控制的坚持性(长时间坚信自己决定的合理性),果断性(及时做出并执行决定)。

(4)师生互动管理:频率(一堂课师生、生生交流的次数),持续性(每一次互动持续的时间),内容(互动与教学目标和内容之间的关系),效果(对学生和教师行为的影响)。

(5)教学方面管理:教学容量多少、难度大小,教学程序安排与调整,学生独立思考、练习时间的安排,教师讲授与指导时间等。

4. 关于教学规范

依据课堂教学的结构与功能,本书认为课堂教学规范主要包括如下五个方面。

(1)过程规范——要求具有整体性、科学性、层次性、合作性、协同性、发展性、创造性等。

(2)语言规范——要求具有准确性、启发性、情境性、节奏性、易接受性等。

(3)操作规范——要求具有示范性、过程性、简洁性、审美性等。

(4)行为规范——要求具有伴随性、交际性、连续性、表情性、教育性等。

(5)管理规范——要求具有有序性、可控制、动态性、灵活性、时效性、民主性、教育性等。

5. 关于教学模式

学生的学习主要由需(产生学习需要)、学(掌握知识和技能)、思(通过思维提高掌握知识和技能的效率,通过思维提高思维能力)、行(运用知识解决问题,在实践中应用知识)、评(通过评价提供反馈信息,控制和调节学习)这五个要素(称之为本体要素)构成,而且任何一种学习(或学习模式)都是由这五个本体要素从不同角度在不同层次上所做的各种优化组合。类似地,教师的教,就是要激发学生的学习需要(激)、引导学生学习(引)、启发学生思维(启)、指导学生练习和实践(指)、点拨学生评价(点),即教师的教主要由激、引、启、指、点这五个本体要素构成,而且任何一种教(或教的模式)也都是由这五个本体要素从不同角度在不同层次上所做的各种优化组合。

（1）创设情境,激发需要。教师根据教学目标和教学内容,或从实际(生产、生活、学科等)问题出发,或从某一事件或现象出发,或从学生学习中的问题(错误、障碍等)出发,或从学科中的历史典故出发,形成一种情境,以集中学生的注意,引发学生的兴趣,引起学生的认知冲突,激发学生的情感,进而使学生产生一种内在的需要,即：学习的需要和情感的需要。

（2）引导探究,获得新知。教师从情境中,在学生的迫切需要下,引导学生探索。通常是依据新知识的历史发展和形成过程,并针对新知识的特点和教学要求,经过教学法的加工,设计出一些具有内在联系和多功能的问题系列。学生通过解决这些问题(在教师的指导下),获得新知识。

（3）启发思维,促成理解。要获得新知识的理解,必须经过深思熟虑。教师一方面要通过启发,给学生以思考的机会和时间,另一方面教师要采取多种方式,激活思维状态,暴露思维过程(尤其是思维过程中的困难、障碍、错误和疑问),训练思维策略,优化思维品质,提高思维能力。

（4）指导练习,产生迁移。巩固知识、深化知识、形成技能、掌握认知策略,获得分析问题解决问题的能力,具备迁移能力,都必须经过一定量的练习。这里的练习,既包括模仿性的常规练习,又包括带有创造性的变式练习和非常规练习；既包括书面练习,也包括实习作业(实践)；既包括教师提供的练习题,也包括要求学生自己提出的问题。

（5）点拨评析,完善结构。疑难是否解决？障碍是否排除？新知掌握的程度如何？思维水平是否有所提高？迁移能力是否形成？学习方法是否学会？学习动机是否得到强化？学习需要是否得以满足？情感是否得以丰富？等等,都需要在教师的点拨之下,通过自我分析、自我诊断、自我评价,以形成完善的学习机制,形成优化的心理结构。

6. 关于教学方法

教学方法就涉及到学科的层级。不同的学科、学科内部不同的主题和内容都可能需要采取不同的教学方法。

五、社团活动

社团活动：具有共同兴趣和爱好的学生自愿参加并依照章程而组建的共同体开展的教育活动,社团活动的宗旨主要在于促进学生个性和社会性的发展。

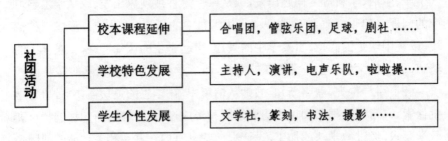

六、主题活动

主题活动：指有特定主题、特定目标、特定场合、特定组织的一系列的教育活动。

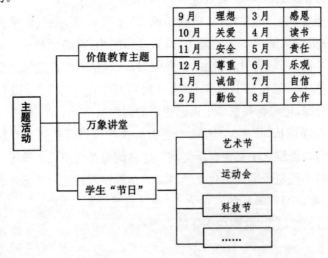

以节日为中心的价值教育主题活动

月 份	主 题	主要节目	活 动
9月	理 想	9月3日抗战胜利纪念日 ☆9月10日教师节 农历八月十五中秋节	开学典礼上的军训汇报、 "新起点,新目标"主题班会 为敬爱的老师写一句话 教师为学生寄语 教师个人发展规划 民族传统节日文化宣传 国旗下成人仪式
10月	关 爱	☆10月1日国庆节 ☆10月10日世界精神卫生日 10月13日少年先锋队诞辰日 10月16日世界粮食日	"关注心理健康"主题宣传 以关爱为主题的教育活动
11月	安 全	☆11月9日消防宣传日 11月21日世界问候日	全校防灾演习 校内外安全教育 珍惜生命
12月	尊 重	12月1日世界艾滋病日 12月4日法制宣传日 ☆迎新年	预防艾滋病宣传 "守法是每一个公民的责任" 主题班、校会活动 迎新年校园文化艺术节系列 展演活动

以节日为中心的价值教育主题活动续表

月 份	主 题	主要节目	活 动
1 月	诚 信	1 月 8 日周恩来逝世纪念日	学校期末考试诚信主题班、校会 尝试无人监考
2 月	勤 俭	2 月 2 日世界湿地日 ☆春节（农历正月初一） 元宵节（农历正月十五）	参观"七里海湿地"，开展环保教育 帮助特困群体 民族传统美德
3 月	感 恩	☆3 月 5 日青年志愿者服务日（学雷锋日） 3 月 8 日国际妇女节 3 月 12 日植树节 3 月 21 日世界森林日 3 月 22 日世界水日 ☆3 月 15 日消费者权益日 3 月最后一个星期——中小学生安全教育日	去老年公寓、启智学校进行慰问与服务 为母亲、老师做事情 户外植树活动 环保主题宣传 "维护消费者权益"宣传 全校防灾演习
4 月	读 书	4 月 2 日国际图书日 4 月 5 日清明节 4 月 22 日世界地球日 ☆4 月 23 日世界读书日 4 月 26 日世界知识产权日	开展纪念革命先烈，参观扫墓活动 "关爱我们共同的家园"主题宣传 "好书伴我成长"读书节征文、朗诵与演讲活动 "走进科技最前沿"主题报告会

以节日为中心的价值教育主题活动续表

5月	责　任	5月1日劳动节 ☆5月4日青年节 5月第2个星期日母亲节 5月20日中国学生营养日 5月31日世界无烟日 农历五月初五端午节	"我劳动我光荣我自立"家庭劳动日 "弘扬五四精神,做优秀中学生"主题校会 "我为母亲捶捶背"家庭实践活动 开展民族传统节日文化宣传
6月	乐　观	☆6月1日国际儿童节 6月5日世界环境日 6月第3个星期日父亲节 6月26日国际禁毒日	联欢与表彰活动 环保主题宣传与教育活动 "我为父亲做件事"家庭实践活动
7月	自　强	☆7月1日党的生日 香港回归纪念日 7月7日中国人民抗日战争纪念日	主题班会
8月	合　作	☆8月1日建军节	军训体验 拓展训练

七、实践活动

实践活动：作为一种教育活动的实践活动,要更加注重学生的主体参与和行动,强调学生的经历和体验,关注学生的感受和经验。

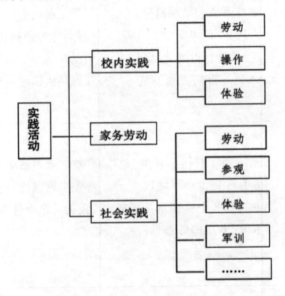

八、自我管理

自我管理作为一种教育活动,既指学生个体对自身的管理,也包括作为一个主体参与班级和学校的管理。管理自己的目标和思想,管理自己的学习和心理,管理自己的行为和生活,以及以主人的身份参与班级和学校的力所能及的事务管理和文化管理。

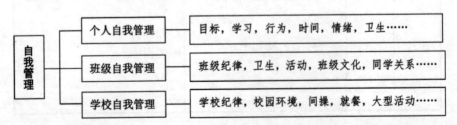

第四章　如何培养自主和美的人：育人体系

例如：学校每周一的升旗仪式都由学生主持和发言，这是我校"2011—2012学年度第二学期第十三周升旗仪式"的主持词和发言稿。

主持词：

甲：国际学校2011—2012学年度第二学期第十三周升旗仪式现在开始，出旗，奏乐……升国旗，唱国歌。请全体师生敬礼。礼毕。

乙：老师们，同学们，5月份我校价值教育的主题是"责任"。作为一名学生，我们不仅要学习知识，更要学会做人，学会做一个有自主精神、有责任心的人。责任虽然是一种无形的社会要求，但是，它却可以时时处处以我们的一言一行体现出来，它离我们并不遥远，就在我们身边。近期我校开展了征集新校训的活动，很多老师和同学都积极地建言献策，在确定新校训的过程中承担起了一份责任。并最终确定了我们的新校训——自由、自律。

"自由"它关注人作为自身主人在思想上、行动上的自主成长、发展与创新。

"自律"则强调人"自己为自己立法"，通过理性抉择体现出对他人的尊重。

甲：下面就让我们听一听六年级一班同学为我们带来的国旗下讲话《我们的校训》。

乙：有请中文演讲者刘同学，英文演讲王同学。让我们掌声欢迎。

甲：感谢两位同学的发言。老师们，同学们，近代思想家梁启超在他的《少年中国说》中指出："故今日之责任，不在他人，而全在我少年。少年智则国智，少年强则国强，少年独立则国独立；少年自由则国自由，少年进步则国进步。"自由与自律，不仅是人发展的需求，更是文明进步的基础。作为国际学校的校训，自由与自律必将指引着我们前进的方向，让我们以更加独立的人格、自主的精神、正确的价值观念在追求理想的过程中，在创造美好未来的行动中，共同承担起我们应有的责任。

合：国际学校第十三周升旗仪式到此结束。

我们的校训

有朋友问我：自由是什么？我说："所谓自由就是做我喜欢做的事，随心所欲地做事。"但朋友说："你说的不对，对自由的理解应该是在规定的条件下自主地做事。"正如近代民主主义革命的先行者孙中山先生多次在演讲指出的：“一个人的自由，以不侵犯他人的自由为范围，才是真自由。如果侵犯他人的范围，便是不自由。”美国前总统克林顿1998年在北大演讲时就举了一个非常有趣的例子。他说，你不可以在公共场所谎称“着火了”。

我们的校训倡导自由是因为没有自由的思想、自主的精神，人的积极性、创造性就难以真正得到发挥。我们的校训倡导自律，是因为自由的最低道德标准是以不损害社会秩序、别人利益为前提。

因此说，绝对的自由是不存在的，存在的只是相对的自由。自由不仅需要一种自主意识的解放，更需要一种选择与批判能力的提高，即以自律来保障。

俗话说：“国有国法，家有家规”，“没有规矩，不成方圆”。纪律是人类文明的重要标志，在公共生活中严守纪律是现代人应有的素质。作为中小学生，我们要遵守《中小学生守则和日常行为规范》，要遵守在社会进步中所约定俗成的礼仪与文明。否则，在课上，你的一些随意讲话可能会破坏教学秩序；在课下，你的一些破坏环境的行为，可能影响了全校师生的利益；运动场上，你的一个违规动作，有可能带来不必要的意外伤害。总之，自由是相对的，是有条件的。鸟儿在空中飞翔，它们是自由的；鱼儿在水中嬉戏，它们也是自由的。但如果把鸟儿放入了水中，让鱼儿离开了水，那么它们不仅得不到自由，而且很快就会死掉。正如人走在马路上是自由的，但如果没有交通规则的制约，一旦被违章驾驶的车辆撞到，将可能失去行走的自由。

自由与自律的教育意义应是在倡导自主的基础上，强调运用理性以达到正确的自律，并进而努力成为最好的自己。同学们，让我们从现在做起，以主人翁的身份，逐渐学会判断与选择，树立正确的价值观念，在追求理想的过程中，承担起我们应有的责任，让自由与自律的精神托举起我们明天的辉煌！

注释：

[1] 张旭东. 让核心价值观根植于心 [N]. 中国教育报，2011-10-18.

[2] 赞科夫. 教学与发展 [M]. 北京：文化教育出版社，1980.

第五章
如何培养自主和美的人:文化育人

一、文化自觉

　　"文化自觉"是我国著名学者费孝通先生在 1997 年北京大学举办的第二届社会学人类学高级研讨班上提出来的。"其意义在于生活在一定文化中的人对其文化有自知之明,明白它的来历、形成的过程,所具有的特色和它的发展的趋向,自知之明是为了加强对文化转型的自主能力,取得决定适应新环境、新时代文化选择的自主地位。"[1] 自"文化自觉"被提出后,社会各界纷纷讨论,归纳起来,"文化自觉"的内涵主要有三点:"一是处在一定文化环境中的'人'要有对所处文化的自我意识,要有对自己所拥有、所生存的文化状态持有清醒认识;二是在各种异质文化面前,对自己的文化要有'自知之明',确立主体意识,并能对自身文化进行创造与建设;三是在处理不同文化关系时,要树立'和而不同'的文化观,相互欣赏、学习,将自己的民族文化融入世界文化体系中,在世界文化体系中找到自己文化的位置与坐标。"[2]

　　"文化自觉"的概念,同样适用于学校文化及其学校文化建设。尤其是近几年提出"文化育人"的观点之后,学校文化建设成为校长办学的一个重大话题。"众多学校希望通过学校文化建设来确立办学特色,找到适合本校实际的特色发展之路,学校文化建设因而蔚然成风。走进学校,人们会发现学校变得越来越漂亮,有功能齐全的塑胶运动场,有宽敞大方的图书馆,有精致美妙的名言字画……然而,很多评论者(包括学者和教师)对这些

'学校文化'不屑一顾,认为这里'没有文化'。"[3]"我们在许多学校还看到一些虚假的、停留在口头和纸面上的'伪学校文化'。与文化的三个层面相联系,它主要表现为三个方面,即物表化、文本化和标语化。""学校文化的好与坏,与学校是否具有文化自觉有很大的关系。应该让学校文化处于一种觉醒、自我觉解的状态中,而不能让它处于不自觉的冥睡状态中。"[4]在学校文化建设中,我理解的"文化自觉",就是一种比较、反思、批评的理性态度,一种自觉接受、主动追求和自觉建构的文化意识,一种扬弃、超越和创新的实践过程。

通过中国知网,以"学校文化"为篇名,在《期刊》中搜索文章 1400余篇,2007—2014 年文章数每年都稳定在 130~140 篇左右。其中第一篇是1987 年王养华先生编译的一篇关于美国学校文化的文章《学校文化的十二条标准》[5]。文章开篇就指出:"目前美国中小学正进行着一场改革:系统地改革教育组织结构和课程结构,加强教师的教学技能,加强社区、市民家长和学校的联系等等。然而,人们发现在一个学校颇为成功的教改模式应用到另一个学校时却遭到失败,其原因之一是学校的文化背景不同。""美国的两位教育家伯尔凯和史密斯 1982 年就指出:一个办得很成功的学校应以它的文化而著称,即有一个价值和规范的结构、过程和气氛,使教师和学生都被纳入导致成功的教育途径。假如某校的学校文化是强大的,那么教育方面的改革是有意义的、持续的和广泛的;假如这种文化是微弱的,那么教育改革很可能是中断的、偶然性的和缓慢的。"可见,学校文化与学校改革、学校发展紧密相关。然后重点讲到了美国教育家们经过长期考察和研究,归纳出能保证教改成功的学校文化的十二条标准:学术性、实验性、高期望、信任、实质性支持、学风、重视和承认、关心、庆贺与和谐、决策权、保证教师时间、传统、坦诚的交流。

我国较早系统探讨学校文化的文章可能是 1990 年发表的如下两篇。一篇是周焱先生的"学校文化初探"。[6] 该文较为全面地论述了与学校文化相关的五个问题:文化的定义与组织文化的意义,学校文化的定义与属性,学校文化的内容,学校文化的功能以及学校文化建设的原则和方法。另一篇是王书金先生的"学校文化及其功能"。[7] 这篇文章主要谈到了学校文化的定义和功能。较早紧密结合教育和办学实际的学校文化的文章可能是1993 年李国霖先生的《学校文化建设与素质教育(面向二十一世纪教育的重要任务》。[8] 该文涉猎 20 世纪 90 年代广州的中学生文化和中学教师文化的特点，以及学校文化建设与素质教育的关系。

要研究学校文化，顾明远先生于 2006 年发表的《论学校文化建设》一文很有价值。[9] 现在人们对学校文化的定义基本上都沿用着顾先生的观点：经过长期发展历史积淀而形成的全校师生（包括员工，下同）的教育实践活动方式及其所创造的成果的总和。这里面同样包含了物质层面（校园建设）、制度层面（各种规章制度）、精神层面和行为层面（师生的行为举止），而其核心是精神层面中的价值观念、办学思想、教育理念、群体的心理意识等。顾先生在文中还提到了学校文化建设也要注意到这几个层面，最主要的是要建设学校精神文化。学校文化的核心是学校的办学思想、教育理念、价值观念、思维方式，学校的精神文化建设还体现在学生观、师生观上，还表现在课程上、教学上。学校文化建设说到底是校风的建设，学校的制度建设也很重要，学校文化的物质建设包括校舍的建设、校园的设计、环境的布置等等。石中英先生就学校文化也做了系统研究，2003 年就发表文章《文化多样性与学校文化建设》，[10]2005 年和 2006 年相继发表文章《学校文化的核心：价值观建设》[11] 和《学校文化建设要有大视野》。[12] 最近的文章应该是"关于北京市中小学学校文化建设的几点建议"：[13] 第一，学校文化建设必须以社会主义核心价值观为指导；第二，学校文化建设要强调科学性；第三，学校文化建设要多从教师和学生的视角来设计；第四，学校文化建设要更加重视维护传统。

近几年来，由北京师范大学学校文化研究中心研制的学校文化驱动模型在学校文化建设上有较大的影响力。"学校文化驱动模型创建了适合中国本土学校改进的文化工具，包括核心工作站机制、联系人制度、专家小组工作日制度、三方联席双反馈制度、课例研究制度、学校文化管理工具套件等。""它是以学校文化为抓手全面驱动学校整体改进和发展的一整套思想和操作框架。其核心价值观是：每所学校都是有价值的，每所学校都是独特的，每所学校都是有文化的。"[14] 尔后，北京市教委与北京师范大学又共同研制了《北京市中小学学校文化建设示范校建设与评估指标体系》。[15] 该体系共有四个一级指标，14 个二级指标，44 个"学校文化建设要素"及相应的"学校文化观测点"。从《指标体系》中提炼出在学校文化建设中需要关注的八个问题：学校文化建设核心价值观的导向性，学校文化建设体系的完整性,学校办学理念体系和办学实践体系的一致性,学校文化建设软环境和硬环境的协调性,学校文化建设的全面性和针对性,学校文化传统的继承性和发展性,学校文化建设的适切性和独特性,学校文化建设过程的参与性和成果的共享性。

"文化育人"与"文化管理"在当前学校建设中显得越来越重要了,这里借鉴前人的观点和经验,从三个维度来界定学校文化:结果与产品,思维方式与行为方式,思想与信念。

"结果与产品"维度已经得到人们的共识;"思维方式与行为方式"维度,直接决定着人们想事和做事的方式和显性的状态。就思维方式而言,我们提倡由二元对立思维到关系思维,从点状式分析思维到整体式整合思维,从结果思维到过程思维。"思想与信念"维度是精神层面,也是学校文化建设中最为匮乏的。教育缺少思想(或者说偏离正确的思想)、教师缺少信念是件十分危险的事情。因为"教师信念是教师人生的精神支柱,决定着教师的工作态度;教师信念是教师职业的奉守信条,成为教师成功与否的重要前提;教师信念是教师行为的隐性向导,它像一只无形的手,牵动着教师的行为,潜移默化地影响着教师的教学决策。"[16]

学校文化如何建设?不同学校、不同主体、不同时期当然观点和做法都有所不同。七年前存在"重外化、轻内化,重硬化、轻柔化,重变化、轻进化,重强化、轻感化,重物化、轻人化"等"五重五轻"现象;[17]四年前仍然存在着:"中小学教师工作环境、办公条件虽有所改善,但教师的满意度依然不高,农村学校教学条件仍难以满足教学需要;学校教学管理与教师考核评价制度逐步完善,但存在着科学性、操作性不强,执行不到位等问题;学校领导管理方式有待改善,对教师工作与生活缺少必要的人文关怀;教师之间的合作意识逐渐增强,但并未真正形成教师合作文化。"[18]还有研究表明:当前学校文化存在着"先进标语背后是考试文化","矛盾冲突的文化标识表明学校文化的赤贫与混乱","学校文化主体空场与缺失严重","学校组织的专业性逊位于科层制管理"等问题。[19]当前的学校文化建设仍存在"逻辑难自洽""概念不操作""说做两张皮"三大问题。[20]为此这里我们强调学校文化建设中的三个基本的方面。

学校文化建设要高度关注学校文化的特质。在现实的学校文化建设中,表面化、物质化、低俗化、庸俗化、功利化、工具性等现象比较明显,我们要

第五章 如何培养自主和美的人：文化育人

强调建设的学校文化要具有精神性、主体性、高雅性等学校文化特质。比如我们提出的教育理念为"熔铸精神，享受教育"，将人的精神、人格、道德、理想、理性、主体性、创造性都融入教育之中。还比如"价值品质牌"的设计也充分体现了学校文化的这三个特质：（1）该品质的中文和英文（如：尊重，Respect）；（2）该品质的一种解读（如：尊重他人应当是一种出自内心的尊敬，行动是其自然地流露，它是一种高尚的美德，是个人内在修养的外在表现）；（3）该品质的三个代表人物（如"尊重"为：孔子、杜威、蔡元培）；（4）你心目中的代表人物是谁？向他学习什么？（5）你将如何做？将成为什么样的人？

学校文化建设要强调建设特性。自觉性、参与性、创新性、教育性、包容性、持续性是我们要倡导的。比如我校的学风是经过广大师生员工认真讨论而确定的，明礼、好学、慎思、笃行，又在广泛征集和讨论的基础上，我们大胆地确立了新的校训：自由，自律。

学校文化建设要加强体系建设。人们通常以"物质文化、制度文化、精神文化"为线索开展学校文化建设，也有的以"教师文化、学生文化、课程文化、教学文化"等为线索进行学校文化建设，我们也曾以"核心文化"为中心建设学校文化，重点加强"服务文化、学习文化、合作文化"的建设。但我们仍发现还是缺少一些制约和影响学校发展的重要的文化元素。比如"反思"会让教师不断进步、走向成熟、实现发展，应成为教师文化的一个组成部分。还比如变革应该成为学校的一种常态，变革文化让我们懂得改革是永恒的话题，是大势所趋，改革是需要基础、条件以及环境的，改革是需要成本、付出代价的，改革是有风险的，可能成功也可能失败，不改革的风险可能大于改革的风险，拖延改革更有风险，改革可能是越改越难，改革需要勇气、智慧以及耐力。

从"文化育人"和"文化管理"这两个角度，我们提出建设如下学校文化体系：核心文化——服务、学习、合作，基础文化——学风、教风、校风，变革文化——为什么要变革（风险意识）、怎样变革（过程意识）、变得怎样（人是决定因素），课程与教学文化——课程、教学、教研，学生与教师文化——学生、教师、人际关系，校长文化——校长角色、校长职责、校长反思，校园环境文化——品质、主题、互动。其关系可表述为：

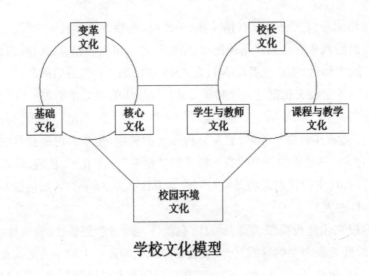

学校文化模型

二、基础文化

1.学风

学风是指学生集体在学习过程和学校生活中表现出来的治学态度、学习风格、个性特点,是学生在长期学习过程中形成的学习习惯、生活习惯、行为习惯等方面的表现,是校风的主要内容和校风建设的归宿。我们的学风是明礼、好学、慎思、笃行。

(1)明礼:"明礼"是一个有着古老历史的道德规范,是中国传统道德的主要特色。中国自古就把"明礼"视为做人的根本。礼仪是为人处世的行为规范和标准做法、行为准则,是在人际交往中必须遵守的律己敬人的习惯形式,是人的心灵美的必然的外化,是一个人的内在修养和素质的外在表现。在新的时期,加强中小学礼仪规范教育,提倡"明礼"的学风,使古代礼仪合乎现代标准,将恪守礼仪熔铸成学生的一种本能,这是国民精神奋发向上的标志,是"德育为先"的具体体现,也是每一位教育工作者义不容辞的责任。

(2)好学:这句话出自孔子《论语》,"君子敏而好学","敏"是机敏、敏捷的意思。"好学"不仅指喜欢学习,更要善于学习,乐学、善学方能经世致用。只有沉浸在学习中的人才能享受学习的过程,体验学习的乐趣,收获学习的成果。

（3）慎思：语出《礼记·中庸》："博学之，审问之，慎思之，明辨之，笃行之。"刁包《易酌》亦云："圣贤道理，须是活看，如慎思之，思之弗得弗措也，学而不思则罔。"在学习和研究中，应勤于思索，善于思考，不断汲取和创造科学的学习和研究方法，以取得最佳的学习和研究效果。

（4）笃行：指忠贞不渝，踏实肯干。古人云：道虽近，不行不至，事虽小，不为不成。同学们无论做什么事情，都必须有坚实的文化基础，只有将学校学习与社会实践相结合起来，知行合一，才能将知识转化为能力，才能用知识去创造更多的财富。

进一步概括为：

明礼：言行文明，尊敬他人，礼貌待人，乐于助人。

好学：乐于学习，善于学习，勤于学习，自主学习。

慎思：勤于思考，善于思考，勇于探索，敢于创新。

笃行：知行合一，忠贞不渝，踏实肯干，持之以恒。

2. 教风

教风是教师在长期教育实践活动中形成的教育教学的特点、作风和风格，是教师道德品质、专业知识、文化水平、教育理论、教学技能等素质的综合表现，是校风建设的关键。著名教育家陶行知说过"学高为师，德高为范"，强调为师者不仅要有广博的知识，更要有高尚的师德。优良的师德、高尚的师风是搞好教育的灵魂。我们的教风：尚德、敬业、爱生、乐教。

（1）尚德："德"闪烁着人性的光辉。《大学》中说："大学之道，在明德，在亲民，在止于至善"。司马光在《资治通鉴》中说："才者，德之资也；德者，才之帅也"。《周易》中说："地势坤，君子以厚德载物"。"尚德"就是崇尚并且具有高尚的思想品德和良好的职业道德，为人师表，德高为范。"尚德"体现了国际学校的博大胸怀，体现了"以德治国"的大政方针。

（2）敬业：如果说"尚德"是教风的基础，那么敬业就是"尚德"的直接体现。中华民族历来有"敬业乐群""忠于职守"的传统，朱熹说，"敬业"就是"专心致志以事其业"，即用一种恭敬严肃的态度对待自己的工作，一心一意，精益求精。"敬业"的教风就是要以明确的目标、朴素的价值观、忘我投入的志趣、认真负责的态度、一丝不苟的作风完成自己的本职工作和学校的各项任务。

（3）爱生：《论语·颜渊》中说："樊迟问仁，子曰：'爱人'。"孔子认为"仁"是最高的道德原则和标准，也是最高的道德境界。"仁"的思想表现在教风上，就是"爱生"。苏霍姆林斯基说："心地善良的人首要的一点就是爱人。他对共同事业的忠诚来源于这种对人的热爱。"赞可夫也这样认为："当教师的必不可少的，甚至几乎是最主要的品质，就是热爱儿童。"用爱关注、用心教育已成为国际学校每一个教师自觉的、纯真的、持久的、普遍的行动。

（4）乐教："乐教"是教师对于教学工作的自足和自悦感的体现。教育是"太阳底下最光辉的事业"，是培养人、发展人的社会活动；教育过程是探求真理、开发智能的认识过程，是人与人心灵沟通、思想交流的情感过程，还是发现美、表现美的审美过程。所以教育是成就别人也成就自己的伟大实践。国际学校的教师累并快乐着，痛并幸福着。

进一步概括为：

尚德：德高为范，积极进取，团结协作，无私奉献。

敬业：目标明确，专心致志，尽职尽责，一丝不苟。

爱生：尊重学生，信任学生，关心学生，因材施教。

乐教：热爱学校，用心教学，遵循规律，教学相长。

3. 校风

校风是一所学校所特有的占主导地位的思维风格、行为习惯和群体风尚，体现为一种独特的心理环境，它稳定而具有导向性。具体表现为管理者的领导作风、教师的教学作风、学生的学风以及职工的工作作风，同时也反映全校师生的道德水准和治学执教的整体风貌。我们的校风是、求真务实、自强不息、放眼国际、追求卓越。

（1）求真务实：王符的《潜夫论》说："大人不华，君子务实。"王守仁的《传习录》说："名与实对，务实之心重一分，则务名之心轻一分。"陶行知先生说："千教万教，教人求真；千学万学，学做真人"。这些思想，就是中国文化注重现实、崇尚实干精神的体现。它排斥虚妄，拒绝空想，鄙视华而不实，追求充实而有活力的人生。"求真"即"崇尚科学，追求真知"，在学习和工作中，不断追求和探索真理，做事认真、去除浮躁、力戒虚假、追求真知灼见。"务实"即实事求是，不弄虚作假、不贪图虚名、不驰于空想。国际学校全体教职员工正以求真的态度踏踏实实工作，认真钻研、努力探求，不断提升学校的办学水平和办学质量。

（2）自强不息："自强不息"最早见于《周易·乾》："天行健，君子以自强不息"，指自觉地积极向上、奋发图强、永不懈怠。"自强不息"中的"自强"具有深刻的、内在的自我激励意义。久陷困境能自拔、几经挫折亦不馁、百倍压力仍不折。只有自强不息、不断创新，才能进步、发展，永远立于不败之地。

（3）放眼国际：它强调了国际学校有国际视野、战略眼光、中西交融、宽容的理解、博大的胸怀、广阔的合作以及办学国际化的特色。

（4）追求卓越：《说文解字》：卓，高也；越，度也。卓越让我们拒绝平庸，与时俱进，卓尔不群，超越他人；卓越让我们永远保持一颗好奇心、一颗上进心；国际学校永不自满，牢记"没有最好，只有更好"；国际学校抢抓机遇，敢为人先，从严治校，争创一流。

进一步概括为：

求真务实：崇尚科学，追求真知，实事求是，脚踏实地，不图虚名。

自强不息：积极向上，奋发图强，永不懈怠，百折不挠，永不言败。

放眼国际：国际视野，战略眼光，中西交融，博大胸怀，广阔合作。

追求卓越：与时俱进，卓尔不群，拒绝平庸，永不自满，敢为人先。

三、核心文化

1. 服务文化

在教育中说到服务，可以有以下线索。

第一，自新中国成立以来，我国的教育方针始终没有缺失"服务"的内容，从新中国成立后的第一个教育方针中的"为人民服务"，到2001年《国务院关于基础教育改革与发展的决定》中还是"坚持教育必须为社会主义现代化建设服务，为人民服务"。同时在教育的功能中也反复提到"教育为政治服务""教育为经济服务"。诚然，教育须为社会、经济服务，但是，必须确立"根本的是，教育为人的发展服务。经济越来越繁荣，政治越来越开明，为何？意味着人越来越高大，越来越有利于'把人的世界和人的关系还给自己'。经济及以其为基础的政治，它们的根本亦在人及其发展。经济及以其为基础的政治、科学、艺术、教育等等之根本皆在人。"[21]

第二,将教育作为第三产业的一个组成部分,教育是服务产业。按照马克思关于"服务"的认识,可以"明确了这样一些基本理论观点:其一,教育不是物,教育是一种活动。这种服务具有服务性或劳务性,因此教育服务可定义为教育是一种具有服务性质的实践活动,教育服务就是教育活动的产品,或者说是一种服务形态的产品,教育产品是教育服务。其二,教育服务这种产品就是商品,它既具有使用价值,也具有交换价值,虽然它有特殊性,但同物质商品没有本质的区别,只是形式的不同。其三,作为生产者来说,在教育市场上所提供的是教育服务的质量、品牌和特色,而作为消费者来说,在教育市场上要求购买的是优质教育、特色教育和品牌教育消费品。从总体上来说,教育服务是消费品,但这种消费品需要学校去生产,教育服务产品的生产与消费是不可分割的。"[22] 其四,将企业的质量管理体系引入学校管理之后,就认同了"教育是一种服务"的理念。研究表明,将 ISO9000 标准引入学校管理之后,"以服务为导向,改变了教师的观念。"即"由原来的以教师为中心改变为以学生为中心,为学生服务,由原来的以传授知识为主改变为以发展学生的能力为主,由原来的以课本为主改变为师生互动生成新知识为主,由原来的学府幽深、师道尊严改变为学校、教师、家长、学生友好合作、共同育人。"另外,"以全员参与为起点,增加了学校的凝聚力。""以过程管理为重点,提高了学校的教育质量。""以持续改进为目标,增进了顾客的满意。"[23] 我校作为滨海新区试点校,2013—2014 年接受了由天津市政府组织的《天津市公共服务标准·义务教育学校服务标准》的验收与认定。该公共服务标准体系包括服务通用基础标准体系、服务保障标准体系、服务提供标准体系三大子体系。其中服务通用基础标准体系包括标准化导则、术语与缩略语、符号与标志、数值与数据、量和单位以及测量标准,服务保障标准体系包括环境标准、能源标准、安全与应急标准、职业健康标准、信息标准、财务管理标准、设施设备用品标准、人力资源标准、合同管理标准,服务提供标准体系包括服务质量标准、服务公开标准、服务模式标准、服务形象标准、服务创建标准、服务效能标准、服务监督标准、服务运行标准、服务评价标准。我校以高分顺利通过验收。

在我国要确立"教育也是一种服务""学校也是一个服务型机构"的理念,仍需要一段相当长的时期,正如建立"现代学校管理制度"之艰难一样。"师道尊严"的传统文化和"师为上、生为下，师为主、生为仆，师为尊、生为卑"的长幼尊卑的等级观念根深蒂固，教师与学生之间的地位怎能平等？教师怎能为学生服务？

其实，如果按《百度百科》中对"服务"的理解："服务指为他人做事，并使他人从中受益的一种有偿或无偿的活动。不以实物形式而以提供劳动的形式满足他人某种特殊需要。"那么，教育就是一种服务，一种为学生的服务，为学生的发展服务。

作为学校，要为学生发展服好务，必须要有充足的教学、信息化的设施设备做硬件保障，需要有高素质的教师队伍和管理队伍作人力资源保障，需要有过程管理体系作质量保障，以及需要有以持续改进为动力的机制保障。

服务文化表现服务意识、服务态度、服务能力、服务水平以及服务质量等几个方面。学校的服务文化体现在四个层级上：（1）学校为社会服务；（2）学校为学生的发展服务；（3）教为学服务；（4）校长为师生员工服务。[24]

2. 学习文化

"学习成为人类一种普遍的文化活动。人类通过学习不断实现与文化的无限整合，以文化来解除生命的匮乏，追求完满的人生，持续优化自身的生命存在。这样，文化学习就超越了传统认识论的阈限，被赋予了本体论的意蕴。学习不再仅仅是获得知识与技能的活动，而是人的自我生成活动，学习不再仅仅是人的一种认识世界的方式，而成为人的一种在世界上存在的方式。人类学习活动的地位获得了重估，所谓人生，乃是通过文化学习而'文化成人'的动态过程。"[25]

学生在学校里的学习，已经不只是书本知识的掌握，也已经不只是为了考试和升学，而是与人的生存、发展、生活、幸福等人的生存质量联系在一起。学习已成为人的一种至关重要的生存责任，也在成为未来社会的一种生存方式；教师也不只是完成教书育人的社会职责，学习与自己的教学效率联系在一起，学习与自己的专业发展紧密相关，学习与自己的生活质量有关，所以学校所有人员都必须树立终身学习观和终身教育观：一辈子都要学习，一辈子都要接受教育和自我教育。

随着社会经济和科学技术的发展，学习的技能和方式发生了一些变化。

国外学者的研究认为，21 世纪学习技能是 3 个基本技能与 7 个终身学习技能的组合,得到 21 种不同的学习技能。[26]

基本技能：读(reading)、写(writing)、算(arithmetic)	
终身学习技能（7 个 C）	涵盖的技能
批评性地思考和做 （critical-thinking-and-doing）	问题解决、研究、分析、项目管理等
创造性（creativity）	创造新知识、设计解决 方案、巧妙地说故事等
协作（collaboration）	合作、妥协、达成共识、团体建构等
跨文化理解 （cross-cultural-understanding）	跨种族、知识和组织文化
交流（communication）	有效传递信息、使用媒体
计算、处理（computing）	有效地使用电子信息 和知识工具
独立职业生涯和学习（career and learning self-reliance）	应变、终身学习、重新 设计职业生涯

读书是学习的最为基本的一种形式,学生博览群书是学校教育的重要任务。学校为此做了三个方面安排。

加强语文课堂阅读教学。①引导学生钻研文本。小学一二年级,能够结合上下文和生活实际了解课文中词句的意思,重在激发阅读兴趣,让学生感受阅读乐趣；三四年级初步学会默读、略读,读懂单篇文章,理解重点内容；五六年级注意篇章整体阅读,品读重点段落,基本理解作品内涵,重点培养学生从文字材料中获取和处理信息的初步能力；初中加强词句的理解和使用,提倡整体阅读、主题阅读、比较阅读,强化学生语文阅读的基本能力。要防止逐字逐句的过深分析和远离文本的过度发挥。②尊重学生阅读的感受。阅读是个性化行为,教师应加强对学生阅读的指导、引领和点拨。阅读能力是一种综合能力,理解、感觉、体验、察悟,包括语感,主要靠在大量阅读中去"涵泳",逐步习得。不应以教师的分析代替学生的阅读实践,不应以模式化的解读来代替学生的体验和思考。③倡导启发式、探究式、讨论式、参与式的教学,帮助学生学会学习,激发学生的好奇心,培养学生的兴趣爱好,营造独立思考、自由探索的良好环境。在语文学习中,进行适当的、必要的训练,通过必要的训练,使学生学会学习,自主学习。正如叶圣陶先生所讲,"让学生须能读书,须能作文,故特设语文课以训练之。最终的目的为自能读书，不待老师讲；自能作文，不待老师改。训练必做到此两点，乃为教学之成功"。

在教学中重视对国学经典文化的学习，将一些经典作品纳入正式的课程范畴，让全体学生都接受优秀传统文化教育，使学生了解中华文化的悠久历史，增强民族文化自信和价值观自信，使语文教学成为培养社会主义核心价值观的重要源泉之一。小学重点培养学生热爱中华优秀传统文化的感情。可以通过讲故事、阅读连环画等形式，了解中华传统文化的丰富多彩。为学生精选蒙学读物和古诗词等优秀国学经典，通过熟读成诵，提高学生对中华优秀传统文化的认知程度。一二年级主要诵读《三字经》，三四年级主要诵读《弟子规》，五六年级主要诵读《千字文》。同时，各个年级安排其他中国古诗文经典篇章，以必背和选读方式进行积累。初中积极引导学生认识我国统一多民族国家的历史文化传统。通过与课内古诗文相关联的作家、作品，增加学生国学经典的阅读数量。初中主要诵读《论语》《庄子》（部分篇章）和古诗文72首。

国际学校学生必读与选读的90本书目

一二年级必读书目

1.《猜猜我有多爱你》　麦克·山姆布雷尼著　少年儿童出版社

2.《稻草人》　叶圣陶著　中国画报出版社

3.《安徒生童话选》　安徒生著　浙江少年儿童出版社

4.《红鞋子》　汤素兰著　明天出版社

5.《小布头奇遇记》　孙幼军著　春风文艺出版社

6.《兔子坡》　罗伯特·罗素著　新蕾出版社

7.《笨狼的故事》　汤素兰著　甘肃少年儿童出版社

8.《三毛流浪记》　张乐平著　少年儿童出版社

一二年级选读书目

1.《王一梅童话系列》　王一梅著　华东师范大学出版社

2.《爷爷一定有办法》　菲比·吉尔曼著　明天出版社

3.《一年级的小豆豆》　狐狸姐姐著　春风文艺出版社

4.《逃家小兔》 赫德著 明天出版社

5.《画说汉字——1000 个汉字的故事》 图解经典编辑部 北京联合出版社

6.《今年你七岁》 刘健屏著 湖北少儿出版社

7.《没头脑和不高兴》 任溶溶著 浙江少年儿童出版社

8.《我的动物朋友》 米歇尔著 上海人民美术出版社

9.《小猪唏哩呼噜》 孙幼军著 春风文艺出版社

10.《小王子》 圣·埃克苏佩里著 中国少年儿童出版社

11.《格林童话选》 格林兄弟著 人民文学出版社

12.《神奇的符号》 苏步青著 湖南少年儿童出版社

三四年级必读书目

1.《夏洛的网》 E.B. 怀特著 上海译文出版社

2.《窗边的小豆豆》 黑柳彻子著 南海出版公司

3.《寄小读者》 冰心著 湖北少年儿童出版社

4.《昆虫记》 法布尔著 浙江少年儿童出版社

5.《笑猫日》 杨红樱著 明天出版社

6.《绿野仙踪》 莱曼·弗兰克·鲍姆著 中国少年儿童出版社

7.《皮皮鲁系列》 郑渊洁著 21 世纪出版社

8.《海底两万里》 儒勒·凡尔纳著 中央编译出版社

三四年级选读书目

1.《中外神话传说》 田新利选编 人民文学出版社

2.《中国古今寓言》 张满丽编 光明日报出版社

3.《丁丁历险记》 埃尔热著 中国少年儿童出版社

4.《看里面系列》 罗布·埃里克斯著 未来出版社

5.《木偶奇遇记》 卡洛·科洛迪 著商务印书馆

6.《长袜子皮皮》 阿斯特丽·德林格伦著 中国少年儿童出版社

7.《假如给我三天光明》 海伦·凯勒著 商务印书馆

8.《尼尔斯骑鹅旅行记》 塞尔玛·拉格洛芙著 浙江少年儿童出版社

9.《伊索寓言》 伊索著　陕西师范大学出版社

10.《小牛顿科学馆》 台湾牛顿出版公司　贵州教育出版社

11.《中外历史故事》 赵银玲编　光明日报出版社

12.《狼王梦》 沈石溪著　浙江少年儿童出版社

五六年级必读书目

1.《城南旧事》 林海音著　商务印书馆

2.《爱的教育》 艾得蒙多·德·亚米契斯著　商务印书馆

3.《安妮日记》 安妮·弗兰克著　北京少年儿童出版社

4.《草房子》 曹文轩著　江苏少年儿童出版社

5.《苏菲的世界》 乔斯坦·贾德著　作家出版社

6.《朝花夕拾》 鲁迅著　线装书局

7.《失落的一角》 谢尔·希尔福斯坦著　南海出版社

8.《三国演义》 罗贯中著　中华书局

五六年级选读书目

1.《逃逃》 秦文君著　春风文艺出版社

2.《中华上下五千年》 马博　著　线装书局

3.《青铜葵花》 曹文轩著　江苏少年儿童出版社

4.《哈利·波特全集》 J.K罗琳著　人民文学出版社

5.《美国国家地理》（少儿版百科） 浙江出版联合集团

6.《你在为谁读》 尚阳著　长江文艺出版社

7.《我们仨》 杨绛著　三联书店

8.《西游记》 吴承恩著　人民文学出版社

9.《发现之旅：历史上最伟大的十次自然探险》 托尼·赖斯著　商
务印书馆

10.《射雕英雄传》 金庸著　广州出版社

11.《寂静的春天》 蕾切尔·卡森著　上海译文出版社

12.《汤姆叔叔的小屋》 斯托夫人著　上海译文出版社

七年级必读书目

1. 《围城》 钱钟书著 三联书店
2. 《俗世奇人》 冯骥才著 作家出版社
3. 《家》 巴金著 人民文学出版社
4. 《中国人史纲》（上下） 柏杨著 人民文学出版社

七年级选读书目

1. 《傲慢与偏见》 简·奥斯丁著 上海译文出版社
2. 《史记》 司马迁著 吉林出版集团
3. 《文化苦旅》 余秋雨著 长江文艺出版社
4. 《福尔摩斯探案全集》 ［英］亚瑟·柯南·道尔爵士著 华东师范大学出版社
5. 《大自然的文字》 伊林、谢加尔著 浙江文艺出版社
6. 《明朝那些事儿》 当年明月著 浙江人民出版社

八年级必读书目

1. 《茶馆》 老舍著 南海出版社
2. 《水浒传》 施耐庵著 中华书局
3. 《平凡的世界》 路遥著 北京十月文艺出版社
4. 《鲁滨孙漂流记》 笛福著 浙江文艺出版社

八年级选读书目

1. 《海边的卡夫卡》 村上春树著 上海译文出版社
2. 《名人传》 罗曼·罗兰著 人民文学出版社
3. 《中国近代史》 蒋廷黻著 岳麓书社
4. 《时间的玫瑰》 北岛译 江苏文艺出版社
5. 《活着》 余华著 作家出版社
6. 《培根人生论》 弗兰西斯·培根著 湖南文艺出版社

九年级必读书目

1. 《呐喊》 鲁迅著 人民文学出版社

2.《你一定爱读的极简欧洲史》 约翰·赫斯特著　三联出版社

3.《湘行散记》 沈从文著 江苏人民出版社

4.《老人与海》 海明威著　上海译文出版社

九年级选读书目

1.《傅雷家书》 傅雷著　江苏文艺出版社

2. 晚清三部曲《曾国藩传》《张之洞传》《杨度传》 唐浩明 著　北京出版社

3.《战争与和平》 ［俄国］列夫·托尔斯泰著　译林出版社

4.《乡土中国》费孝通著　人民出版社

5.《动物庄园》 乔治·奥威尔著　上海译文出版社

6.《365 种改变世界的方法》 迈克尔·诺顿著　生活·读书·新知三联书店

具体实施办法

（1）在学生、家长、教师推荐的基础上，确定我校每个学段（第一学段为 1~2 年级，第二学段为 3~4 年级，第三学段为 5~6 年级，第四学段为 7~9年级）所有学生必读和选读书目。推荐九年阅读书目 90 本，其中必读书 36本，选读书 54 本。

（2）每个学生每学期（含假期）根据本学段的推荐书目，选定本学期的阅读书籍，每学期至少完成两本必读书的阅读，阅读情况纳入期末综合素质评价之中。

（3）对于必读书籍，每个学生必须撰写读书笔记，形式不定。第一学段学生可以选择绘画、录音等形式，其他三个学段学生可以进行摘抄或撰写读书心得。

（4）每学期以班级为单位至少组织一次读书会，检查读书进度、交流读书心得、展示读书成果。读书成果展示方式可根据学生情况自主选择，如读书笔记、绘画、诵读、表演等。教师收集文本、录制视频或拍摄照片，并将相关资料上交学校。

（5）在班级交流的基础上，将优秀成果推荐到学校，择选在校刊上发表，或在信息发布渠道（如校园电视台、广播站）播放，特别优秀的成果收存入校史馆。

（6）每天中午有计划地安排学生到校图书馆阅读。

（7）每年 4 月 23 日所在周设为学校读书周。

（8）每学期举办一次读书和学习方法讲座。

（9）不定期邀请作家或诗人做读书报告。

（10）倡导家长与孩子一起读书，老师与学生一起读书。

（11）对在读书活动中表现突出的学生个人或家庭给予适当的奖励。

读什么书？很重要！如何读？也很关键。古今中外名家读书有"十说"，可以借鉴。

一本说：历史学家郑天挺指出，在同一时间内精读一本最好的书。一个字、一个词、一个人、一处地、一件事，都要弄清原委。从头到尾，反复对照。

二分说：现代学者梁启超将所读的书分为两类：精读与浏览。精读再分二类：有价值的文学作品与有益身心的名人格言。

三遍说：中国作家茅盾认为，读一本书至少读三遍，第一遍鸟瞰，即通读；第二遍精读，即细嚼；第三遍消化，即弄通。

四多说：伟人毛泽东提出，读书要四多：多读、多写、多问、多想。

五到说：宋代理学家朱熹有读书"三到"之说（口到、眼到、心到），现代文学家胡适加上"手到"，现代文豪鲁迅再加上"脑到"。五到俱全，乃读书良方。

六字说：法国哲学家卢梭将读书归纳为"六字"：储存、比较、批判。

七录说：明代文学家张溥之书房命名为"七录斋"。每读一篇佳作，必抄录之。录完，默读一遍便烧掉；再抄，再默读。反复七次，永志不忘。

八面说：北宋文学家苏东坡自称读书"八面受敌"。一本书分作几次读，每一次探究一个方面，每方面掌握后，自己写文章就能多角度联想，挥笔自如。

九审说：现代文学史家陈中凡研读古书"审谛九事"，别真伪、识途径、明训诂、辨章句、考故实、通条理、知家法、察史实、知流别。

十目说：清代学者阮元说："世人每矜一目十行之才，余哂之。夫必十目一行，始是真能读书也！"

教师学习虽然成为学校教师培训、教师发展的一大难题，但是学校还要不遗余力地争取和努力。

第五章 如何培养自主和美的人：文化育人

给教师送书,给教师读书的任务,并要求写读书感悟(体会),是我们每学期的工作。我们结合学校和教师的实际,给教师买书。下面的两组书单可以借鉴。

《中国教育报》近几年每年都评选"影响教师的 100 本书",2014 年度 100 本中前 10 本分别是:《读懂孩子——心理学家实用教子宝典》,边玉芳著,北京师范大学出版社 2014 年 1 月出版;《教育与脑神经科学》,大卫·苏泽等著,方彤等译,华东师范大学出版社 2014 年 4 月出版;《学校会伤人》,〔美〕柯尔斯滕·奥尔森著,孙玫璐译,华东师范大学出版社 2014 年 1 月出版;《翻转课堂的可汗学院:互联网时代的教育革命》,〔美〕萨尔曼·可汗著,刘婧译,浙江人民出版社 2014 年 5 月出版;《面向个体的教育》,李希贵著,教育科学出版社 2014 年 2 月出版;《一个独立教师的语文之旅》,郭初阳著,广西师范大学出版社 2014 年 2 月出版;《是什么带来力量——乡村儿童的教育》,〔德〕卢安克著,中国致公出版社 2014 年 1 月出版;《教室里的正面管教》,〔美〕尼尔森等著,梁帅译,北京联合出版公司 2014 年 5 月出版;《由内而外的教养:做好父母,从接纳自己开始》,〔美〕丹尼尔·西格尔、〔美〕玛丽·哈策尔著,李昂译,浙江人民出版社 2013 年 5 月出版;《最美的教育最简单》,尹建莉著,作家出版社 2014 年 8 月出版。

学校为教师订阅专业期刊也是促进教师学习的一个好办法,还有为教师放教育电影,并写观后感,效果很好。比如教师必看的 15 部电影有:《黑板》,背负信仰的教师;《凤凰琴》,守望教育;《美丽的大脚》,张美丽的"穷人教育学";《我的教师生涯》,中国的"瓦尔瓦拉";《放牛班的春天》,音乐开启心灵;《音乐之声》,玛利亚老师的诗性魅力;《霍兰先生的乐章》,生命因你而动听;《弦动我心》,教师成长的艰辛与灿烂;《死亡诗社》,何为好的教育?《蒙娜丽莎的微笑》,"我是自由女神";《心灵捕手》,"问题"天才的使者;《跑吧,孩子》,跑出希望的少年;《天堂的颜色》,一个盲童的寻找;《草房子》,真情永驻;《家庭作业》,学生不能承受的生命重负。

我们还有一项措施让教师们学习,那就是做课题。鼓励并支持教师申报各级科研课题。从 2009 年至 2014 年我主持了三个课题,如天津市教育科学"十二五"规划课题"校长价值引领与学校文化建设"(2011.10—2014.7,提前一年结题),中国教育学会"十二五"规划课题"中小学教师职业幸福与价值取向研究"（2011.9—2014.7），学校近三分之一的教师参与学习和研究。这两个课题均已结题，专家组评价很高。我又于 2015 年 1 月成立了以 35 岁以下获得硕士学历或学位的教师为主的"十三五"课题申报筹备组，正在安排前期资料准备和学习、研讨工作。

3. 合作文化

学会将合作作为自主和美的一项内容，合作学习也是一种重要的学习方式，组织中的团队建设更离不开合作，甚至有人提出"合作型学校"。[27]所以合作文化理应成为学校的核心文化。

对学生而言，合作既是学习的手段，又是学习的目的。学会合作需要的不仅仅是技能，更是态度，合作中，一是要让学生学会尊重别人的劳动，二是要让学生公开承认别人的劳动，三是要让他们学会为别人着想。"合作不仅仅要促进学习，更要培养合作型人格，这种人格特征表现为学生具有一种兼容并蓄、宽容大度的态度，对事不存有偏见，能接受自己的一切，包括好与坏。正视自己的缺点，也能接受别人的意见，尊重他人的成果，它是学习活动中必不可少的人格品质。"[28]强调合作学习，并不否认个体的独立学习。合作学习正是为了解决个体学习无法解决的疑难，通过小组讨论，互相启发，达到优势互补，共同解疑。离开学生的独立学习和深入思考，相互间的交流和讨论不可能深入，也就没有了效果。

具有共同志趣和共同目标的教师，通过交流与合作，共享资源，共同研讨，共享智慧。教师间合作的内容和方式是多种多样的，比如：（1）协同教学设计和教学方法的研制，（2）分工制作课件、收集课程资源和开发教材，（3）一起讨论教学中的问题和事件，（4）共同协商解决教学中的困难，（5）共同实践一种教育改革，（6）教育教学经验的沟通，（7）关于教育教学的日常交谈，（8）分享教育中的体验（快乐与幸福）。

学校组织中各种类型和层级的团队内部的合作显得尤为重要。从班级建设，到班级科任教师组，从教师队伍到班主任队伍，从备课组到教研组，从中层管理团队到校级领导班子，离开合作，所有集体都称不上是团队。

四、变革文化

加拿大迈克尔·富兰指出："变革是一次走向未知的目的地的旅行"。学校只有依靠坚持不懈的变革才能获得持续的发展。学校变革是目的和手段的统一，是学校可持续发展动力的不断激发，是学校自组织文化的不断生成。学校变革是一种追求卓越、追求尽美的理想。

1. 学校变革是一个丰富的"旅行"

（1）理性思维，系统构建。理性思维最主要的表现形式就是遵循人的发展规律、教育规律以及管理规律。比如坚持育人为本的价值目标，以德育为先，将社会主义核心价值体系融入学校教育全过程；坚持教育以促进人的发展为本，以实现人的全面发展为终极目标；坚持学校以育人为本，以学生为主体，让学校成为学生幸福成长的学习乐园；坚持办学以人才为本，以教师为主体，让学校成为教师幸福工作的精神家园；坚持尊重个性和承认差别，办好适合每个学生成长需要的教育；坚持以终身学习理念引领教育改革，为人一生学习发展奠定基础。学生的发展包括德、智、体、美、劳等多个方面，学校教育包括课程、课堂、课外活动、社会实践等多种途径，学校管理涉及人、物、财、事、气等多样因素，它们构成了一个多元的、非线性的、相互交织在一起的、复杂的学校系统。办学就是要激活人的潜力、提升人的活力，合理安排、配置各种资源、协调和平衡各种关系，使各种教育活动结构合理、功能齐全、系统和谐、效益最大化。

（2）目标清晰，步骤适度。目标是变革的首要条件，目标确定之后就是要研制达到目标的实施步骤。目标清晰，步骤适度是变革的两个基本条件。比如"反思制度和行为"的建立经历了这样一个过程：首先在整理文献和大量学习的基础上从多个角度研究了"什么是反思"和"反思是如何促进教师专业发展的"，然后通过问卷调查和理论建构研究了"教师反思的8项内容"和"教师反思的3种模式"，再通过审阅教师的反思日记（学校专门统一印制了《教师反思日记本》）总结和概括研究了"教师在反思实践中存在的10个问题"，最后明确提出了"教师反思制度"，包括"教师每日十问"、每节课后写一点教学反思后记、每周写一篇教学随笔、每月提供一个典型案例或一次公开课、每学期做一个课例或写一篇经验总结、每一年提供一篇有一定质量的论文或研究报告、每五年写一份个人成长报告,由此我也形成了一篇论文在核心期刊上公开发表。

(3)全员参与,自主行动。影响变革最为核心的因素就是人的因素。成功的变革需要全员教师都能充分发挥主体性和积极性,形成一支干练得力的变革团队和变革机制,而不是观望者和阻碍者。需要教师对学校价值和目标的认同,对学校变革及其相关制度的认同,有一种追求美好、追求卓越的理想和愿望,有一种荣辱与共的情怀、和谐共处的情感。还要认清并勇于承担变革的成本和代价,更要让教师们体验和得到变革对人们带来的益处和福祉。

(4)关注方式,重视过程。变革是否顺利、成功,教师能否积极、主动参与,与变革的方式方法关系密切。我们尝试并实践了"以问题为导向、以项目为抓手、用课题研究的方式、用探索实验的形式",力求实现"管理与培训、管理与变革、管理与研究、探索与研究、探索与实践、理论与实践、学习与反思、文化与行动"相结合,收到了很好的效果。

(5)理论学习,理念先行。变革的效果不佳、变革不能持久、变革出现偏差等等问题的出现,往往也与缺少理论支撑有关。理念作为学校教育实践的引领,思想作为教育实践活动的根基,是学校变革不可缺少的。所以学校变革要坚持理论学习,理念先行。

(6)积极反思,坚守信念。社会价值的多元、市场经济的不完善、教育评价制度的不健全、网络文化的诱惑等等都对学校带来了很大的冲击。教育被市场化、行政化,教育不再像教育的现象较为严重,如何坚守教育的独立立场和独立地位,又成为办学的一大难题。"素质教育与应试教育""教学与德育""教学中的知识与能力""教育中的智慧与道德""教师第一与学生第一""师能与师德""教学与科研""科学管理与人文管理"之间关系如何协调,也是办学中的困惑。还有面对学生不良的行为习惯,面对教师传统的观念和固化的思维,学校如何依据教育规律办学也面临很大的挑战。面对这些问题、困难、挑战,唯有不断反思、前行,唯有坚定、坚守。成功的变革需要校长有教育家的精神追求和持之以恒的坚守。校长要树立全面发展观念、人人成才观念、多样化人才观念、终身学习观念、系统培养观念。校长要有博大的胸襟、开阔的视野,先进的理念、科学的思想,反思的实践、变革的研究，创新的意识、开拓的勇气，满腔的激情、深沉的爱，执着的追求、坚定的信念。在学校特色的创建中，我们又提炼出了学校特色的形成规律：①学校特色是学校办学目标和教育价值的集中体现，②学校特色要张扬教师和学生的个性，体现教师和学生的优势，③特色建设是一个渐进的形成过程，需要规划、设计，需要经营、打造，④特色建设不能脱离学校教育活动而"别具一格"，不能为了特色而特色，⑤特色建设追求的是一种境界，一种更好的境界，一种完美的境界。

2.《校长视线》（2004 年 10 月 10 日）创刊词

各位老师、各位朋友：你们好！

今年的国庆节我终于没有外出（前 3 年国庆节都不在大连度过），在家休息了两天（说实在的是因为身体不适躺了两天）。在假日里，由于时间比较集中，"翻阅书报，思考问题，动笔写作"是我的习惯，也成为我的最重要的生活方式。"十一"期间，在阅读学校管理的文献和反思我两年的校长经历中，《校长视线》诞生了！

我想借助于《校长视线》，及时反映校长所闻所见和所思所想，及时反映校长的视野和心声，及时反映校长的工作思想和工作生活，还要印发不同校长的各种不同的观点和不同的声音、不同的流派和不同的理论，以实现校长与教师、学生以及家长们思想的交流和碰撞，心灵的沟通和理解，目标的统一和价值的趋同。

来附中近 800 个日日夜夜里，我想附中之所想、急附中之所急，虽然与老师和同学们的要求还有差处，与领导和同行的期望也还有差处，虽然在工作中有时会违背教师的意愿，在工作中也出现过失误。

我在接受《社区观察》（2004 年第 4 期）记者采访时谈到我短暂的校长经历时说："怀着对基础教育的热爱、对青少年学生的热爱、怀着对自己献身基础教育事业的追求，我来到了中学，并从事领导和管理工作，亲身经历着领导者的责任、管理者的繁杂、教育者的重任；充分认识到教育作为一种事业的意义在于奉献，教育作为一门科学的意义在于求真，教育作为一种艺术在于创造，感受到教师工作之劳累、学生学习之辛苦、学校建设之艰难，当然也体验到了成功时的喜悦、失败时的痛苦、平庸时的无奈，酸、甜、苦、辣样样俱全。"无论如何，我要坚信地说："我爱我的学生、我恋我的教师、我更离不开我的学校。"

依据我的思维方式,做任何事情时刻都必须思考并试图回答"为什么做?""做什么?""怎么做?""在什么时间做?""在什么地方做?""做得怎样?"等等这样一系列的问题。当然,我的实际经历告诉我,在实际管理和工作中,一些问题和事情是难以按照上述思维方式工作的(当然有许多的事情需要时间、通过历史来验证)。

在学校里,校长、教师、学生、家长,德、智、体、美、劳,考试、升学、检查、评比等等,这些要素及其关系构成了一个十分复杂而庞大的体系。

"校长是什么?""校长做什么?""校长如何做?""这是校长职务的基本问题。对此,两年前来到附中时不知所措,现在仍没有找到合适的答案,欣慰的是(当然这种用词不甚恰当),我在各种文献中也查不到令人信服的解释,我寄希望将来我对此有一个自己比较满意的认识和理解。我深信在各位老师的支持和帮助下,我会实现这一目标的。

"校长是什么?"校长是领导:领导是什么?领导什么?如何领导?校长是管理者:管理什么?如何管理?又是一大堆的疑问,也是莫衷一是。现在还有人提出校长要职业化,这可能吗?现实吗?

"校长做什么?"校长管人、事、钱、物,校长管吃、喝、拉、撒、睡,校长管生、老、病、死、退,校长管(教职员工)迟到、早退、旷工,校长管(学生)思想、学习、行为,校长听课、评课、上课,校长参加会议、主持会议、召开会议,校长出思路、想办法、做决策,等等。

"校长如何做?"校长亲自做、还是指挥别人做,校长靠强制、还是靠指点,校长靠训斥、还是靠引导,校长靠思想、还是靠行动,校长靠制度、还是靠人文,校长靠说教、还是靠人格魅力,校长靠奖励、还是靠惩罚,校长靠物质、还是精神,校长靠内力、还是外力,校长靠所有人、还是部分人,校长靠干部、还是靠教师,等等,似乎是说不清、道不明,公说公有理,婆说婆有理。

"今天如何当校长"是校长培训中一个难解的话题。"上海市中小学青年校长论坛"就这一话题进行了一些讨论,《中国教育报》记者就此也做了报道(附后)。《当校长的15种感受》一文说的也是校长的素质、工作和功能。《专业成长是一个超越的过程》一文阐述了一个新时期校长职能的变化。

各位老师,也衷心地希望你们能关注"校长",关注校长的所思所想所为，关注校长的思想、理论和实践，关注学校的工作、建设和发展。更特别地希望你们能换位思考：假如我是校长。《中国教育报》在第 20 个教师节期间举办了一个以"教师的梦想"为主题的征文活动，其中就登载了一篇《我要当校长》的教师梦想的文章（附后）（刊登的教师的梦想当然还有许多，诸如：成为大作家、畅游大自然、学生获得诺贝尔奖、呼唤名师指点、桃李满天下、让孩子拥有经典、向往大西北等）。

作为校长的我，在观察、探索、研究、实验，在思考、实践、行动、改革。

为了学校，我要把握学校！我要建设学校！我要引领学校！我要影响学校！我要打造学校！我要负责学校！

在结合实际思考学校教育时，我总结出学校教育和学校建设必须考虑的"十五对'关注'"：既关注创新，又关注传统；既关注硬件，又关注软件；既关注实践，又关注理论；既关注法治，又关注人道；既关注他我，又关注自我；既关注学生，又关注教师；既关注学校，又关注家庭；既关注现在，又关注未来；既关注基础，又关注发展；既关注身体，又关注心理；既关注课堂，又关注课外；既关注成绩，又关注其他；既关注结果，又关注过程；既关注好生，又关注差生；既关注长处，又关注短处。

我在实践和行动中，感觉并体验到了学校教师管理中"十对"难以平衡的矛盾：教育行为与教学效率的关系、教育观念与教育行为的关系、师德与教学能力的关系、教师与学生的关系、教学与教研的关系、学习与工作的关系、奉献与索取的关系、我与他人的关系、我与自我的关系、我与学校的关系。

我的办学目标是：专家型校长、智慧型师资、多样化课程、鲜活的课堂、人文化环境、健全的学生。

我的工作口号是：与时俱进、自强不息、追求卓越、打造品牌。

《校长视线》（内部材料）不定期地与大家见面与交流，每期一个中心主题，主题将涉及基础教育、家庭教育、教师教育和学校管理的方方面面。本期的主题是"怎样当校长"，欢迎大家"品尝"，欢迎大家提意见！我诚恳地希望《校长视线》成为校长与老师、家长、学生、社区交流与沟通的平台，成为学校校园文化建设和学校事业发展的一道风景线。

谢谢大家的阅读！

3. 辽宁师范大学附属中学校刊《星海石》(学生版)创刊词：

星海湾的浪花年复一年地层层涌向海岸，美丽的《星海石》历经五年的风浪洗礼，已悄然长大。五年来，《星海石》贴近时代、贴近生活，以新视角、新思维及时反映、剖析校园生活的新热点、新问题。雅俗共赏，可读性强。如今，《星海石》已由师生合刊孕化出教师版和学生版。

《星海石》学生版是完全由辽师大附中的莘莘学子精心培育、打造。我初览全篇，在浓浓的油墨香里，我感受到了一股蓬勃的青春气息在字里行间氤氲。

这是一方放飞心灵的净土。自然、纯真、洒脱、奔放，这是一个展示个性的舞台。自信、执着、多姿多彩，这是一块迈向成功的跳板。张扬个性、放飞理想！

辽师大附中肥沃的文学土壤，滋养了一代又一代文学才俊。而《星海石》学生版——萌芽在附中，生长在附中，上面留下大家成长的足迹，记录青春生活的点点滴滴，是辽师大附中精神和校园文化最生动的风景，值得我们温一盏茶，细细来品其中三昧。

岁月如水，有朝一日，当你青春不再，这里将见证你清澈的眼眸，如花的笑靥，它将成为你记忆中永远难忘的风景线！

我坚信，练就一双强健的臂膀的你，一定会飞得更高、飞得更远、飞得更自由！

4. 天津经济技术开发区国际学校校刊《体思·行》(2009年7月)创刊词

迎着秋日的朝阳，伴着沁人的菊香，带着真诚的希望，携着纯真的热情，在国际学校建校十五周年之际，《体思·行》正式创刊了。滨海新区笑，国际学校欢，一千多颗师生的心激情洋溢，为校刊的诞生欢欣鼓舞。

《体思·行》谈管理、论改革、保稳定、促发展，昭校训、明校风、铸教风、锻学风、扬正气、树典型、聚精神、建新业。她是一块沃土，让老师辛勤耕耘、浇灌桃李；她是一泓清泉，让学生喜迎雨露、憧憬未来；她是一扇窗口，向社会展示学校稳健的步履、飞扬的风采；她是一条纽带，将学校、家庭和社会紧紧相连，共同描绘国际学校美好的明天！她的问世，是国际学校人精神凝聚的体现，是推动学校发展、提高学校文化品位、丰富校园文化生活的重要举措。她将支撑起文化学校内涵发展的新天地，全面展现国际学校的办学新理念，开创国际学校和谐永恒发展的新局面。

它打开的是一扇美丽的窗，撑起的是一个深情的希望，展现的是国际学校更新、更美的乐章。尽管她还稚嫩，却充满着生机；她虽姗姗来迟，却带着憧憬，满怀着希望。她犹如一艘巨舰承载着全校一千多名师生的希望，将要扬帆远航。站在全新的起跑线上，我们欢欣鼓舞、豪情满怀。

总有一种力量让我们一直前行，总有一种力量让我们披荆斩棘，总有一种力量驱使我们不断寻找教育的真谛，总有一种感动徜徉在心头，总有一种思绪尘封了很久，这种力量与感动来源于国际学校人的人文情怀，来源于国际学校人对知识的渴望，对教育的尊重，对未来的畅想。我们希望《体思·行》以其高雅的文化品位和紧贴校园脉搏的靓丽风采，赢得广大读者的青睐。

希望《体思·行》能够成为国际学校在新时期办学的历史见证，成为滨海新区教育发展的见证。

5.《学校文化手册10（学校制度与方案）》"变革与超越"后记（2011年3月）

在一个经济全球化的时代里，社会进步日新月异，民众对教育多元需求不断增长，政府对教育寄予厚望，这一切都转化为要求学校提高教育质量、提升办学水平，要求学校持续发展、不断变革。可以说，学校变革是一个永恒的主题，也是我校长生涯的"主旋律"。

成功的变革必须遵循教育规律，坚持育人为本的价值目标，坚持德育为先，将社会主义核心价值体系融入学校教育全过程；坚持教育以促进人的发展为本，以实现人的全面发展为终极目标；坚持学校以育人为本，以学生为主体，让学校成为学生幸福成长的学习乐园；坚持办学以人才为本，以教师为主体,让学校成为教师幸福工作的精神家园;坚持尊重个性和承认差别,办好适合每个学生成长需要的教育;坚持以终身学习理念引领教育改革,为人一生学习发展奠定基础。

成功的变革必须深植于学校文化的建设与熏陶之中,而办学理念的确立则是打造学校文化的根基。教育是"使人成为人"的社会实践,它的逻辑起点是基于对人性的假设。我们所倡导的人性包括生存、发展和幸福这样由低级到高级、由简单到复杂、由自然属性到社会属性、由现时性到历时性的三个层级。王国维先生曾用三句话概括了古今成大事业、大学问者必须经历的三种境界。而我的心中始终回响着这样的声音:为了生存而学习,为了发展而教育,为了幸福而奋斗。它蕴含着我对人生的美好憧憬,也是多年教育实践与理性思考的结晶。它是我难舍的情结,也希望能成为每一位老师的情结。

成功的变革需要形成能够保障和促进学校发展的制度文化。制度本身就是一种文化,它不仅是我们共同遵守的做事规程和行动准则,而且承载、表达着学校的价值观念和风格特色。《变革与超越》中所有制度和方案的最终确立都充分遵循了"尊重人性与科学管理""理论与探索""借鉴与开发""民主与集中""继承与创新"的原则,所以这些制度的真正作用不在于约束人、限制人,而是引领人、发展人,它将导向我们达到理想境界。当然它也维系着公平与正义、责任与义务,用制度守护校园、保护师生,才有了文明和向上,才能让生活在学校中的所有人获得更多的自由和快乐。

成功的变革需要学校中的每一位成员都能充分发挥主体性、积极性,从而形成一支干练得力的变革团队和变革机制;需要大家对学校价值和目标的认同,对学校变革及其相关制度的认同;需要大家有着志趣相投的目标、荣辱与共的情怀、和谐共处的情感、步调一致的行动,同心同德、协调一致地做好学校的各项工作。所以,我推崇一种管理模式,那就是用教师专业发展代替教师管理,用校本教师教育代替教师管理。尊重教师的地位,依靠教师的力量,相信教师的潜能,关心教师的生活,支持教师的工作,指导教师的业务,这些是我一直在做并且还要继续做好的工作。

成功的变革还需要校长有教育家的精神追求和持之以恒的坚守。校长要树立全面发展观念、人人成才观念、多样化人才观念、终身学习观念、系统培养观念;校长要有博大的胸襟、开阔的视野,先进的理念、科学的思想,反思的实践、变革的研究，创新的意识、开拓的勇气，满腔的激情、深沉的爱，执着的追求、坚定的信念；校长要努力成为一个热爱学生、关心教师、情系学校的人，一个公正、坦诚、守信的人，一个对师生有帮助、对学校有成就、对教育有贡献的人。

老师们，变革将是一段充满挑战的艰难旅程，但我始终坚信，它也将是一次走向新生的完美蜕变，因为支撑我们风雨兼程的不仅有美好愿景，还有在泥泞道路上彼此扶持的情谊！

五、课程与教学文化

1. 课程文化

（1）建立科学的课程观念

课程价值观：课程不仅是目的，更是实现教育目标的手段，它为学生的发展与成长提供资源（包括时间与空间）。

课程本质观：课程不只是学科体系，而是学科与活动、间接经验与直接经验、过程与结果、主观与客观的有机的统一。

课程改革观：课程改革是一个包含了设计、实施和评价的系统工程。过去存在有三种错误的倾向性：在理论上忽视"实施"的研究，在设计时轻视"实施"的制约，在实践中蔑视"实施"的作用。

课程实施观：课程实施既是一个忠实执行文件课程的过程，又是一个课程调适和创生的课程。不要机械的绝对的忠实取向，也不存在纯粹的创生取向。课程实施是一个课程执行者与课程设计者、教师与学生之间互动调适和共同建构的过程。

课程内容观：要区分"课程内容、教材内容、教学内容"这三个不同层次与不同构成的概念，人们常常将教学内容等同于教材内容或课程内容，所以出现"教教材"的现象。课程内容只有经过教材处理、教学加工，结合学生实际和学习规律，才能转化为教学内容。只有树立这种观念，才能做到"用教材教"。

生成性课程观：为确保教学活动的目的性、计划性和效率性，课前、课中、课后都需要做好精心的"预设"。然而课堂是具体的、情景化的、变动不居的,生成性成为课堂的一个显著特征,对过程的关注甚于对结果的关注,对差异的关注甚于对同一的关注,对关系的关注甚于对实体的关注,对创造的关注甚于对规律的关注,对歧态的关注甚于对正态的关注。

课程资源观:自上而下所提供的教材仅仅是课程的一种重要载体、一种文本性的材料,是教学的一个"案例"、是师生对话的一个"话题",并不是课程的全部,教师要收集更多的与课程目标相关的、体现学科特点的、联系学生实际的、紧密联系社会的多种多样的课程资源,为学生的发展提供更多的发展机会、发展条件、发展时空和发展途径。

(2)努力开发校本课程

校本课程有广义与侠义之分。广义是指学校课程的校本化,狭义是指校本课程是依据学校哲学和教育理念,针对学生的兴趣和需要,结合学校的传统和文化,发挥教师的特长和优势,充分利用本地和社区的资源,学校自主开发、供学生选择的课程。校本课程是由学校自主开发的课程,由学生自愿参加,以学生活动为主,与必修课程一起构成学校课程体系,它应该与必修课程在内容、要求的深广程度、活动形式、学习评价等方面互相补充。校本课程应集中体现"以学校为本"的理念,以学校为基地,并与外部力量合作,充分利用学校内外的课程资源,开发出多样性的、可供学生选择的、体现学校特色的课程。校本课程的开发应该是一个逐渐探索的过程,教师在这个过程中不仅是"教"者、还是"学"者、"思"者,具有更多的课程自主权和成长空间。校本课程应更突出学生的自主性、自愿性和灵活性,着重培养学生的兴趣特长、创新思维和实践能力,培养学生分析和解决问题的能力、团结协作的能力、社会活动能力。

开发校本课程的目标主要在于:①发展学生个性。培养学生的兴趣爱好,发展个性特长,提高学生自主学习、自我完善的能力。拓展学生的知识领域,培养创新精神和实践能力。②强化课程意识。教师在亲自开发、实践的过程中,深刻理解校本课程的含义,提高开发校本课程的能力,使教师专业化发展与校本课程的开发形成一个良性的循环。③积累开发经验。在原有理论研究的基础上,进一步落实新课程改革的思想,验证、补充、修正、提升校本课程开发与实施经验。④优化课程结构。在一定意义上,课程结构决定着学生的素质结构,校本课程可以弥补国家课程在结构和功能上的缺陷,起到优化课程结构的目的。

开发校本课程政策层面的意义在于：①体现了课程决策权力的重新分配的民主化；②体现了学校教育资源的综合利用和合理配置；③校本课程作为国家课程计划的一个组成部分是国家课程的重要补充；④校本课程在促进学生最大限度地发展中起着不可替代的作用；⑤对提高教师实施课程的质量有着极大的推动作用；⑥校本课程开发是丰富和发展课程理论的一个重要途径。

校本课程开发的原则主要有：①国家、地方、学校三级课程相协调；②权力与职责相统一；③课程研制、实施、评价一体化；④研究、调查、实验相结合；⑤需要与可能、理想与现实相统一；⑥教师与专家、学校与研究机构相结合。

2. 教学文化

（1）以学习为中心的教学观

就教学及教与学的关系，在实践中，教师存在一些偏见和误解。比如很多教师以为，教师不教，学生就不学，或不能学、不会学。的确，在长期的教师中心教学传统的熏陶下，很多学生确实形成了这样的习惯：一走进课堂主要是通过听教师讲来学习，教师不讲就不学或不会学。还有不少教师觉得，教师讲的水平高于或超过学生自己理解的水平，如果让学生自己学习，学生对知识理解的层次、深度和准确性一般会低于教师讲授的水平。再就是教师们认为学生自己独立学习的过程比较耗时、效率不高。

在众多的教学定义中，我们主张的是"以学习为中心"的思想。比如成尚荣先生认为教学即：第一，教学的核心是学生学会学习，与此同时必须坚定地维护并进一步构建完整的教学概念，以高水平的教促进学生高质量的学。第二，教学在坚持教与学的统一中，不仅促进学生的学，而且要促进学生创造性地学，享受学习，培养学生的创新精神。第三，教学是反思性实践，教师是反思性实践家，教学过程是研究过程，尤其是儿童研究过程，教师的"第一专业"应当是儿童研究。[29] 陈佑清先生提出"建构学习中心课堂"，认为"课堂教学的组织要尽可能让学生能动、独立（自主）地学习成为学生学习的基本状态，并让学生能动的独立（自主）的学习占据主要的教学时空"。[30] 刘铁芳先生更进一步提出"好的教学是教学生学习，把学习置于学习的情境之中，让学生学习，让学习成为学生置于当下情境的内在需要。"教学就是要"课堂学习情境的开启，学生自主学习意识和能力的激发,学习生命热情的点燃,共同引发学生进入积极的学习状态,使其自我身心向着所学事物充分开放,显现出积极向上的生命姿态。"[31]

在上述思想的基础上、并基于实践的角度,我将把教学定义为由教师的教导与学生的学习组成的、以师生交往为媒介、以教学生学为手段,进而实现教学合一的教育活动。这一定义中包含了四个关键判断。

①教(导)与学(习)是两个不同的主体活动。

	教导		学习	
活动主体	教师		学生	
活动客体	学生	教育资料	教师	教育资料
性质	实践、交往	认识	实践、交往	认识
目的	①构建学生主体,成为学习活动的促进者;②营造适合于学生学习的环境;③教导学生学会、会学、乐学。		①通过对教育资料的占有,提高自己的主体性,使自己获得预期的发展;②接受教师的教导,将自己的学习活动纳入到一个有指导、有计划的轨道上去,提高活动的效率。	
任务	传道、授业、解惑、训练、感化、教养、影响等等。		立志、自信、自强、获得、模仿、应用、创造等等。	

②教学通过师生之间的交往而存在。教与学两种不同的活动如何建立连接?教师与学生之间的交往实现教学连接的媒介。师生交往,就其形式主要有两种:言语与非言语。为充分发挥言语和非言语交往的作用,全面地实现其功能,对课教学中的这些教学行为有其特殊的要求,即有其既定的规范,比如就教师的"讲",不仅有"讲述、讲解、讲读、讲演"等多种形式之分,而且对每一种"讲"也都有相应的要求,如叙述语言要求简洁明快、朴实无华,描述语言要求细腻形象、生动有趣。而在现实的课堂教学中,不规范的教学行为时有发生,有时是显性的,人们看得见,较为有害的是隐性的,人们看不见,比如,教师的言语行为交往与对象之间因学生的"阶层"属性而异,在相当程度上存在着对象上的选择性:教师与"学生干部"交往多于"群众学生",与优生交往多于"差生",与人际地位高的学生交往多于人际地位低的学生。

③教学的过程就是要将教转化为学。教学意味着教师教(导)学生学(习)知识("学科"知识和"学习"知识),即教师教会学生学的过程。课堂教学的中心在于学生的学习活动,不在于教师的教导活动本身。脱离对学

生能动活动作用的教导活动,是没有教学意义的教导活动。正如王策三教授所说：“学生和他们的‘学’,固然是在教师教的领导下进行的,但是,教却又是为‘学’而存在的,否则就毫无意义；教师主导作用必须也必然有一个落脚点,这个落脚点只能是‘学’；教学所追求的目标和结果,一定要由‘学’体现出来。更为重要的一点,‘学’是学生自己的独立主动的活动,教师包办代替不了。”[32]

④教学最终实现教学合一。通过师生交往,教师教会学生学会与会学,达到教与学是同一时间、同一空间发生的同一件事情的两个方面,走向教学合一,以实现学生和教师共同发展。

（2）教学设计的主要任务

教学设计重在“分析问题与解决问题”,重在“实践和日后的改进”,重在“学习理论和传播理论”,重在“系统思考”,所以教学设计有十大任务：课标解读与教材分析、学情与时空分析、目标和任务、内容和资源（在这方面上,除了要注重人们常说的知识点、要点、重点、难点、疑点之外,课堂练习和课外作业要精心的设计,收集充分的教学资源也至关重要）、思路与环节、方式与方法、活动与目标一致、教与学耦合、情境与目标对应、问与答。

好的教学设计,力求使教学更有效,提高五个方面的耦合度。教学效果,即教学结果与教学目标的耦合度；教学效率,即教学结果与教学投入的耦合度；教学效益,即教学结果与教学期望的耦合度；教学效能,即教学结果与教学水平（能力）的耦合度；教学效应,即教学结果与教学反响的耦合度。

（3）教学目标的设定

就教学目标的表述通常要注意以下几点：①目标指向是学生的预期学习结果。因此,行为的主体应该是学生,而且是全体学生。②使用的行为动词要清晰、可把握,不能含糊其词,因为教学目标也是课后评价的依据。③学生行为的表现程度也应具体化,如一道题有五种解题方案。在教学目标制订时可以具体写明：“至少写出三种解题方案”“有60%的学生都能列出五种解题方案”,等等。④课堂教学中的不确定性产生课堂资源的生成性。教师既要给学生生成的时间和空间,更应善于把握教学效益的底线（预设目标）,善于从每个学生的基础生成的资源中选择课堂中互动生成的资源,促使课堂的生成性资源更好地为预设计目标服务,增强课堂教学的实效性。⑤教育有关部门应加强科学评价体系的建构,因为科学的评价体系是实现课程目标的重要保障。⑥课堂教学在时间上的确定性要求教师有较强的课堂控制能力及课堂管理能力,以促使每个学生增多课堂教学中的实用时间。⑦课堂教学中学生主动建构中的不确定性则要求教师既尊重差异,更要善于引导学生互相学习,发扬差异带来的课堂精彩。教师面对有差异的学生,应实施有差异的教学,使学生得到有差异的发展。

(4)设计(备课)与上课有很多的区别

前者,教师是在合情推理之上,演绎理想;后者,则需要在众多差异之中,面对现实,理想不等于现实。前者,老师的分析与推理总是有规律的;后者,学生的实际思维常常是偶然的、随机的。前者,体现的是一个人的思维;后者,呈现的是多个人的智慧。前者,教学时间是常量;课堂上的学习时间是变量。前者,是线性设计的;课堂上的学生思维往往是非线性发展的。前者,呈现的是教师的认知;后者,体现的是学生的认知。前者,教师站在已知问题解决策略的平台上,归纳梳理;课堂上,学生处于未知问题解决策略的场地上,摸索尝试。前者,教师在内心深处常将学生当作"温顺的小绵羊"开展教学活动设计,因此备课时形成的教学活动总是顺利的;而课堂上的学生,却经常"叛逆"。备课的思维是收敛的,课堂上的思维是发散的。前者,是教师在教,一切预设都是必然;课堂,是学生在学,诸多生成皆出于偶然。前者,教师描述的解题方法,是老师在舍弃不成功的尝试之后,整理包装而成的;课堂上,学生实际学习时,所遇到的思维障碍,很多时候,恰恰就源于老师整理包装时所舍弃的。

(5)提高学生的课堂参与度

学生的参与由低级到高级可以区分为五个层次:注意参与——学生听教师的课,情感参与——学生喜欢教师的课,合作参与——学生思考教师的课,自主参与——学生在教师的指导之下自主学习,以及创造参与——学生成为课堂上有贡献的人。

(6)生成教学观

关注教学的过程性,强调教学中"人—人"的关系;反对教学严格按照预设的计划执行,突出生成;反对过分强调教学的同一,重视个性。当前的教学设计侧重于教学过程的程式化,特别是设计细节化、具体化,是一个倾向于"静态"的计划性的设计。这种设计难以适应动态生成的教学过程。因此,动态生成的观念在课堂教学设计中体现在以下几个方面:教学目标的阐明，由确定走向弹性；教学过程的设计，由"复制"走向理解；教学策略的制定，由独自走向对话；教学评价的实施，由"单一"走向"多元"。

（7）课堂提问的"问题"的条件

好的问题至少需要具备以下几个条件：它应该是满足学生学习需求的，旨在服务于学生的发展，而非是满足教师需求的；它应该是学生感兴趣的，能调动学生学习积极性的，而非是教师感兴趣的；它应该是探究性的，能促进学生积极思考的，而不应是简单陈述性的或复述性的；它应该是开放性的，能激励学生自由想象和思考的，而不是有预设或固定答案的；它应该是与学生的学习经验和生活经验相联系的，能推动学生对知识和意义的建构，而不应是远离学生个体经验的。只有当课堂中提出的问题是有意义的问题时，学生作为知识和意义的探究者和建构者的角色才能真正得以体现，有意义的教学才会出现。

（8）题的选配很重要

课堂例题、练习题以及课外习题、作业的选配与课堂教学质量、教学效率，学生学习兴趣、学生学习能力、学生学习负担等等这些关键的话题都有关。例题、习题的选配，学科差异当然存在。比如数学课堂例题、练习题的选配，是否可以兼顾考虑这样几个层次：对本节课所学知识的理解和巩固，基本方法、基本技能的训练，运算能力和逻辑思维能力的培养，形象思维和直觉思维的培养，归纳能力、应用能力和创新能力的培养。

（9）"好课"的标准

体现"以学习为中心"的好的课堂教学，大概包括这样十个要点：①教学目标明确，师生获得最大限度的发展。目的性是课堂教学的根本特性，目标不清晰，甚至目标不周全都不可能是一堂"好课"。应充分地发挥课堂的教书育人作用，不仅在知识上，而且在能力（包括学科能力、学习能力、决策能力）上，还要包括情感、态度、学习兴趣、学习习惯乃至做人做事的本领。特别地，这里的发展，包括学生和教师在内的所有人的共同成长，是不同水平的学生在原有的基础上都有收获，是最大限度的进步。②教能使学生主动学习，全身心参与。学生能不能掌握知识，能不能获得应有的发展，关键在于学生自身的丰富多彩的学习活动，自主的而不是被动的、积极的而不是消极的、全身心而不是单一的活动，尤其是思维活动和情感活动。教师的教应该定位指向在激发学生学习的动机，引导学生学习，指导学生活动，真正让学生成为课堂的主人。③教学耦合,师生互动。在课堂上,教与学是主体不同、性质不同的两种活动,教师教得如何,最终是要看学生学的怎样。在实际教学中,教师心中没有学生,只考虑自己的教的现象比较严重。所以教师必须建立起教与学的耦合关系,教要依据学,教的思路要符合学生学习的规律,教的内容要符合学生的认知结构,在课堂上教师与学生相互沟通、平等交流,教师了解学情,学生适应教师。④教师组织教学意识强,应变能力强。众所周知,学生的状态、课堂秩序成为影响学生学习的重要因素,而在实践中发现,教师组织教学的意识比较淡薄,管理课堂的能力欠佳,教师往往只是在上课的前几分钟比较重视,不能贯穿在课堂的始终。课堂的一分一秒都很重要,课堂上的一举一动同样重要,教师要随时关注学生,尊重差异,随机应变教学。⑤教学内容安排体现学科结构,重点难点突出。教学内容就是教材内容的简单复制的现象比较普遍,我们认为教学内容应该是以课程标准和教材为基准,将学习规律和方法融于其中、将学生已有的知识和经验融于其中、将相关的课程资源融于其中,尤其是要体现学科的结构和思想方法,用变式强化重点,因地制宜突破难点。⑥教学方法重在教会学生学会学习,学会分析问题解决问题、教学方法不只是在于使学生有效掌握知识和技能,而是要强调知识的产生和发展过程、知识的建构和应用过程;教会学生发现问题、分析问题、解决问题的思路和策略,教会学生学会观察与分析、抽象与概括、比较与类比、归纳与演绎、总结与记忆等各种各样的方法,教会学生高效的学习方法,形成反思的习惯。⑦教学环节合理,节奏恰到好处。我们发现在不少课堂上,教学环节多少不均,该多不多,该少不少。如课题引入太长,检查反馈太短;课堂节奏快慢不当,该快不快,该慢不慢。如不少教师没有做到学生会了就应该快,学生不会就应该慢。课堂上常见的是教师活动多,学生活动少;讲得多,练得少;结果多,过程少;记忆多,思维少。⑧教学手段运用合理,语言准确。板书的功能被弱化、多媒体被滥用已成为一个现实的问题。教学手段运用的原则应该是扬长避短,它的作用是支撑学生学而不是支撑教师教,切忌为了教师教得便利而不利于学生学习的一些做法;同时还发现教师课堂语言的随意性很强,准确性不够。⑨教师富有激情和感染力,课堂气氛活跃。可能是因为教师上的课太多,也可能是因为学生的不争气,还可能是因为学校的管理不善,教师上课的热情不足,激情不高,在当下很影响学生的学习状态和课堂气氛。教师上课应用激情的语言,积极的态度，师生共同创设宽松、和谐的学习环境，师生共同享受课堂的快乐和幸福。⑩教师有风格，教学有特色。"好课"一定不是千篇一律，一定不是包罗万象，也一定不是面面俱到，课堂是展示师生生命活力的场所，也是教师实现人生价值的平台，所以一堂"好课"应该是体现教师个人特点，扬教师所长、避教师所短，教师也应立志创立具有自己特色的课堂教学。

3. 教研文化

（1）教学与研究相互促进

中小学虽然没有像大学那样重视科学研究、强调学科建设，但研究的价值仍然存在，中小学的教育实践本身就是一种教育研究——教育行动研究，同时也为教育理论的建设提供实践基础，更为重要的是研究对教学的促进与支撑作用。"教学研究"，不只是说"研究教学"，而也是说"教学需要研究"。所有成功的教学、优质的教学、被学生认可的教学，无一例外都不会离开"教学研究"。教学研究当然是以"解决实际问题，改进实际工作，优化教学效果，提升教学经验"为直接目的，以"转变教育观念，强化理性意识，端正研究态度，提高研究能力"为间接目的，以"促进学生、教师和学校共同发展"为终极目的。所以教师必须树立研究意识，为了教学而研究，为了教育为研究。

（2）很多教学常规其实本身就是教研

最常见的是教研组教研，其实我们需要强调的是个人备课和集体备课也都是教研。教材处理是典型的研究。教材处理是依据课程标准，在分析教材的基础上，将教材内容变为教学内容的过程，以实现由"教教材"到"用教材教"的转变。显然这里区分了课程内容、教材内容及教学内容，这是三个彼此相联系又相区别的三个概念。就其范围而言，课程内容是为实现课程目标，并根据一定的原则所选择的各学科知识（或信息）；教材内容是依据一定的原则将课程内容组织在教材中的各学科知识（或信息）；教学内容则是为实现教学目标，依据课程和教材，并结合各种实际（学生实际、教学实际）传授给学生的各种知识（或信息）。因而在某种程度上讲，教学大纲中所规定的"教学内容"应视为课程内容，教材中所表述的各种知识和信息即为教材内容，而教师在教学过程中提供给学生的各种信息（即教案中所描述的内容）才是教学内容。

如何分析教材，以下几点很关键：①要熟悉教材内容在学科体系和教材体系中的地位和作用；②要全面掌握教材中正文、例题、习题三部分所有的内容（包括事实、情节、概念、定理、数学思想方法、数学语言等）；③要把握教材的逻辑结构（有哪些知识点，知识点之间有何逻辑关系）；④要弄清教材内容与相关内容之间的联系；⑤要明确教材的编写意图（正文编排的目的、例题选配的合理性、习题安排的作用）；⑥要了解教材编排的依据（学科依据、心理学依据、教育学依据）。

所谓"教教材"，就是为忠实地传授教材内容，视教材为"真理"、为"权威"，不敢随意改变。所谓"用教材教"，将教材作为学习素材，根据教学目标和任务，适当地改变教材结构、调整教材顺序、改变教材内容。如何将教材内容变成教学内容，我认为主要从三个角度来考虑：本学科角度、学生的学习方法角度、学生已有的经验角度。由此我们认为教学内容应该包括三种成分：本体性内容——"学科"成分，条件性内容——"学习"成分（比如学习的自我诊断与评价，学习的基础知识与技能，学习的自我监控与调节），实践性内容——"经验"成分［比如学生经验世界，人类科学（文化）世界，人类生活世界］。

如何将教材内容变成教学内容，通常主要采取的措施有：①调整教学内容。一是调整难度，二是调整顺序。拓展和补充教学内容。②替换教学内容。在教学过程中，教师可以根据实际教学需要，对教材中不太合适的内容或活动进行替换。③删减教学内容。当教材内容不贴近学生的实际情况或不容易操作或无操练语言的价值时，教师还可以对其做必要的删减。

（3）教研形式与内容丰富多彩

①基于课例的教研。这是最常见的形式，由某教师先上课或观看录像，然后大家一起研讨和点评。②问题解决式教研。就是由某人提出在教学中遇到的问题，交给大家一起讨论并力求解决。③理论应用式教研。如果大家对某一种教学理论很认同，期待应用于教学之中，就如何结合实际应用这一理论展开研究。④专题性教研。这是一种很灵活的教研方式，教研组、教务处、学校结合实际，确定一个专题展开系列活动。比如 2010 年 12 月 7 日我组织了一次教研，我通过听 20 多节课后发现部分课堂存在一些问题，需要大家高度注意，并达成共识。问题是：备课时"三缺乏"——缺乏设计、缺乏深入思考、缺乏对学科本质的挖掘，上课中"三不够"——体现新课程理念不够，学生的主体作用发挥不够，教学规律体现不够。我将这次教研的目的确

定为总结我们的教学经验和做法，力求具体化、条理化、明晰化。对教学的认识仁者见仁、智者见智，需要交流和争鸣，需要思想碰撞。对认可的观点、思想、理念，用于教学实践中，改进自己的课堂和管理。强化个人的教学反思意识，促进教学反思常态化。形成交流、合作的氛围和习惯。我主要强调了"一二三四五"。一个信念：以学生发展为本。两个观点：学生是课堂和学习的主人，教为学服务。三个环节：①（课前）教学设计深思考；②（课中）教学实施求效率；③（课后）教学反思常态化。四个要点：①留给学生思维的时间和空间；②学习方法和学科方法指导到位；③师生互动多元化和多样化；④课堂管理规范化和人性化。五对关系：①新理念与中考；②教学与课堂管理；③应试与能力、素质；④教师与学生；⑤教学质量与教师个人发展。

（4）以科研带教研

在一定意义上说，科研与教研没有本质不同，只是科研管理较为规范和严格，课题需要充分论证，并需要不同级别的部门审批；强调研究过程和研究方法的规范性，以及研究成果的创新性和价值性。由于科研有这些要求（如果做不到，会取消课题，课题经费也相继取消），所以教师主持或参与课题研究对研究意识和研究能力的提升有极大的作用。

六、学生与教师文化

1.学生文化

（1）学生文化的认识

作为学校文化的亚文化，学生文化即为学生群体在学习活动和学校生活中所形成与发展起来的特有的价值观念、思维习惯、行为方式等，其核心是学生的价值观、人生观。学生应具备正确的学习目标、端正的学习态度、科学的学习方法、坚定的学习意志，致力于实现个人价值与潜能，形成良好的学风。学生作为班级的一个成员，应处理好同学之间、师生之间的人际关系，具备集体意识、责任与担当精神，以建构良好的班级文化。学生还要逐步形成关于自然、社会、民族、国家、世界的认识及相应的行为，树立远大理想、成人信念、积极的人生态度、具有国际视野和人类共同体精神。

（2）"成功"与"成人"两种不同价值观[33]

	"成功"	"成人"
教育目的	● 满足社会需要 ● 得到上级或社会的认可 ● 学生的成名成家	★ 满足学生自身成长的需要 ★ 使学校成为孩子留恋的地方 ★ 使学生具备"为人"的品质
培养方式	● 标准化、训斥式、 　达标式、外显化	★ 启发式、赞誉式、 　自然式、内隐式
学生假设	● 知识的容器 ● 课堂配角 ● 生活中的普通人 ● 身负某种使命的人	★ 知识的探究者 ★ 课堂主角 ★ 生活中的王者 ★ 自然成长的人
评价维度	● 分数、排名 ● 是否成名成家 ● 他人认可度	★ 平时表现（道德品质的外化） ★ 是否幸福 ★ 自我认可度

（3）学生每日"十问"

积极倡导反思型学习，做反思型学生，主张学生每日"十问"：今天我上课认真听讲了吗？今天我的学习任务完成了吗？今天我全身心投入学习了吗？今天我与同学相处和谐吗？今天我为班级做了什么？今天我锻炼身体了吗？今天我是否保持良好的心态？今天我遵守学校各项规章了吗？今天我有哪些收获和进步？今天我心存感激了吗？

（4）三种异化的学生文化

下面三种学生文化要引起高度重视。学生的反学校文化是与学校主流文化相反的次级文化。反学校文化的核心就是挑战权威，异化主流文化尤其是价值观，其表现形式主要有背离、对抗和挑战。享乐型学生文化，这类学生文化的构成主题基本上都属于家庭经济实力好的学生，他们在校期间生活富足，到处游玩享乐；也有一些家庭条件一般的学生，在学校抵挡不住诱惑，容易受周围环境的影响，迷失了自我，整天不知道学习，就知道吃喝玩乐，盲目跟风，一味攀比。封闭型学生文化，现在的学生大多都是独生子女，由于父母外出打工或者忙于工作，不少学生缺少父母的关心和教育，还有些学生长期生活在单亲家庭，心理上难免和其他同学有些不一样，他们不喜欢甚至不能很好地和别人交往，常常闷闷不乐，活在自己的世界里，内心孤僻。

（5）谨防学生行为失范

学生的失范行为主要表现为越轨行为和违法行为，前者即为违背教育习俗、教育规章行为，后者即为违背法律、法规行为。具体可以划分为四类。[34]

失范行为类型	行为目的	行为特征	行为举例
目的型失范行为	谋取个体或群体的功利性利益	理性行为	财产型违法、犯罪，如盗劫、抢劫、诈骗等
价值取向型失范行为	反对学校主导目标、价值观	理性行为	逃学、不诚实行为、教师非正常行为等
情感型失范行为	满足生理、心理、情感上的需求	非理性行为	未成年人杀人、体罚等
传统型失范行为	遵循传统习俗、维护传统秩序	非理性行为	学生讲哥儿们义气、教师非正常行为等

2. 教师文化

（1）教师文化的认识

作为学校文化的亚文化，教师文化即指教师在教育实践活动中所形成与发展起来的特有的价值观念和行为方式，包括教师的价值观、信念、职业意识、思维方式、行为习惯、处事方式等，其中教师信念是教师文化的核心要素，并决定了教师的教师文化中的态度和行为。教师信念就是教师个体所确信的、能够对其教育教学行为起到间接和直接支配作用的一系列相互关联、相互支持的价值判断系统。包括生命信仰、职业理想、教育信念、教学信念、教师角色的认知、学生观、教学效能感、自我效能感等诸多方面，表现为在教育教学中对专业的忠诚、对事业的使命感、对工作的责任心、对专业发展的追求、对专业道德的坚守、对职业的奉献。

（2）五大教育信念

教师要树立五大教育信念。一要相信：最成功的课堂教学，就是要使学生的角色由"听课者"转化成"参与者"，并最终变成"合作者"。在课堂教学中，教师不要急于发表自己的导向性意见，而要耐心倾听学生的各种看法；不要强求学生接受教师的立场，而要鼓励学生提出自己的观点。二要相信：每一位学生都有独特的性格特点，有自己的强势智能。教师要充分尊重学生的个性，挖掘每位学生的潜能，并为学生创造条件发展其优势智能。三要相信：学校开设的各门课程中，没有"主科"和"副科"之分，它们对学生的和谐发展具有同样重要的作用，在实施过程中不能有所偏废。四要相信：每一名学生都会成功，没有学生可以被放弃。热爱一名学生就等于成功一名学生，教师要尊重学生、热爱学生，进而引导学生自信心的建立，促进他们发展与成功。五要相信：新型良好的师生情感关系应是一种真正的人与人的心灵沟通，是培育教师与学生的性情和灵魂的沃土。教师应该深入到学生中仔细观察和用心倾听，通过跟学生沟通与对话，成为学生的良师益友。

（3）教学行为

教师行为指的是教师从事职业活动中所采取的行为方式总和，其中包括教师在课堂上的教学行为，也包括在对待和处理学校日常生活事件中的态度和行为，如管理行为、举止行为、交往行为、专业发展行为等。美国学者芬斯特马赫进一步提出"教师行为通常体现在三个方面：方法、风格以及行为举止。风格从属于这样的行为，即能够体现教师个性的行为。方法是教师有意承担的能够带给学习者改变的行为。行为举止包含了这些特点和情形，即揭示一个教师道德以及理智性格的特点和性情。"[35]

其主体和核心是教学行为。教学行为通常这样定义：教师基于自身的教育思想、教学理念、教学技能、实践经验和个性心理特征，在准备、实施和评价教学的过程中采取的行为方式的总和，是教师在教学过程中，围绕教学目的和要求，由教师在整个教学过程中所体现出的各种显性的和隐性的行为的总体。

根据教学行为展开的媒介，可以划分为言语行为和非言语行为；依据教学行为在教学中的地位来划分，可以分为主要教学行为和辅助教学行为；依据师生在教学中的协作程度，可以被划分为教师独立的行为和学生协助下的行为；根据行为目标达成情况，教学行为可以划分为有效教学行为与无效教学行为。还可以基于教学目标，将教学行为分为呈示行为、对话行为、指导行为、辅助行为、管理行为。其中，呈示行为有：明确讲解教学目标，讲述体现科学性、逻辑性，讲述面向全体学生，教学媒体的使用符合教学目标要求，恰当选择、合理使用教学媒体，合理使用体态语。对话行为有：基于教学目标设计问题，问题体现不同的思维水平，培养学生问题意识，培养学生解决问题的能力，对课堂对话进行反馈。指导行为有：指导学生自主学习，培养学生探究意识，引领学生合作学习，明确课堂练习目的，利用练习巩固知识，对课堂练习进行反馈。辅助行为有：合理期望，引领学生达成目标，正确运用课堂强化技术，培养学生良好的学习动机，营造良好的课堂气氛。管理行为有：依据教学目标有效组织教学，建立有效的课堂管理规则，正确处理课堂问题行为及突发事件，有效把握教学中的预设与生成。[36]

（4）谨防教师行为失范

教学行为失范。师本现象依然存在。教学中学生的个性仍然得不到张扬，学生的主体意识和创造性受到遏制，学生的思想自由受到禁锢。人文关怀得不到体现，对学生缺乏应有的尊重和热情，指责多、关爱少；课堂上对学生态度冷漠，讲课时全然不顾学生的反应，无视学生这个有生命、有感情的个体的存在。教学观失衡错位。有些教师不负责任地将个人对社会、学校不满的消极思想随意在学生面前释放，并传播不利于学生身心健康发展的错误思想，将课堂当作个人极端思想的贩卖场。

管理行为失范。体罚现象经常出现，有些教师科学管理观念淡薄或自身情感受挫，将学生当成发泄的对象，体罚或变相体罚学生。不公平现象依然存在，有些教师偏心所谓的好学生，冷漠所谓的差学生，忽略一般学生。师生冲突时有发生，教师在批评学生时，不注意场合，语言粗俗，甚至动手教训学生，学生反击，以致发生不该有的尴尬事情。

举止行为失范。仪表形象和举止过于随意，有些教师不修边幅，给人以十分懈怠的感觉；有些教师形成一些不好的习气，双手插入口袋或讲课时身上的手机响个不停。公共场合修养表现欠佳，有些教师在公共场合过于随便，听报告时交头接耳，不尊重报告人；课间休息时在楼道里大声说笑，与学生聊天还夹带一些不文明的用语；还有些教师在学生中随便议论和贬低其他教师或领导，这些都使教师令人尊敬的形象大打折扣。

（5）教师的二十项修炼

郭元祥先生论及到的教师的二十项修炼实际上是教师文化的综合体现：教师的服饰——服饰是信任的外衣，教师的微笑——身体的教育意义，教师的语言——沟通无限，教师的习惯——习惯成就人生，教师的宽容——一种教师美德，教师的德行——用德行育人，教师的智慧——成为一个大智的人，教师的情感——做一个多情善感的人，教师的规划——自主思考并规划教育人生，教师的阅读——过一种阅读的生活，教师的研究——专业发展必经之路，教师的反思——新型教师的必备能力，教师的写作——教育生活体验的表达，教师的幸福——体悟教育之美，以生为本——人的教育，课程意识——超越书本中心，跨越边界——知识之后是什么,教学艺术——学习的革命,寻找声音——一种重要的软实力,教育之梦——做个有信念的教师。[37]

(6)好教师的标准

校长眼中的好教师的标准:关心爱护学校、熟知学校办学思想、为学校争得荣誉、教育教学效果好、对中高考有较深入的研究、思想品德教育能够取得实效、工作积极主动、深受学生喜爱、善于协调关系、有发展理念、与校长是朋友。

校长不喜欢的教师却比较明显,下面几类就是:有损学校声誉、固执己见、叫苦叫累的、对学校决定评头品足、不团结的、教学能力差、不思进取的。

学生给教师的十五条建议:如果您的课再生动些、凝练些,我听讲时就不会打盹了。请把微笑带进课堂。在课下,请以朋友的身份出现在我们面前。为人师表,不仅表现在课上,还表现在课外。您的一个微笑,我的一份信心。请多关注我,因为我很出色。请用朴实的语言教育我们。总被阴雨侵袭,花儿是开不好的。请多给我一些建议,少给我一些命令。爱每一个学生,才会得到每一个学生的爱。我们爱您,也有点怕您,请让我们把爱留下。要求学生做的事情,请您先做好。威信远远强于威慑。教育学生,何必春蚕到死、蜡炬成灰?平时的细雨润物、诲而不倦足矣。要学会珍惜自己的身体。

3. 人际文化

(1)多样的人际关系

在学校里,人际关系主要有教职工之间、师生之间、同学之间、教师与家长之间、教师与管理者(领导)之间等多种。它们是一所学校的学风、教风、校风、精神面貌的最直接、最直观的整体反映。建立人际文化的基础不外乎有尊重与诚信、关爱与互助、包容与共生。

(2)师生关系

师生关系是学校里最基本、最重要的人际关系,不仅是顺利完成教育教学任务的必要手段,也是衡量教师和学生学校生活质量的重要标准,对学生在校的发展和今后的成长都起着至关重要的作用。正因为如此重要,师生关系也即成为最为活跃的相对独立的研究领域。近三十年的研究,众说纷纭,分歧仍然较为明显。"展望今后的师生关系研究,在本质和内涵上要回归生成过程的考量;在结构上应做一般性的动态考察,也应深入文化情境做现实性的关怀;在特征上要扩大和深化问题域;在类型上要致力于寻找分类的拐点；在影响因素上应提升至复杂性思维的高度；在建构策略上应突出重点，兼顾整体，变革举措要具体化。"[38]一般地认为，师生关系主要有：以年轻一代为成长目标的社会关系，如代际关系、政治关系、道德关系、法律关系等；以直接促进学生发展为目的的教育关系，如教育与被教育关系、组织与被组织关系、引导与被引导关系、平等的交往关系和对话关系等；以维护发展教育关系为目的的心理关系，如人际认知关系、情感关系、个性关系等。[39]

（3）教职工与领导之间的关系

在中国也成为一种特殊的人际关系。我在处理这类人际关系时注重把握两个前提——尊重与平等，两个核心——教职工做好学校本职工作与促进教职工发展，两种方式——科学管理与人文关怀。十条策略：用光明前景鼓舞人，用光荣事业凝聚人，用敬业奉献感动人，用学术权威征服人，用心灵沟通打动人，用人文关怀温暖人，用人格魅力赢得人，用奖励措施激发人，用丰厚待遇留住人，用和谐环境感染人。"十多十少"：多一点平易近人、少一点架子摆弄，多一点诚心实意、少一点权术玩弄，多一点宽容、少一点苛求，多一点服务意识、少一点图恩图报，多一点热情、少一点冷漠，多一点实际、少一点应付，多一点倾听、少一点厌烦，多一点肯定、少一点指责，多一点关心、少一点说教，多一点笑容、少一点"脸色"。努力营造"积极向上、勤奋工作、团结合作、自强不息、追求卓越"的教师工作氛围，"尊重、诚信、宽容、关心、共生"的教师人际环境，"归属感、责任感、荣辱感、危机感、幸福感"的教师工作生活的体验。

七、校长文化

1. 校长角色

一直以来，在我国"校长"主要是一个职务，是具有一定行政级别的"官"。2013年2月国家教育部颁布的《义务教育学校校长专业标准》（以下简称《标准》）中明确指出："校长是履行学校领导与管理工作职责的专业人员"。这就是说，校长是一个专门性职业，即校长不仅是职业，而且不是普通的职业，具有专业特征。

一种职业是否为专门性职业,通常要具备如下的特征,比如长期的专业训练、完善的知识体系、系统的伦理规范、明确的从业标准、严格的资格限制、具有专业上的自主性、较高的社会声誉和经济地位、具有发展成熟的专业组织。显然就目前来说,校长与专业的差距还是很大,目前我国还没有专门培养校长的教育机构,选拔校长也没有严格的资格限制,还没有校长的专业组织,校长办学的自主性还不是很高,等等。甚至对校长是"职业"还是"职务"也有争议,比如张楚廷先生就主张校长是职务而不是职业。[40] 虽然按照我国《职业分类标准》,校长作为"事业单位的负责人",理应是一种职业,但自 1912 年将学堂改为学校,学校行政负责人改称校长以来,校长更多的是一个职务。《中华人民共和国教育法》(1995)第三十条中也说到"学校的教学及其他行政管理,由校长负责"。在现实中,从校长的任用和工作来看,校长也主要是一个职务。2001 年,我国加入 WTO,教育市场、教育竞争以及学校经营等相关概念被引进到教育领域,2001—2005 年间一度掀起了"校长职业化"的大讨论和学术研究,2001 年清华大学为此成立"清华校长职业化研修中心",该中心主任王继华先生就主张"校长职业化"。[41] 有专家认为校长走向职业化的关键:[42] 一是注重校长任职资格的要求,二是职业化实质是校长的专业化,三是职业化意味着精英化、品牌化,四是体现了校长的管理职能与经营职能一体化,五是意味着校长的职业认同和角色自律。十年之后的 2012 年,由大学校长的公开竞聘和当选校长的关于不再申请课题、带研究生等相关工作的公开承诺,再次掀起"大学校长职业化"的讨论和倡议。通常认为,一项工作被称之为职业,有这样几个关键特征:(1)从业者以获取报酬为目的;(2)能为社会提供有用的产品和服务;(3)有普遍的社会需求和较大的从业群体;(4)工作内容独立而稳定;(5)有一定的从业规范。如果依据这样几个特征,校长成为一种职业可能也还有一段很长的路。

怎样做校长,国内有专门的研究,《给校长的建议——101》(王铁军,周在人著,南京师范大学大学出版社,2002)和《给新校长的 50 条建议》(龚正行著,人民教育出版社,2005)较为全面地论述了校长应该做些什么、应该注意些什么(足够多的办法和建议!)。《中国著名校长办学思想录》(朱永新主编,江苏教育出版社,2004),较为详细地研究了高万祥、刘京海、邱济隆、吴昌顺、李金初、韦力、冯恩洪、丁浩生、王志坚、李敬光、耿峰等校长的办学思想和办学实践。《用心做校长》（时晓玲主编，教育科学出版社，2010），从 5 个方面记载了蔡林森、赵桂霞、熊梅、郭涵等 29 位校长的办学历程和办学思想。

如果再看看国外对校长的研究，其结果对我们很有启发。这里我收集了三本美国有关校长研究的著作。【美】Todd Whitaker 著，2003 年出版的《优秀校长一定要做的 15 件事》（卜媛媛译，中国青年出版社，2007）告诉我们校长要关注和重视的问题：人是关键，关键变量是什么，每时每刻尊重每一个人，校长其实是一个过滤器，培养优秀教师，聘用优秀教师，如何平衡应试教育与综合教育，首先关注行动，进而关注信念，应该对谁负责，基于优秀教师的意见进行决断，弄清楚在每一种情况下谁最舒服而谁最不安，了解那些力争上游的人，要乐于关注，随时补救而不是亡羊补牢，在新学年开始的时候明确期望。【美】L.Joseph Matthews，Gary MCrow 著，2003 年出版的《今天怎样当校长》（徐益能等译，中国轻工业出版社，2008）围绕校长角色进行描述，该研究认为校长要充当学习者、领导者、指导者、督导者、管理者、政治家以及倡导者这 7 种角色，该书列举了大量案例指导人们怎样做校长，如何解决校长遇到的各种问题。【美】Elaine KMcEwan 著，2005 年出版的《卓越校长的 7 个习惯》（吴艳艳等译，华东师范大学出版社，2007）以"如何应对教师的愤怒、苦恼、倦怠和困惑"为主题，告诫校长要做一名果断的管理者，做一名个性的示范者，做一名有效的沟通者，培养积极的校园文化，做一名突出的贡献者，开始果断地干预，从今天就开始做。

校长角色，较一般观点，也是《标准》遵从的校长角色，即教育者（政治的、道德的、文化的），领导者（课程的、教学的、教师发展的、教育研究的），以及管理者（团队的、组织的、社会的）。关于校长角色，美国学者 TerrenceE.Deal 和 KentD.peterson 从学校文化的角度提出了八种[43]，即历史学家、人类学侦探、幻想家、行走的符号、陶工、诗人、演员、治疗师。这种用隐喻的方式来表达校长角色很有意思，也很有价值。这里我们认为校长除了是"师生员工的教育者""学校事务的管理者""学校共同体的领导者"之外，我需要强调另外两个角色："国家教育意志的执行者"和"学校教育与管理的研究者"。校长的职业道德和专业伦理，要求校长必须体现国家意志，严格执行国家对教育和办学的政策、法规和规定，比如新《标准》中提到的"保障适龄儿童少年平等接受有质量的义务教育，着力保障农民工子女、残疾儿童少年、家庭经济困难学生的受教育权利"。"认真落实义务教育课程标准，切实减轻学生过重课业负担，不得随意提高课程难度，不得挤占体育、音乐、美术及少先队活动等课程的课时，确保学生每天一小时校园体育活动"。"建立完善促进学生全面发展的教育教学评价制度，不片面追求学生考试成绩和升学率"。教育是一门科学，管理在一定程度上就是发现问题、解决问题的过程，领导理论如何结合本校的实际等问题的有效回答都需要校长的"研究"[44]，学校发展规划、学校文化建设、学校课程设计、学校评价改革、教师校本培训等诸多的实际问题的解决也需要"行动研究"，所以研究者角色是校长专业性的重要特征，尤其是倡导教育家办学的今天，研究者的身份就更为突出。

2. 校长职责

关于校长职责，《标准》主要从"价值领导""教学领导""组织领导"三个角度提炼出了六个方面。这里既借鉴了美国、英国、澳大利亚等国的校长专业标准，也结合了我国的学校管理实际。比如美国《学校领导标准》（1996）中校长职责主要有：创建学习愿景、领导课堂教学、学校组织管理、学校公共关系、校长个体行为规范、校长社会影响力。另外关于校长的职能（首要的），权威的也是普遍认可的观点是：[45]（1）促进教学技术和方法的改善；（2）确定课程的设置适应学生需要；（3）指导教师去激励学生努力学习达到他们的最佳标准；（4）向教师提供个性化教学的机会；（5）指导教师根据各年级的水平调整课程，使课程体系化。校长的次要工作职能：（1）与学生和员工打成一片；（2）维持学校正常运作；（3）安排学校活动；（4）保持学校纪录；（5）履行由上级部门分配的其他管理工作。

价值领导是校长的首要职责。价值领导是指有意识地运用组织核心价值观去引导、整合和规范组织成员个体的价值观，使组织成员认同并奉行组织核心价值观，从而实现组织共同愿景的过程。一般主要包括：塑造共同愿景、注重价值引领、强化自我领导。比如，我校在认真总结办学经验的基础上，经全校教师的讨论和通过，提出了自己独特的价值体系，包括学校愿景、学校使命、核心价值、办学目标、培养目标、价值品质、校训、教风学风校风、学校精神等。

关于课程领导，据文献记载和分析，在我国，"课程领导"一词几乎与我国新一轮课程改革同时出现。根据《中共中央国务院关于深化教育改革全面推进素质教育的决定》（1999年6月）和《基础教育课程改革纲要（试行）》（2001年6月）这两个重要文件的精神和国家课程改革方案的具体要求，学校层面校长面临的重大变化之一就是要由"课程管理"转向"课程领导"。由此"课程领导""校长课程领导力"等概念就进入了研究视野。十年来，围绕校长课程领导的价值、内涵、任务、方法、影响因素、实施策略、提升途径等方面展开了一系列的理论研究，然而校长课程领导不只是一个理论课题，更是一个实践话题。

据调查，在新一轮课程改革中，"教师的课程权力较小，教师课程领导相对薄弱，课程领导作用发挥不足。虽然学校某些与教师工作相关的重要决定，教师也有一定的参与机会，但总的来看，教师参与学校课程与教学事务的机会较少，程度较低。特别是普通教师参与学校的课程与教学事务的机会更少，其涉入课程与教学事务的程度也更低。"[46] 还有调查表明："教师对新课程的适应性，从教师在态度、理念、能力、行为四个维度的得分率来看，适应状况可依次排序为教师的态度适应＞行为适应＞能力适应＞理念适应，具体可表述为教师态度适应良好、行为适应较好、能力适应一般、理念适应不良。"[47] 由此可见，学校层面的课程改革仍存在不小的问题，而这些问题在一定程度上与校长的课程理论水平和素养、课程领导意识和能力有着直接的关系。在现实的学校管理实践中，校长如何开展课程领导也成为校长的一个困惑。

"校长在课程发展方面的专业技能不足，校长欠缺课程领导的专业技能，校长对课程与教学工作的疏离，校长校务过于繁忙，学校组织的扁平特征，课程决策的松散特性，校内人员参与专业发展的意愿不足，部分缺乏正确教育理念的家长的校务介入，教育行政部门急功近利，追求表面绩效，校长任用制度不利于学校落实课程改革要求。"[48] 这既是对学校课程领导中校长知识、能力及工作方式等方面缺陷的一个真实表达，也是对校长课程领导的基础性前提的一个现实描述。理性地分析，"校长课程领导"一词中包含了"校长""课程""领导"三个关键词，也包括了三种意蕴：首先是"课程领导"而不是"行政领导"。与"行政领导"相对应的是"学术领导"，显然，没有学科背景、专业知识、学术精神、科学态度的人是很难从事本学科领导的，所以很难想象，一个不懂课程的人怎样来领导课程改革。

显然，只有懂得课程实施理论的人，才能更好地落实国家课程、实现课程目标；也只有懂得课程编制理论的人，才能科学的规划、开发校本课程。由于我国课程理论学科建设起步晚、发展慢，课程论基本还没有纳入大学本科教育的课程体系，所以现实学校中校长基本上没有系统接受过课程论的教育。因此，实践课程领导的当务之急是提升校长的课程理论修养和课程开发能力。其次是"课程领导"而不是"课程管理"。课程领导，相对于课程管理，就是要加强对教师的引领、指导、交流、培训以及组织。在课程管理范式下，在教师的思想、观念以及行动中，与课程相关的基本上只有课、教科书、教辅资料等概念，而诸如课程改革、课程设计、课程实施、课程评价、课程标准、课程目标、课程内容、校本课程、课程开发、课程资源等概念几乎都与己无关。面对课程改革，教师在接受新课程理念、角色改变、适应新工作方式、适应新学习方式、学习新技能、教学策略变化等很多方面都存有困难和问题。所以，校长课程领导的责任很大，如确立教师课改立场，建立教师课改信念，帮助教师克服困难，增强教师课程意识，转变教师课程观念，普及教师课程知识，提高教师开发课程能力，打造教师课程文化。再次是"校长使命"而不是"校长政绩"。在一些校长的心里，课改就是走过场，搞花架子，所以校长的工作基本就是做点新花样，仍是以"应试教育"为主体、以升学率为政绩。诚然，校长肩负着为社会主义现代化建设培养人才，促进学生、教师和学校的协调发展的历史使命，学校义不容辞地承担着课程改革的社会责任，必须忠实地执行国家的课程改革，教师要成为课程改革的坚定拥护者和积极参与者。

在传统的学校管理中，似乎教学管理是核心、重点，学校专门设置教务管理部门、设置教学副校长也充分说明了教学管理的重要性；相对的，课程就没有受到应有的重视。在新一轮课程改革中，倡导课程领导，归根结底是由课程在学生成长和发展中的重要地位和重要作用决定的。古今中外的课程改革无不都证实，课程结构、课程内容、课程实施方式乃至课程评价都成为影响学生成长的直接而重要的因素，课程结构、课程内容、课程实施方式乃至课程评价中任何一项或多项发生改变，培养出来的学生都是不同的。正因为如此，在现代学校管理中，课程管理和领导凸显出更深远的意义；同时，在现代课程理论中，教学被认为是课程实施的主要方式之一。由此，一些学校增设课程管理部门和领导人员是很有价值并值得提倡的。

第五章 如何培养自主和美的人：文化育人

　　课程在学生教育中的重要作用也就决定了课程领导在学校管理中的地位。依据课程改革的基本要求和办学的实际，我们确立了了如下的课程领导目标和任务：（1）努力实现课程改革的培养目标，使学生成为课程改革的受益者。课程改革的成败有很多标志，终极目标当然还是学生的成长和发展，包括结果，也包括过程；包括显性的，也包括隐性的；包括眼前的，也包括长远的。要让学生在学校里，感受到多样化的、结构化的课程，感受到学校为他们的成长提供了丰富的资源，感受到学校为他们的自主发展提供各种各样的舞台，体验到学习、活动的认知过程和情感，体验到课堂的鲜活和生命价值。（2）构建一个符合课改要求的、特色鲜明的学校课程体系和丰富的课程资源。除了从课程管理角度，有国家课程、地方课程及校本课程之分外，从课程论的角度，课程还有学科课程与经验课程、分科课程与综合课程、必修课程与选修课程等多种分类。在传统的课程设置中，存在着学科课程、分科课程、必修课程所占比例较大，经验课程、综合课程、选修课程所占比例较小等结构方面的缺陷，学校要结合学校实际，依据"综合性、均衡性、选择性"三原则，构建多样化的课程类型结构、均衡的科目结构以及具有弹性的空间结构。（3）改变教师"主宰"课堂的局面，使课堂真正成为师生共同成长的场所。课程领导除了抓住课程的宏观层面（课程结构、课程设置等）外，课程实施的微观层面的课堂也是落实课程改革思想和精神的重要阵地。校长可以采取观摩、点评、研讨、指导、引领等多种方式关注课堂：学生学会了什么？收获了什么？成长了没有？学生是通过什么方式学会的、获得的、成长的？教师的行为是否指向、是否支持学生的学习（包括学习情境的创设）？教师与学生的交往、教与学的互动是否恰当、有效？（4）教师与新课程同行，教师在课程改革中实现自己的专业成长。学生固然是课改的受益者，教师作为课改的参与者，同样也是受益者。教师参与各级各类培训和学习，提高课程理论水平；教师参与学校课程改革方案的讨论、参与国家课程的校本化研究、参与校本课程的编制和开发，提升课程意识和课程开发能力；教师参与课程资源的开发和研究，提高自身的专业水平。（5）探索有利于实施新课程的课程与教学管理新模式和学校组织新文化。校长要组织建立和健全学校的课程开发机构，规划与学校发展愿景相适应的课程方案，组织教师培训，引发教师内在动机，积极参与课程改革，组织教职员工和家长、社区开发校本课程和课程资源，及时总结有效的经验，升华理论，形成学习、探究的课程文化和变革、和谐的组织文化。（6）建立切实促进学生、教师和学校共同发展的科学的学校评价体系。评价既是保障，也是导向。所以不管校外怎样评价，学校内部建立起与课改相配套的评价机制和评价体系是课程领导不可或缺的组成部分。

教学作为学校的中心工作，教学管理当然十分重要。对教学活动的计划、安排、组织、协调、控制、检测既是确保教学秩序的基础，又是提高教学质量的保障。然而，当教学管理规范化、科学化达到一定程度之后，当教师们的教学意识、质量意识达到一定水平之后，"教学管理"就要逐步地走向"教学领导"。教学领导不只是教学副校长的职责和任务，教学领导力也将成为校长领导力的一个重要组成部分。

教学领导就不单纯是"管理层面"上的一个概念了，而是一种理念和思想。教学领导要引领教学方向，指导教学改革，打造教研文化，提升教师教学水平，促进教师专业发展，熔铸学校组织精神。

显然，教学领导的切入点是课堂，着力点也应该在课堂，最后的归宿仍然是课堂。通过听评课研讨活动，教学领导可以将它概括为"五部曲"，即观摩、点评、研讨、指导、引领。

校长观摩课堂，目的多种。这次有组织的大规模听评课，显然是以诊断性的目的为主。这次观摩，除了要做定性的描述评价之外，一定要给出一个等级评价。但是不管是什么样目的的观课，我都特别地着重看这样几个方面：（1）学生在课堂中的表现，尤其是学生的思维活动和自主活动的参与程度；（2）教师的行为是否指向学生和学生的有效学习；（3）教师是否关注各种不同层次的学生；（4）课堂是否有检测和反馈；（5）教师的应变能力；（6）教学思路清晰，重点突出，难点突破。

观摩后的点评一定不能少，而且要有一种正确的态度和方法来点评。在目前的点评中，比较普遍是采取"2+1"模式，即点评时讲"2条优点1条建议（缺点）"。这里我想用这样六句话来概括和表达点评人的心态：用欣赏的眼光吹毛求疵，用理性的视角评头品足，用严格的标准精益求精，用虚心的态度学习他人，用远大的志向激励自己，用丰富的思想提升自我。比如我在听完一节"二元一次方程组"后做出了"8+2"的点评：（1）学科教学目标定位准确并落实到位。解方程组的一般程序和方法，解题方法的选择与优化，解方程组的一些特殊技巧，都比较明晰和恰到好处。（2）例题和习题的选配恰当。目的性和针对性明确，层次性和整体性明显。（3）始终强调了数学的根本思想——化归：化三元方程组为二元方程组，化未知为已知。（4）例1的分析起到了典型引领、举一反三的作用。（5）关注新旧知识之间的关系（联系与区别）。（6）提供了自主学习、尝试探究的机会。教师主要是提出要求、提示、总结。（7）高度关注学生的学习状况。（8）教师语言的启发性强，数学味浓，能够不断地激发学生的思维。有两点需要商榷：（1）新旧知识的区别：概念上的和解法上的。（2）交流与合作的效果问题。

以教研组为单位开展总结和研讨，可以推动教研、促进交流、分享智慧、共同进步。在小学语文教研组研讨会上我就如下几个方面提出自己的想法：

（1）关于识字教学。①随文识字与单独识字的关系；②集中识字与分散识字的关系；③整体认知与部分认知的关系；④识与记的关系；⑤识与写的关系；⑥识与用的关系。

（2）关于阅读教学。①整体感知与局部解读的关系；②文本解读与想象、体悟的关系；③阅读与欣赏的关系；④读与记的关系；⑤读与用的关系；⑥读与写的关系。

（3）关于"语文味"。①语言美；②真实美、生活美；③意境美、想象美。

（4）关于语文教师的语文素养。①朗诵水平；②文本的解读和教材的深度把握；③写作与创作能力。

（5）关于"教学味"。①心中有学生、目中有人；②教为学服务；③教师的亲和力和激情。

（6）建议。①不能限定学生的思维与想象，不能过分地重视标准答案；②不要怕学生犯错误，可以将错误看作一种教育资源；③对学生的理答和评价要有丰富性；④处理好"忠实课本"与"课外拓展"之间的关系；⑤倡导教学模式的多样化与个性化；⑥努力提升教师的整体朗读水平和硬笔书法水平。

在小学数学教研组研讨会上我提出小学数学教学呈现出十大优点：（1）十分重视学生的动手操作、直接感知；（2）高度重视学生对数学的感受、感悟、体悟、体验；（3）关注情境的创设，激发学生认知的冲突和引发学生的兴趣；（4）重视数学与生活、生产实际的联系，关注用数学解决实际问题；（5）重视解题思路的多样化；（6）尝试学生编题、提出问题；（7）练习有层次、梯度,结构性好;(8)课件普遍运用水平很高;(9)教学设计不乏许多创新之处;(10)积极认真,准备充分。

提出如下的十点建议:(1)对教材的把握要立足于数学的本质和数学知识之间的联系,不能过分地依赖教材,更不能完全"依据"教材;不要拘泥于教材,而是超越教材;同时要关注教材中的后续知识;(2)教学设计一定要着重关注学生已经知道了什么,知道了多少以及什么程度?学生所知道的对新知识的学习是起积极的支撑作用还是干扰作用?还要关注学生的个体差异性;(3)教学设计和课堂要高度重视新旧知识之间的联系,利用新旧知识之间的关系,通过比较、类比、归纳、演绎等等方法引入、学习新知识是最佳的选择;(4)情境的设计一定要立足于、指向于、归宿于数学的内容而不是其他,要自然、恰当、合理、合情,激发兴趣也最好指向数学的内在兴趣而减少外在的兴趣,不能分散学生学习数学的注意力;(5)不同类型知识的教学,其方法是有所侧重和区别的,比如概念教学重在揭示本质和意义,计算教学重在计算方法和算理,图形教学重在感知和计算;(6)在"明晰"数学方法的同时,要重视"渗透"算理、"渗透"数学思想、"渗透"数学本质,这种"渗透"也许学生不能够接受或者说一次不能接受,但仍然十分重要,也就是说数学素养的修炼是要经历一种从模糊到清晰的日积月累的漫长的过程;(7)认清本质,抓住重点,强化训练(如变式训练、类型训练、分层训练等);(8)重视数学语言的表达和训练;(9)解题训练时要养成读题、分析题意、思考解题思路、书面表达、检验结果等多环节的好习惯;(10)数学与生活的联系中渗透"数学模型"的解题思路,重在"建模"和"实际意义的揭示"。

在小学英语教研组研讨会上我提出小学英语教学的优势和特点:(1)英语组每一位教师个人都很努力,精心设计每一节课,教研风气浓厚,教学成绩突出,这是一个优秀的团队,值得表扬并推广;(2)学生参与程度高(全员性,灵活性,积极性,主动性);(3)情境创设丰富多彩;(4)交际学习方式体现明显;(5)课程资源开发到位、运用恰当;(6)师生互动形式多样;(7)教育技术运用水平普遍较高;(8)教学方法与策略灵活多样;(9)紧密结合学生生活实际;(10)学生学习快乐;(11)课堂气氛十分活跃;(12)师生关系融洽。

需要引起我们注意和思考的有:(1)热闹背后的冷(理性)思考。

第五章　如何培养自主和美的人：文化育人

（小学生学习）第二语言的基本功究竟该如何训练？听、说、读、写在不同的学段和年龄是否有不同的要求？又该如何在教学和学习中有所体现与区别？英语学习（英语能力）如何应对中国的英语考试？（2）关于"教学模式"。教学要有思路与套路，弘扬创新，鼓励教学风格，谨防"模式化"；（3）英语味是什么样的味道。教师英语水平与专业发展永无止境，包括语音、语调、拼写板书等，避免"中国式英语"；（4）关于语感；（5）关于"英语思维"。

初中课观摩后研讨时的发言：

（1）教师的知识娴熟，但如何呈现学科本质、学科结构还需要认真思考；（2）注重了教师提问，但如何引发学生提问，"如何学习"上需要花大力气；（3）关注学生的学习状态是教学的任务和教学质量的保障；（4）反馈、及时反馈是教学的重要环节；（5）把握好教学节奏是确保教学效率的重要前提；（6）白板的使用没有很好地体现帮助学生学习的原则；（7）课堂氛围是影响学习效果的重要因素；（8）教学思维的转换：由关注自己的教转向学生的学习。

就"师生互动"的理解存在一些疑惑，我及时地在教师大会上做了如下的指导（提纲）：

（1）在思想上和行动上是否体现"以学定教""教服务学""教学相长"？学是什么？如何体现学生为发展的主体？为什么个别老教师长进不大？（2）教师安排任务（要求、指令），学生是否"动"起来？动手、动口、动脑，完成的程度怎样？存在的问题和困难，学生不按要求"动"怎么办？（3）教师提问是否有效？问得怎样？时间、对象，学生回答问题有多少人听见？理答。追问，每一次具体提问究竟为了什么？（4）在整节课中，有没有学生以主体的身份独立思考或独立活动的时间和空间？（何谓主体身份？）（5）学生之间是否有互帮互学、交流讨论？效果如何？（是否必须要有？）（6）教学检测与反馈是否到位？是否有指导或强化？（要求当堂教，当堂会）。

学校的教学走向何方？学校的教学形成什么样的风格？学校的课堂有什么样的特点？教师的工作方式有什么样的规律？等等，学校教学文化的方方面面，都与校长的教学引领密不可分。在这次活动的总结会上，从有效性和价值性角度，就课堂教学，我首先提出了四个关注点，以启发教师们思考和借鉴：（1）学生学会了什么？收获了什么？成长了没有？（2）学生是通过什么方式学会的、获得的、成长的？（3）教师的行为是否指向、是否支持学生的学习（包括学习情境的创设）？（4）教师与学生的交往、教与学的互动是否恰当、有效？

其次，从有效性和价值性角度，我提出了课堂教学的八点基本要求：

（1）要有符合课程标准、适合学生实际的，明确的、清晰的、具体的，甚至可测量的教学目标（实际是学生的学习目标），即通过这节课学生将学会什么？收获什么？（2）教师的教学行为指向教学目标的实现，即教师所采取的所有的方法、手段、形式、情境等都是为了学生实现上述目标（而不是做给别人看的）。教是为学服务的；（3）教师的所有行为仍是外因，学生自身的各种活动（听、说、读、写、看、想、做等等）才是学生实现学习目标的内因，学生是学习和发展的主体；（4）外因必须通过内因才能起作用，外因必须转化为内因，所以师生要交往、交流、互动，要反馈、评价、调整；（5）学生的学习活动积极、主动、自觉，学习效果会更好，所以教师要注意激发学生的兴趣、调动学生学习的积极性，要创设良好的课堂气氛和人际氛围；（6）教学内容既是目的又是手段，既是对象又是载体，所以要对教材进行第二次加工，进行适当的处理；（7）面向全体、因材施教是确保有效教学的两个重要原则；（8）让课堂充满生命活力，做一个富有激情的教师。

最后，针对学校教学实际，我郑重地提出六点建议：（1）教师的教永远不能代替学生的学；（2）学生能自己学习的内容教师一定不要做；（3）方法比知识更重要；（4）对学科的内在兴趣很重要；（5）课堂气氛好有利于学生学习；（6）课堂管理必不可少。

组织领导是校长的关键职责，一般主要包括塑造组织文化、推动组织创新、促进组织发展等，比如我们首先确立了学校核心文化"服务，学习，合作"，其他文化如校风、教风、学风为基础文化。这里要特别强调学校应高度重视"变革文化"的形成，师生员工的变革意识、思维模式的创新是学校可持续发展的不懈动力。另外学校作为一个组织发展的实力表现在学校的发展力（潜力、能力），我们认为主要有学习力、创新力、批判力、课程开发力、教学有效力、决策力、执行力、应变力、道德力、生命力等。

《标准》列举了60条职责专业要求，很全面，也很多，但在实际日常工作中备受校长们重视和关注的工作，通过部分校长问卷，主要有：（1）安全；

（2）学校精神文化建设；（3）听课并与教师一起研讨；（4）教师队伍建设和培训；（5）日常工作的计划、部署、监督和检查；（6）课程建设；（7）教学管理；（8）机制建设；（9）公共关系问题；（10）学习等。这里提到了"学习"，可以拓展为校长自身发展问题，这是一个极其重要的问题。对比我国与美国、英国、澳大利亚等国的校长标准，我国《标准》可能缺少了这条，这是我想特别强调的，校长要将自我的发展作为校长的职责之一！甚至可以视为学校的发展目标之一，比如我校的"办学目标"就包括了六项：专家型校长、智慧型师资、多样化课程、鲜活的课堂、人文化环境、健全的学生，其中"专家型校长"就是校长自身的发展目标。

最后，"教育家办学"已成为政府对校长的一种要求，也正成为社会对校长办学的一种期待。校长要努力成为教育家，也成为校长的理想和追求。"教育家办学"的提出都有着很强的针对性和现实性。在现行的办学中，"无教育教学经历的'外行办学'现象在不少地区相当普遍，不尊重教育规律与不按教育规律办学的现象相当严重，缺乏教育理想的'匠人办学'现象相当普遍。"[49] "存在着培养目标扭曲、关爱气氛稀薄、民主领导匮乏、学校发展失衡、学校合作不够等问题。"[50] 还有在办学和教育过程中，"伪教育""反教育"的现象也比较严重，比如"将学生分成三六九等，特别歧视'差生''后进生'"，"用暴力对待'后进生'"，"用非人性的标语口号督促学生拼命学习"，"在学习中提倡竞争"，"拔苗助长，对学生实施过度的教育，过早地给儿童加重学习任务，用承重的学习负担剥夺其幸福的童年。"[51] 更为严重的是教育的异化，教育失身为经济、政治的奴仆。我们提出的"教育家办学"，就是按"教育家办学的范式"办学：问题解决范式——致力于解决现实教育问题，育人核心范式——教育和管理一定只能围绕"人"来展开，理性实践范式——教育家的实践一定是基于理论指导的实践，行动研究范式——教育家的实践一定也是行动研究式的实践，思想引领范式——教育家管理学校的行动方式，人格影响范式——教育家办学的个人品质和人格。

3. 校长反思

校长的成长，没有例外，"反思"必将也是不可缺少的途径与方式。在自身的成长和发展历程中，我深刻地体会到了每日反思的意义，体验到了"每日十问"的价值。

一问今天学校发生了什么？

人们都说学校是个"小社会"，这一比喻是恰当的，并不夸张。学校是人员最密集的地方，是最引人注目的地方，还是最重要的地方。校内人与人的关系（教师与教师、教师与学生、学生与学生、领导与群众、领导与学生等），人与物（如学生破坏公共财物），课堂教学秩序与教师管理、学生活动安全与学生纪律，教师和学生的"吃喝拉撒睡"，与学校有联系的管理部门和领导、所在社区的部门和领导、家长和社会各界人士等等，每天发生的方方面面与大大小小的事情，必然事件与突发事件，校长并不一定都要清楚，但大事要知情，而且事事都需要有记录和存档。校长了解"学校今天发生了什么"，这是校长心系学校、为学校负责的重要体现，尤其是可以为明天将要发生什么做好预案、做好准备，最大限度地避免突发事件的发生。

二问今天我的决策合情合理吗？

在"校长负责制"的管理体制下，校长在学校内部管理中决策权力是比较大的，当然并不排除民主集中制（领导班子、教代会、群众的意见）的作用。通常校长在决策前，要思考、有论证、要民主、有依据，这只是其一，还应该有其二，那就是决策后的深刻反思和理性思考。的确，学校里有许多事是难办的，有些事合法不合理、合理不合法、合情不合理、合理不合情，这常常让校长左右为难、举棋不定，校长常要在"法""理""情"之间寻求一种适度平衡。实践证明，这种适当平衡来自于不断地总结经验，来自于具体问题具体分析。对决策过程和结果的反思是提高校长决策能力的重要途径。

三问今天我讲诚信没有？

本来诚信是每个公民应遵守的基本行为准则，也是中国人的优秀传统美德。在现实的学校管理中，校长常常要面临着诸多的诚信考验。诸如"示范校的检查与验收""课程改革的检查与评比""校本教研的检查""物价的检查""学籍的检查""升学率的宣传""先进评比材料的上报""校长与上级领导的关系""校长与领导班子其他成员的关系""校长与教师之间的关系""职称评定""先进评比""年终考核"等等，都会面临真与假、有与无、多与少的诚信抉择。如果校长总在教师和学生面前说假话、说大话、说空话，教师自己或者叫学生总弄虚作假的话，可以想象，这所学校的校风、这所学校学生的品行、这所学校的社会声誉将是什么样的。我认为诚信对校长而言至关重要，也竭力呼吁校长要做诚信的忠实使者。

四问今天我走近教师没有？

在校长的视野里，学校的教育教学工作主要靠教师来做，校长的办学理念和教育思想靠教师来贯彻，学校的各项管理决策靠教师来执行，学校的改革措施靠教师来实施，所以走近教师、了解教师、关心教师、帮助教师是校长义不容辞的职责和义务。其实，学校不仅是教师工作的地方，也是教师生活的场所，是教师发展的平台，是教师成就事业的天地，所以对教师的工作、学习、成长、生活给予关怀是学校的责任，学校必须要对包括教师在内的全体人员负责。校长走近教师，除了要关心和关怀教师的工作、生活、身体、困难之外，更主要是了解教师的需要，包括心理的需要、发展的需要、专业的需要、精神的需要。校长应把满足教师的各种需要作为一个重要的工作原则，为教师安心工作、乐于工作、勤于工作、和谐发展、充分发展、能动发展创造宽松的环境。

五问今天我走进课堂没有？

校长不能带班、上课，这是应该理解的，但是不走进课堂听课这是万万不可的。课堂教学是学校教育的主渠道，学生学校生活主要是在课堂度过的，教师的才华和人生价值是在课堂上得以展示和实现，学校的教育思想和教学要求是在课堂上得以体现和落实。课堂关联学生的成长，课堂关联教育质量，课堂关联教师水平，课堂关联学校声誉。所以，校长要把握教学，认识教师，了解学生，必须走进课堂。校长在课堂上可以看到学生的学习状态，可以了解教师的教学情况，可以总结教学经验，可以诊断教学问题，甚至可以推断课堂之外的一些情况，比如教师的备课、作业布置和批改、师生关系、教师水平等。

六问今天我了解学生没有？

校长虽然没有更多的机会亲自面对学生授课或者管理，但校长对学生的了解十分重要。"学生是学校的主人""学校和教师是为学生（发展）服务的""学生是教育的主体""学生是课堂的主人""学生是自身发展的主体"等等，这样一些观点和命题无一不说明，校长的领导和管理（决策）都离不开对学生（现实状况和发展目标）的认识和了解，校本课程设置、学生活动安排、课堂教学要求、思想道德教育，以及校长对教师的教学指导和对班主任的工作指导等都要基于学生的实际来考虑。

七问今天我带头做好各项工作了吗？

一般地,学校有"校级领导"和"中层领导"两个层级的班子,少则十人左右,多则二十几人,学校的管理和领导工作(规章制度的执行和检查、各项决策的落实和检查)主要靠这两个班子的人员来做。在现实的干部工作中,难免有推诿、被动、打折扣等这样一些问题和不足,应该说这是管理中的大忌,也成为影响教职员工的工作积极性的不利因素,所以校长要高度重视,并力求解决。我认为校长作为领导班子的班长,带头做好,率先垂范至关重要。如果校长自己都不能率先做好,校长也就没有了威信。

八问今天我读书了吗?

我认为,校长读不读书,显得越来越重要了。据调查显示,校长不读书已成为中国校长队伍建设的一个不小的问题。"校长为什么不读书""校长为什么要读书""校长应该读什么书""校长如何读书"等这些问题我想并不成为问题,在人们的观念里包括校长的思想里都会有个清楚而明确的答案。学生每天在读书,校长也要求教师们要读书,唯独校长不读书,这是万万不行的,校长必须读书。校长读书,可以帮助解决教育教学中的问题,可以帮助解决管理中的问题,可以帮助解决自己心理上的问题,还可以丰富自己的精神世界。

九问今天我做了什么?

一校之长,很受人注目。校长关注教师每天在干什么,同样的教师们也在看校长做了什么。当然,校长做什么并不是做给教师们看的,而是凭着自己的良心、责任感和事业心。显然,现在的校长不可能闲着,有很多的事情可做、要做、等着做,的确校长很忙(当然不排除个别校长游手好闲),甚至有些忙身体都给累垮了。现在的问题是:"你都忙什么了?"许多校长很多时候的回答是:"也不知忙什么啦","好像今天什么都没做似的",所以校长每天自问"我做了什么"是很有意义的。事实上,校长每天面对的诸多事情都有轻重之分,有大小之别,有缓急之不同,校长每天做事要做选择,要分清轻重缓急,不能眉毛胡子一把抓。校长通过"今天我做了什么"的反思,不仅可以提高工作效率和成就感,而且可以提升自己的工作能力。

十问今天我的心态如何?

现在有许多的调查和研究都表明,教师的身心健康出了不同程度的问题。校长何尝不是这样,校长的工作不在多而是难,校长的事务不在繁而是杂,校长累的不是身而是心,尤其是"三座大山"(安全、升学、经费)对校长的压力很大，久而久之校长的心态也会受到不同程度的影响。面对现实，面对困难，面对问题，心态很重要。树立信心、坚定信念、知难而进、自强不息、勇往直前，才是正确的选择。其实如果将工作当作事业做，将困难作为挑战，将学校的事情看作自己的事情，那么教育是幸福的，工作是快乐的，累并快乐着！

八、校园环境文化

优秀的学校文化通常是通过学校标识、学校环境、学校文化设施等物质表现形式来体现，其中学校环境是关键。2006年，教育部《关于大力加强中小学校园文化建设的通知》指出："重视校园绿化、美化和人文环境建设。要把校园建成育人的特殊场所，充分利用校园的每一个角落，营造德育的良好环境和氛围，使校园内的一草一木、一砖一石都体现教育的引导和熏陶。"我们主张校园环境建设应该独具匠心、以物载德、以物化人、以文育人，体现教育与艺术、传统与现代、西学与国学、自然与人文的和谐统一。在设计与建设中，我们充分考虑了这样一些特性。

1. 教育性

教育性是校园环境文化的首要特性，否则就失去了意义。比如：

校徽：

设计校徽的理念和所包含的内容有：

（1）学校中文和英文全称。

（2）建校时间。

（3）"TIS"是学校的简称，为英文名称"TEDA International School"的缩写。

（4）以地球作为"i"上的一点，象征着国际学校走向世界的国际化情怀。

（5）校训：自由、自律。

（6）书，象征着学校是以知识为载体，教人做人，使人成人。

（7）西方的校徽多以盾牌形状，运用西方的典型元素是中西结合的体现。

价值树

（1）这是种植于我校校园内的天津经济技术开发区第一棵树，具有浓郁的地方特色和深刻的象征意义。这棵树已经根深叶茂，预示着国际学校的教育事业正在走向成功。

（2）从某种意义上说，人的成长与树的生长有相似之处，树由树根、树干、树枝、树叶等组成，同样人的生存与发展离不开基本的价值品质。

（3）在这棵树的真实影像上，我们将它分为树干和左、右三部分；相应地，我们将确定的十个基本价值品质也大致分为三组，其中以"尊重"与"责任"为核心。

学校共并排五栋楼，安排了20个小石头，分四组分布在五栋楼之间的四个区域。这20个石头上的20个字和词分别是：礼、诚、信、俭、包容，知、思、理、行、智慧，勤、恒、净、静、合作，善、乐、和、美、创新。

26个英文字母分别代表26个单词，相应的是26个词，做成雕塑分布在整个校园。Appreciation（感激），Belief（信念），Confidence（自信），Dreaming（梦想），Empathy（心灵相通），Fitness（健康），Giving（给予），Happiness（幸福），Imagination（想象力），Joy（欢乐），Knowledge（知

识），Love（爱心），Motivation（激励），Nice（友善），Openness（开放），Patience（耐心），Quiet（安静），Respect（尊重），Share（分享），Trust（信任），Unity（团结），Vigorous（朝气蓬勃），Warmheartedness（热心），X-Potency（无限潜能），Yearning（渴望），Zest（热情）。

还比如有我们的五栋楼名分别是：惟明楼、惟聪楼、至诚楼、至善楼、健康馆（体育馆和食堂），很有教育意义。

2. 整体性

整体设计是校园环境文化设计不可或缺的特性，很多学校、很多校长很难做到。我们按楼和楼层结合学校的核心价值和办学理念分别做了如下的整体构思。

楼名	大厅	一层	二层	三层	四层	五层
惟明	自强	"习惯"养成	"学习"的教育	"劳动"的教育	中国教育家及中国教育	
惟聪	关爱	关爱自然，自然保护等	关爱他人，爱护集体等	关爱自己与理想	国外教育家及外国教育	
至诚	责任	通过现代化学与技术的展示体现责任	通过现代生物与技术体现责任	通过现代物理与技术体现责任	校本教师教育体系和相关内容	信息技术
至善	学校介绍	学校简史与校史馆配套	地理知识、地球、太阳、宇宙等	课程、教学活动及成果	德育、学生活动及成果	学校特色

楼梯（共11挂）：每挂楼梯放置不同的主题（体现学校核心价值和国学、西学的名言，名句，名人，名篇）

图书馆：哈佛大学图书馆二十条，有关读书名言，文学及艺术等综合性

科技馆：科技发展史，中国古代科技、航天、机器人、海洋、克隆、纳米、新能源等现代技术的综合性

艺术馆：拥有绘画、雕塑、书法篆刻、设计等多种艺术形式的综合性

教室内：国旗、校旗、每日十问、守则、价值树、学风

教室外：班牌、班级介绍、学生作品、班级文化展示

楼外：导视系统、文化石、雕塑、楼名、宣传栏、提示语、垃圾桶（体现学校核心价值、办学理念、校风校训等）

3. 主题性

学校三栋教学楼（惟明楼、惟聪楼、至诚楼）分别以学校核心价值（自强、关爱、责任）为主题展开设计，三栋楼的大厅分别是这三个主题的主题墙（图略）。

每栋楼的三层又围绕楼的主题细化设计，如惟明楼是小学一二三年级的教室，对应的三层楼又分别从"习惯""学习""劳动"三个方面表现学生的自强。一年级入学以养成良好的各种习惯为中心，学生要克服很多不良习惯，需要自强；二年级要开始关注学习了，学生要克服不会学习的各种阻力，需要自强；三年级可以做些力所能及的劳动了，要克服惰性，需要自强。

4. 系列化

学校的整体校园设计还形成了三大系列，也成为三大特色。一是文学和国学系列。以四楼长廊图书馆为核心，通过与此相关联的四栋楼的楼梯向外辐射并延伸至走廊，构成章鱼状。二是科技与实践系列，构成双"E"交叉型，一个"E"是水平的以二楼长廊科技馆为轴、分别连接惟聪楼的小学科学实验室、至诚楼的物理实验室、至善楼的劳技、科技、动手活动室，另一个"E"是竖直的以至诚楼为轴、三层分别是化学实验室、物理（探究）实验室以及生物（探究）实验室。三是艺术与创意系列。以三楼长廊艺术馆为主体，辐射到美术教室、书法教室、陶艺教室、画室等。

5. 艺术性

艺术性的表征之一就是漂亮、美观、明亮、优雅。我们主要是通过颜色和创意来实现艺术性。四栋楼分别有红、橙、绿、蓝四种主题色，楼内的多处设计也大胆使用多种颜色组合。

6. 互动性

互动性指的是环境与读者（或者说观众）的对话或操作。我们在科技馆安装了大屏电脑、Ipad、游戏机等，供同学们动手操作和实践。价值品质牌中的第五个元素"你？"，旨在启发读者，与读者互动，请问"你将成为具有什么样价值品质的人？"

7. 数字化

学校在多处运用了信息技术，基本实现了数字化校园，如图书馆里的电子书、科技馆里的平板电脑、分布在楼内所有楼层的校内信息发布系统、

LED 屏、广播站、电视台、校园全覆盖的无线网、监视系统、消防系统等。

8. 充分性

所谓充分性，就是利用校园所有能利用的地方和场所，不留空白。

注释：

[1] 费孝通．关于文化自觉的一些自白 [J]．学术研究，2003（7）．

[2] 张冠生．应是鸿蒙借君手——通观费孝通先生的"文化自觉"[J].
天涯，2010（1）．

[3] 刘长海．呼唤学校文化自觉 [J]．人民教育，2009（7）．

[4] 朱永新．学校文化的危机与救赎 [J]．中国教育学刊，2012（6）．

[5] 王养华．学校文化的十二条标准 [J]．外国中小学教育，1987（6）．

[6] 周焱．学校文化初探 [J]．重庆师院学报（哲学社会科学版），
1990（3）．

[7] 王书金．学校文化及其功能 [J]．吉林大学社会科学学报，1990(6).

[8] 李国霖．学校文化建设与素质教育（面向 21 世纪教育的重要任
务）[J]．广州教育，1993（Z1）．

[9] 顾明远．论学校文化建设 [J]．西南师范大学学报，2006（5）．

[10] 石中英．文化多样性与学校文化建设 [J]．教育科学研究，2003
（10）．

[11] 石中英．学校文化的核心：价值观建设 [J]．教育科学研究，
2005（8）．

[12] 石中英．学校文化建设要有大视野 [N]．中国教育报，2006-6-
22.

[13] 石中英．关于北京市中小学学校文化建设的几点建议 [J]．教育
科学研究，2014（5）．

[14] 张东娇．学校文化驱动模型的基础、需求与贡献 [J]．教育科学，
2013（2）．

[15] 张凤华，张东娇．学校文化建设与评估指标体系的研制与思
考——基于北京市中小学学校文化建设示范校创建活动的研究 [J]．中小
学管理，2014（7）．

[16] 肖正德．基于教师发展的教师信念：意蕴阐释与实践建构 [J]．

教育研究，2013（6）.

[17] 许丽艳 . 传统文化与学校文化建设 [J]. 中小学管理，2008（3）.

[18] 罗儒国,王姗姗 . 中小学教师学校文化满意度调查研究 [J] 上海教育科研，2011（7）.

[19] 邢秀茶,何俊华,茹荣芳 . 学校文化问题透视与建设路径 [J]. 教育科学研究，2012（7）.

[20] 张东娇,张凤华 . 学校文化建设三大问题及其解决策略 [J]. 中小学管理，2015（1）.

[21] 张楚廷 . 教育哲学 [M]. 北京：教育科学出版社，2006：99.

[22] 靳希斌 . 论教育服务及其价值 [J]. 教育研究，2003（1）.

[23] 赵中建,等 . 学校管理体系域 ISO9000 标准 [M]. 上海：华东师范大学出版社，2003，96-98.

[24] 杨骞 . 自主和美教育基础论 [M]. 天津：天津教育出版社，2015. 182-186.

[25] 曾文婕 . 走向文化学习——学习文化的历史嬗变与当代重建 [J]. 课程·教材·教法，2011（4）.

[26] Bernie Trilling. 迈向学习型社会——运用 ICT 学习的全球挑战 [J]. 中国电化教育，2005（1）.

[27] 刘福泉 . 合作型学校初探 [J]. 天津市教科院学报，2010（5）.

[28] 余文森 . 论自主、合作、探究学习 [J]. 教育研究，2004（11）.

[29] 成尚荣 . 教学的再定义及其变革走向 [J]. 人民教育,2012(18).

[30] 陈佑清 . 建构学习中心课堂 [J]. 教育研究，2014（3）.

[31] 刘铁芳 . 教学何以成为美好的事物的经历 [J]. 中国教育学刊，2014（7）.

[32] 王策三 . 教学论稿 [M]. 北京：人民教育出版社，1985：380.

[33] 于天贞 . 品质教育：基本内涵、价值取向与路径选择 [J]. 上海教育科研，2014（11）.

[34] 十二所师大联合编写 . 教育学基础 [M]. 北京：教育科学出版社，2002：217.

[35] 陈黎明 . 教师行为的道德思考 [J]. 教育理论与实践，2015（4）.

[36] 吕宪军,王延玲 . 构建基于目标的教师课堂有效教学行为评价标

准 [J]. 现代中小学教育，2013（8）.

[37] 郭元祥. 教师的 20 项修炼 [M]. 上海：华东师范大学出版社，2008.

[38] 李长吉,陶丽. 师生关系研究三十年 [J]. 浙江师范大学学报（社会科学版），2013（1）.

[39] 十二所师大联合编写. 教育学基础 [M]. 北京：教育科学出版社，2002：134-136.

[40] 张楚廷. 论校长职业与职业校长 [J]. 云梦学刊，2013（1）.

[41] 王继华. 教育经济全球化呼唤校长职业化 [J]. 继续教育，2001（6）.

[42] 王铁军. 科学定位：校长走向职业化的关键 [J]. 扬州大学学报，2002（3）.

[43] Terrence E.Deal，Kent D.peterson. 校长在塑造学校文化中的角色 [M]. 王亦兵译. 北京：中国青年出版社，2006：119.

[44] 杨骞. 研究者:不可或缺的校长角色 [J]. 中小学校长,2008(11).

[45] 张延明. 建设卓越学校 [M]. 北京：北京大学出版社，2008：22.

[46] 王利. 学校课程改革中的教师课程领导：调查与分析 [J]. 内蒙古师范大学学报（教育科学版），2008(12).

[47] 杨丽娟,项纯,李铁安. 我国教师适应新一轮课程改革现状的调查研究 [J]. 课程教材教法，2012（2）.

[48] 余进利. 校长课程领导：角色、困境与展望 [J]. 课程教材教法，2004（6）.

[49] 沈玉顺. 培养造就大批教育家,促进教育家办学局面的形成 [J]. 教育发展研究，2010（6）.

[50] 张新平. 关于基础教育阶段学校办学标准的若干思考 [J]. 教育研究，2010（6）.

[51] 顾明远. 要与反教育行为作斗争 [J]. 中国教育学刊，2011（9）.

第六章
让教育更有价值——学校管理价值体系

一、办学目标

1. 办学愿景

一所学生向往、教师幸福、家长满意的优质学校，一所育人为本、自主变革、和谐发展的有效学校。

2. 办学目标

专家型校长、智慧型师资、多样化课程、鲜活的课堂、人文化环境、自主和美的学生。

3. 教师誓词

国运所系，时代所托，身为天津开发区国际学校的一名教师，我宣誓：忠诚事业，热爱学生；依法执教，身正垂范；志存高远，矢志不渝；崇尚科学，勇于创新；因材施教，有教无类；学而不厌，诲人不倦；精诚团结，顽强拼搏；享受教育，追求卓越。为滨海新区的教育事业不懈努力，为人类社会的和平进步奋斗终生！

4. 教师标准

具体内容			
专业理想	1.1		教育理想
	1.2		人生追求
	1.3		上进心
	1.4		遵守校规
	1.5		爱校情怀
	1.6		同事关系
专业道德	2.1		忠诚事业,依法执教
	2.2		淡泊名利,志存高远
	2.3		爱岗敬业,为人师表
	2.4		关爱学生,无私奉献
	2.5		尊重家长,和谐共进
	2.6		刻苦钻研,严谨笃学
知识	理论知识	3.1	科学和人文知识
		3.2	本学科知识
		3.3	课程知识
		3.4	教学论知识
		3.5	学习论知识
	实践知识	3.6	班级管理知识
		3.7	教育技术知识
		3.8	哲学知识
		3.9	教育信念
		3.10	自我知识
		3.11	情境知识
		3.12	策略性知识
		3.13	批判反思知识
能力	4.1		教学设计能力
	4.2		课程教材开发能力
	4.3		讲课能力
	4.4		说课能力
	4.5		评课能力
	4.6		课堂组织与管理能力
	4.7		课件制作与运用能力
	4.8		心理辅导能力
	4.9		人际沟通与交往能力
	4.10		自我评价能力

5. 校长标准

一个懂教育、有思想、善创新的人,是一个有追求、有事业心和责任感的人,是一个具有时代感、全局观念、战略思维的人,是一个关注社会和谐、心系教师发展、致力学生成才的人,还是一个公正、坦诚、守信的人。

二、办学原则

1. 内涵发展与外塑形象相结合

学校变革首先要致力于学校内涵的发展。何谓学校内涵发展,我们认为应该主要包括这样五个方面:(1)学生质量的全面性与持续性;(2)课程的多样性与丰富性;(3)教学的有效性与正当性;(4)学校制度的适应性与开放性;(5)学校文化的先进性与发展性。同时还要外塑形象,办人民满意的教育。学校除了按学生分数、升学率、学生奖励、学校荣誉、教师队伍、设备设施等教育质量的数量标准让人民满意外,教育质量还包括两个方面能够基本符合人民的期望和要求:教育要在帮助青少年儿童从一个未完成的存在转变为一个比较成熟的社会存在中发挥作用,在帮助人们不断适应社会变化中发挥作用;同时,高质量的教育也必定是一种能够引导人们朝着正确方向发展和转变的教育,这种正确的方向包括对自己国家的忠诚、对民族文化传统的认同以及对社会的责任。

2. 秉承传统与自主创新相结合

国际学校建校 20 年,开创了天津开发区基础教育的先河,开创了基础教育新的办学模式(不仅有九年一贯制,有与国际教育接轨的双语高中,还有纯粹的西方教育的分校和国际部)。国际学校除了引进国外课程和外国教师外,还实施了自主教学法改革,突出了英语教学和外语人才的培养,强调了以教学反思为核心的教师专业发展。我们还将在继承优秀传统的基础上,竭力创办优质学校和有效学校,所有成员都拥有共同的愿景和价值取向,具有不断鼓励学习的机制和学习共同体,拥有一支以教、学、研为中心的合作团队,承担一种责任,致力于师生的共同发展,拥有一种宽容,人与人之间没有歧视,师生能感受到博大的胸怀,赢得家庭和社区的积极参与,敢于改革、勇于创新、不断奋斗、追求卓越。

3. 尊重人性与科学管理相结合

学校对人的管理，首要的是合乎人性，与人的自然性、社会性、历史性、主观能动性保持一致；其次是尊重人的个性与人格，关注人之间的个体差异和性格特点；第三就是将满足个人的需要作为学校整体利益的一个组成部分，人生价值的自我实现、对幸福的追求是"一切有生命和爱的动物，一切生存着和希望生存的生物之最根本的和最原始的活动"（费尔巴哈）。科学管理要管理思想和策略：要依"理"来管，倡导讲"理"之风，要用理念、理想、目标、文化来引领，要制定规范和准则，所有人都不能违背，要用奖、惩来激励和鞭策，要树正气，不能正气不扬而邪气盛行，从我做起，责任重于泰山，细节决定成败，管理者要谨言慎行，言行合理，管理者要有耐心，要有德行。

4. 走向校本与自主开发相结合

学校管理校本化、学校自主发展成为改革和发展的趋势，"为了学校""在学校中""通过学校"是校本的内涵。学校要努力做好国家课程校本化，并全力根据学校实际开发校本课程。教师教育的校本化也成为学校的重要任务和重要责任。建立教育质量保障体系。第一，以结果考察质量；第二，以过程控制质量，不仅明确教育质量目标，而且严明教学过程标准，对教学过程的每一个环节进行质量把关，将质量视为一个持续的改进过程；第三，以文化孕育质量，让每个教师都树立明确的质量意识，领悟质量标准，对质量目标做出承诺，付诸行动，自觉规范自己的教学过程，并对自己的行动结果负责，从而孕育出我们所期望的教学质量。

5. 关注生本与自主发展相结合

努力保障学生权利的实现。联合国大会通过的《儿童权利公约》已经申明，学生是权利的主体，学校教育要遵从儿童利益最佳原则、尊重儿童尊严原则、尊重儿童观点与意见原则、无歧视原则，学校要切实尊重、保障并实现学生的生存的权利、安全的权利、受尊重的权利、受教育的权利。努力做到学生的人格尊严不受到侵害，不讽刺、挖苦、谩骂学生；学生受教育的权利不被侵害，不占用学生上课时间、不改变教学计划。确立为学生发展服务的途径，为学生的自主发展搭建平台。除课堂教学外，高质量地组织社会实践活动、社团活动、竞赛活动、学校管理活动、重大集体活动、主题班会、报告会。

三、办学策略

1. 价值引领，就是澄清价值，确立价值、认同价值、传播价值、践行价值。学校之所以称其为学校（共同体或组织），是因为他有共同的核心价值。"价值缺失""价值不明""价值扭曲""价值虚伪""价值孤独"是现存很多学校的问题。[1]

2. 文化育人，强调的是育人空间时间无限、育人途径方式多种、育人内容形式多样、育人主体多元等。按人的生活空间，通常将教育分为社会教育、家庭教育和学校教育三类。这三类教育各自承担有不同的责任和任务，相互补充、相得益彰，同时也以各自不同的方式对人实施着不同的教育。显然，"文化育人"是这三种教育类型的共同育人方式。

3. 特色发展，"要遵循教育的基本规律，认识学校的文化传统，认识风土文化，认识学校的个体性特征，以核心价值观为传统，以制度创新为抓手，以课程教学改革为重心，以新型交往关系为纽带，'基于学校'，'通过学校'，'为了学校'，走校本发展之路"。[2] 我们初步确立并形成了七大特色：先进的办学理念和科学的思想体系，以十个价值品质培养为核心的德育，丰富多彩的校本课程和艺体活动，以培养学习能力为核心的学科教学模式，促进学生全面和谐发展的学生评价体系，促进教师专业成长的校本教师教育体系，以学习、服务、合作为核心的学校文化。

4. 自主创新，指创新主体独立自主产生创新想法或在借鉴他人的基础上，通过再创造、再开发，并最终拥有自主产权的创新，通常具有新颖性、独创性、价值性、连续性、系列性、扩张性、风险性等特点。学校自主创新旨在强调学校自主变革，自主发展；强调形成自主机制，建立自主机构；强调校本管理，自我管理。自主创新，包括理念创新、制度创新、课程创新、教学创新、管理创新、措施创新等等。不妨以我校持续建设四年之久的"价值品质"教育为例说明学校的自主创新。首先以课题立项方式（教育部课题"转型时期中小学价值教育研究与实践"和天津市教育科学规划课题"价值引领与学校文化建设"）研究建立价值品质体系。广泛依据国内外学校价值体系（澳洲、美国、新加坡、石中英等），在全校教师范围内做问卷调查，从60多个价值品质中确定了十个价值品质：尊重、责任、关爱、理想、诚信、宽容、勤俭、感恩、乐观、和平。并用"价值树"来表示他们之间的关系（做成了"价值树"牌，悬挂在每个班级教室里），相应地，我们将确定的十个基本价值品质也大致分为三组，其中以"尊重"与"责任"为核心。另外又在广泛问卷调查（头脑风暴法）和研讨的基础上，我们选择了 30 位"价值品质"代表人物，并制作成为价值品质牌，悬挂在学校走廊上。设计了十个"价值品质牌"悬挂在校园内。每一个牌包括五个方面的内容和含义。最后我们设计并实践了价值品质教育的十二大途径。价值教育实践成果汇编成了四本文集：《价值教育在 TIS》《价值教育与学校变革》《价值教育与文化自觉》《价值教育与学校发展》，近 100 万字。

四、学校使命

践行更有价值、更高质量的教育，培养自主和美的人。

更有价值的教育，主要指：

1. 人在教育中处于"至高无上"的地位。人是教育的目的（而不是工具、功利），也是教育的起点（而不是知识、分数），人在教育过程中处于主体地位（而不是次要的、低下的），人在自身成长中发挥主体作用（而不是被动的客体），人对"反教育""伪教育"会抵触或反抗。

2. 道德（人格）比分数更重要。虽然"分数"在现实生活中要比"道德"更有实用价值，"有道德"在现实生活中可能要吃亏，"不道德"在现实生活中要比"有道德"更能带来实惠（好处），但随着法治社会的推进和社会伦理的提升，道德（人格）比分数重要会逐步地得到共识。缺德是一个不完整、不健全的人，是一个片面、有缺陷的人。

3. 教授更有价值的知识。教育教学中要考量"什么样的知识更有价值"？"用什么样的方式教授知识会使知识更有价值"？一般来说，在学科结构中最基本和核心的知识、程序性知识、有思维含量的知识、有广泛应用的知识等较为有价值。按照知识的形成过程和学科的发展规律、并遵从学生学习和心理发展规律的方式教授知识，会使知识更有价值。

4. 课堂的生命性。课堂不是干巴巴的、单调的、缺乏情感的知识授受场所。课堂有师生彼此的尊重和关心，有师生情感的沟通和体验的生成，有师生的合作与配合，有思维的碰撞和思想的交流，有师生共同的成长与进步，甚至有欢声笑语。

5. 教育过程的价值性。教育过程中要充分体现对学生人格的尊重、对学生学习方式的尊重、对学生学习过程的尊重、对学生学习结果的尊重,要以学生的实际为起点,理解学生的差异,按学生的成长规律实施教育。

6. 教育方式手段的价值性。切忌以"美好的愿望"为托词不考虑教育的方式和教育的手段,不能以牺牲学生的"利益"而获得教师自己的利益,要坚持"目的与手段相一致"的原则和标准,选择"有效性与价值性相统一"的教育方式和手段。

更高质量的教育,主要指:

1. 先进的办学理念。它是学校的灵魂和精神,决定着学校的气质和面貌,也是学校特色的依据。

2. 科学的教育思想。思想引领行动,思想决定高度,只有科学的教育思想,课堂教学才有效果,学生活动才有意义。

3. 合理的课程结构。它决定了学生的知识结构和能力结构,它影响着学生成长和发展的全面性和持续性。

4. 优秀的教师团队。教师是学校教育教学活动的设计者和组织者,教师是学校管理和变革的主体,教师还是一种重要的教育资源,所以教师团队是影响和制约学生发展的不可忽视的因素。

5. 充足的教学资源。学校具有先进的教学设备,充足的实验室、机房、音体美等专门教室、文学教室、历史教室、地理教室、动漫教室、影视制作教室、棋类教室等,以及高度的信息化,有线无线网络全覆盖、所有信息网络化、现场直播等。

6. 和谐的校园文化。校园建筑本身具有教育蕴意,"让墙壁会说话"也就是要让学校的每一个地方都发挥教育作用,师生关系平等,人际关系和谐,充满浓郁的人文氛围和生命活力。

五、办学理念

1. 办学理念:为了生存而学习,为了发展而教育,为了幸福而奋斗

生存、发展、幸福是人作为生命存在的三个层级,也是人生三种不同的

生活追求；幸福是人生追求的最高境界,也是对人生的理想、价值、体验、心态、精神的最好诠释。办学不只是为了让人活着,而是要让人活得更有意义、更有价值、更加美好。只有终身学习,才能获得生存知识,掌握生存本领,提高适应能力；只有全面接受教育,才能不断完善自己,提升生命质量,创造社会价值；只有胸怀理想、努力拼搏、锐意创新,才能收获幸福人生。学校就是要为人的学习提供环境,为人的发展创造条件,为人的幸福奠定基础；学校应该成为学生自主学习和健康成长的乐园,应该成为教师幸福工作和持续发展的家园；学校生活是人生不可缺少的一个阶段,学校承担着使人成为人的社会责任和历史使命。

2. 教育理念：熔铸精神,享受教育

教育不仅要强健体魄、传授知识、培养能力、塑造人格,而且要凝成理想和信念、形成品格和气质,进而升华为信仰和精神。没有精神就是缺少灵魂,没有灵魂的教育不是真正意义上的教育,民族精神、科学精神、创新精神、道德修养、审美情操都是不可或缺的教育追求。人的成长需要教育,教育是生活的重要组成部分,好教育是幸福生活的体现；教育不是牺牲,而是得到；教育不是付出,而是回报；教育不是灌输,而是点燃和唤醒；教育不是被动,而是主动和自由；教育不是重复,而是智慧和创新；教育不只有结果和目的,更包含过程和体验；教育不仅是师生的现实生活,而且是一种激情奔放、富有诗意的精神生活；教育使人成为人,教育追求崇高,人生享受教育。

3. 管理理念：服务至上, 发展为本

管理是为了质量、效益、秩序、安全,本质是规范、引领、鼓励、激发,核心是人和发展,尊重人、信任人、依靠人、发展人,进而促进学校内涵发展,推动教育事业进步。管理就是服务,要把该做的事情做好；管理要替别人着想,不能做不该做的事情；管理要敬畏生命,生命只有一次；管理要育人,在"被"管理中受到"教育"；管理要关注细节,细节决定成败；管理要承担责任,责任重于泰山；管理要以身作则,为人师表；管理要变被动为主动,形成自我管理的意识和能力；管理要有所为,也要有所不为；管理需要合作,团结就是力量；管理方法很重要,管理者的人格魅力更有效；管理要尽一切可能把事情做到最好,甚至做到极致。

4. 校训：自由、自律

自由是人类之本性，德行之基础，智慧之门，自由是与时俱进、思想解放、学习自主、思维创新、勇于质疑、敢于挑战、善于批判、人格独立，自由不是主体的随心所欲、为所欲为，而是主体与客体的统一、权利与义务的统一、自由与责任的统一。

自律是一个人行动自由所必备的内在条件，它是一个人修养的起点和基本要求，自律就是要严于律己、宽以待人、道德高尚、行为规范、意志坚强、知难而进、认真做事、持之以恒，自律要求去做应该做而不愿或不想做的事情，不做不能做、不应该做而自己想做的事情。

六、核心价值

我们认为学校中的价值主要由四个部分构成：人类的基本价值，比如：尊重、责任、自由、平等、公正、仁爱、宽容、和平、智慧、乐观、幸福等；社会的主流价值，比如：（国家层面）富强、民主、文明、和谐，（社会层面）自由、平等、公正、法治，（公民个人层面）爱国、敬业、诚信、友善；优秀的传统价值，比如：勤劳、节俭、孝道、恭敬、朴实、善良、纯洁、坦率、感恩、忍耐、奉献等；以及职业的特殊价值，比如：关爱学生、为人师表、爱岗敬业、学而不厌、诲人不倦、合作、自律、专业主义的态度和精神、教育变革的自主性等。五年前，在调查和研究的基础上，我们确立国际学校的十个价值品质，并以之作为价值教育的主线；五年中，围绕十个价值品质，全校教师从十二个方面践行着价值教育，推动着学校的不断发展；五年后，为进一步深化和持续发展，我们再一次提炼学校的核心价值体系（六个字）：自强、关爱、责任。

自强（Self improving），即自己努力，奋发图强、永不停息，包括个人自强与组织自强。自强是一个人活出尊严、活出人生价值的必备品质，是一个人健康成长、成就事业的强大动力；自强需要自立、自信、自尊，自我约束、自我控制、意志坚定，胜人者力、自胜者强；人生之路，从自强开始。自强是一种传统美德，志存高远，积极进取，艰苦奋斗，坚持不懈，勤奋努力，为集体、为国家建功立业；自强是一种时代精神，困难压不倒，厄运不低头，危险无所惧，顽强拼搏，勇于探索，不断创新；少年强，则国强；学生强，则校强。

树立自强的目标有助于克服意志消沉、性格软弱,从而振奋精神,担负起时代赋予的重任。

关爱(Caring),即关怀、爱护,包括个人关爱与组织关爱、自然关爱与伦理关爱,意味着同情、共情、怜悯、照顾、帮助。是人们认识、对待、处理各种关系(人与自然、人与他人、人与社会)的核心价值品质,是创造并保持高尚而深厚的人类关系的基本信念。学校里的每一个人都应该具有恻隐之心、向善之心,关爱自己与他人(同学、老师以及长辈),关爱班级与学校,关爱家庭与社区,关爱自然与人类。仁者爱人,爱人就能体谅他人、理解他人、宽容他人;爱人就会尽己所能地关心、帮助每一个人,救人急难;爱人就可以不惜牺牲个人利益,敢于承担责任。

责任(Responsibility),即人应主动承担的角色义务和对其因过失所造成的后果应承担的责罚。人是一个关系性的存在,个人是他人、社会的责任,他人、社会也是个人的责任。人在关系中承受和承担责任,人的发展是一个责任生成的过程,所以没有所谓的"因为……所以才……"的逻辑推论形式,就是为责任而责任。责任意味着每个人为自己的行为负责,意味着值得信赖而不是让别人失望,意味着我们做任何事情,都要尽最大的努力。责任不仅是后果责任,更是事先的、前瞻的、预防性的责任;不仅是对当代人的责任,也包括对后代人的责任;不仅是对人的责任,而且还要思考对除人之外的其他生命存在的责任。每个人都必须有强烈的责任心和社会责任感。学生要担当起学习和发展的责任,教师要担当起教育和学校建设的责任,校长要担当起实现学生、教师、学校和谐发展的历史使命。

七、价值品质

基于"尊重与责任"为核心的价值教育行动方案(简称 RREP)。

天津开发区国际学校
2010 年 3 月制定 2013 年 12 月修订

我校 2009 年正式加入《中国价值教育联盟学校》(全国共六所实验学校),参与教育部长江学者资助项目《社会转型时期中小学价值教育研究与实践》。在调查和研究的基础上,我们确立了"尊重""责任""关爱""理想""诚信""宽容""勤俭""感恩""乐观""和平"等 10 个基本价值品质（含道德品质、思想品质、心理品质），其中以"尊重"与"责任"为核心，所以本方案命名为《Respect&Responsibility:An Education Programme》，简称 RREP，它包括如下六个方面。

一、将价值教育融入学科教学中（价值教育与学科教学整合）

（提示语：从有效教学走向有价值的教学！好的教学应追求教学的有效性和价值性！）

1. 品德与社会类教学

2. 语言文学类教学

3. 体育艺术类教学

4. 科学类教学

附：课堂教学中价值教育"分析框架"

1. 以教学环节为线索的价值分析

2. 以知识为媒体的价值教育分析

3. 以语言（口头语言和动作）为媒体的价值教育分析

4. 教学事件的价值教育分析

5. 师生关系的价值教育分析

6. 班级课堂氛围的价值教育分析

二、教师的价值观和价值品质对学生的影响

（提示语：教师用自己积极的人生态度、用优秀的价值品质去影响学生，通过真心实意的行动、身体力行的示范来证实言教的真实性与可行性。）

教师的价值品质：

1. 与学生有关的，如"尊重""平等""信任""爱心""关怀"等。

2. 与同事有关的，如"理解""宽容""团结""合作"等。

3. 与工作有关的，如"责任""敬业""良心""奉献""反思""自主"等。

三、以价值品质为主题的班级文化建设

以"尊重""责任""关爱""理想""诚信""宽容""勤俭""感恩""乐观""和平"这 10 个基本价值品质为主题，采取"2+X"的方式在全校开展班级文化建设，其中"2"指的是"尊重"和"责任"，"X"指的是其余八个中的"某一个"，比如"理想"，那么这个班级就以"尊重、责任、理想"这三个品质作为主题并开展教育和实验。具体操作：全校教师大会动员部署，由班主任自选与学校安排相结合，采取横向和纵向对比教育和实验效果。

（提示语：班级文化可以包括精神方面，如班训、班徽、班歌等制度方面，如管理制度、学习制度等，人际关系，如师生关系、同学关系，环境方面，如板报、墙报、教师布置等，活动方面，如班会。活动方面可以参考《(7～14岁)儿童生活价值训练广场》《青年生活价值训练广场》北京师范大学出版社2004.建议先编写"活动活页"，然后再形成"校本教材"。）

附：以"价值品质"为核心的班级文化建设"研究报告框架"（如"尊重、责任、诚信"）

（一）诚信相关概念

1. 诚信的内涵

2. 诚信的意义

3. 与诚信相关的价值品质

………

（二）班级标识（如班歌、班徽等）

（三）班级公约（如各种制度等）

（四）诚信教育的途径和措施

1. 故事

2. 格言

3. 歌曲

4. 影视

5. 书籍

6. 班级博客

7. 角色扮演

8. 体验活动

9. 互助活动

10. 家庭方面

………

（五）案例

………

（六）教育效果

1.学生自评

2.同学互评

3.班主任评价

4.任课教师评价

5.家长评价

（七）附件：各种活动材料（活页）

四、以节日为中心的主题月实践活动

（提示语：以每月的节日为线索设计 12 个主题月，并确立了相应的学生活动。这些活动视各学年、各学段的具体情况有重点的组织和实施。）

五、寓价值教育于学校管理之中

（提示语：体现在管理理念、管理制度和管理行为中，体现在学校生活中。）

1.每天的礼仪活动

2.宣传橱窗

3.名言警句

4.学校的人际交往

……

六、将价值教育融入家庭生活中

（提示语：在学校统一部署、班主任指导下，由家长和学生共同完成。）

1.给学生布置一些在家里做的一些事情

2.与家长合作给学生设计一些活动

七、班团队会

八、社会实践

九、学生评价与奖惩

十、教学管理与校本课程

十一、项目推动和校长引领

十二、隐性课程和学校文化

八、学校精神

1. 通过提炼，我们概括出了这样八种精神："实事求是"的科学精神，"尊重人性"的人文精神，"积极向上"的进取精神，"脚踏实地"的草根精神，"卓尔不群"的创新精神，"精诚合作"的团队精神，"追求卓越"的奉献精神，"自强不息"的奋斗精神。

2. 通过各种活动、工作彰显体现上述精神。由每年的《国际学校的十大新闻》就可以略见一斑。

3. 大兴调查与民主之风，追求科学精神和人文精神

（1）几年来，学校重新修订、研制了共 172 项的规章制度，关于学生管理的规定和制度，全部来自学生的提议、建议以及两上两下的班级讨论、并经学生会讨论通过产生的；关于教学管理的文本由教务管理职能部门起草，中层干部会讨论，征求教师意见，教研组长会讨论，最后经教代会讨论通过；"校风、教风、学风""校训""教师誓词"等都是在全校范围内广泛征集、整理、讨论并通过教代会通过才产生的。

（2）2009 年 3 月 24 日"假如我是校长？"的问卷调查，收回 66 份。汇总的意见和建议共 30 余条：凝聚教师之心，形成教师向上之力；建立奖惩制度，调动教师积极性；把教师利益放在一定的地位，适当组织教师旅游；多与教师沟通，耐心倾听教师的意见；要了解教师的优点和长处，并给予鼓励，与教师做朋友；允许教师出现错误，给予改正的空间，并加以引导；帮助教师排忧解难；为教师提供更多的舞台；做教师的坚强的后盾；多为教师搞些有利健康和娱乐活动，让教师有家的感受；加强教师业务的培训和提升，重视教师的可持续发展；将新的理念渗透在教师的心田，引领教师探索；理顺管理流程，做到分工明确，各司其职；建立制度，有措施，有检查，有反馈；任何事情应有计划去做；长期目标与短期目标结合；认真、努力地布置每一项任务；改善行政部门的工作效率；讲真话，办实事；公平、公正，正直无私，一视同仁；加强硬件建设，改善教学环境；对犯错误的学生要严格处理；没有规矩不成方圆，一个运转正常的集体应该有规可循；走进教室、贴近学生；用人之长，补人之短；校长不能偏听偏信，要了解情况；我将先做好自己；加强与外界的交流，不闭门造车；懂得宣传学校的办学理念、办

学成绩、动态新闻；加强与家长沟通和交流，让家长了解学校。

（3）2009年"好教师""好学校""好校长"标准讨论。涂老师认为，"好教师"具备业务水平高，与学生关系融洽；知识渊博，兴趣广泛，乐于把自己的资源、自己的经验与别人分享。"好学校"具备学习氛围浓重，文娱生活丰富；学生举止文明，教师与学生关系和谐；技长突出，成绩显著。"好校长"具备了解学校的真实情况，不偏听偏信；能作为教师的坚强后盾，给教师支持；幽默，有亲和力。

（4）2014年12月—2015年1月"攻坚克难，实现二次创业目标的大讨论"，召开各类型各层级的交流与研讨会11次，共归纳问题、建议、意见近40余个：年级管理，学科九年一贯管理，部级制管理，班主任工作安排与全员管理，办学理念和教育思想的落实，校本课程的规划与设计，增设优秀文化传统课程，如《论语》、京剧，加强课外阅读，加强学风建设，加强劳动教育，加强礼仪教育，信息技术教材落后，学生上网的正确引导，加强课堂管理确保课堂教学效率，加强听评课的组织，提高校本教研的效果，英语分层教学，教辅资料的遴选，给教师更多的外出学习机会，小学教师外出教研，有些干部存在责任心差、工作不到位的问题，部门领导间多交流沟通，不能工作推诿，个别干部组织观念不够，全局性较差，管理要提高工作效率，减少工作流程，工作落实与检查不够，干部深入基层听取群众意见，干部深入一线解决实际问题，干部多对群众予以关怀与关心，适度开展教职工的文体活动，节能减排，白天开灯，晚间关灯，发布系统晚间关闭，上课铃声两分钟太长，有的党员看不出和群众的区别，希望党员干部在工作中有无私奉献、吃苦在先的意识，个别党员专注自己的事情过多，专注本职工作过少，希望某些党员干部严格遵守学校上下班时间，加强党员学习和培训，上学和放学期间门前的交通疏导与安全，家长的培训，校史馆的后期建设，少应付上级各种检查。

4. 校长寄语与讲话，憧憬理想，激发斗志

（1）《做一个有思想的校长》卷首语

新起点新征程

2010年3月16日

2009年3月16日，是一个曾经让我无限憧憬而又必将铭记一生的日子。

第六章　让教育更有价值—学校管理价值体系

这一天，我迎来了人生中的又一个重大转折；这一天，我荣幸地与天津滨海新区、开发区、国际学校的老师们相见了、相识了。我很幸运，滨海新区和开发区给了我一个实现办学理想的机会，国际学校给了我一个开创教育事业的平台。一年来，我特别感激，滨海新区和开发区的各部门领导给了我莫大的信任、支持和帮助，国际学校的老师们给了我无限的关心、宽容和理解。

在国际学校，我一如既往地执着于我的 15 个"坚持"：坚持将事业放在第一位，坚持严格要求自己，坚持做事精益求精，坚持不说假话，坚持虚心听取师生员工的合理意见和建议，坚持每天 7 点前到校晚 6 点离校，坚持学校只要有学生就必须到校，坚持每周一早在校门口迎接师生，坚持学校重大活动亲自部署，坚持每学期至少听课 50 节，坚持将教师的专业成长放在重要位置，坚持走访看望教师，坚持为教师修改论文，坚持每月至少编辑 1 期《校长视线》，坚持每月至少翻阅 10 种期刊。

一路坚持下来，付出很多，收获颇丰。从 2009 年 3 月到 12 月，我编辑出版了 16 期《校长视线》，这里以"TIS 学校文化手册"的名义连同我的几篇论文一并成册。其中，要特别提到一篇采访稿——《从大学到中学不是低就而是升华》。那是在去年 5 月，当《中国教师》杂志副主编张瑞芳女士得知我到开发区再次担任校长职务时，从"学者与校长"的角度对我进行的专访，字里行间记录的不仅是我的工作历程和经验，更承载着我的追求和理想。

"教育家办学"是温总理几次在政府工作报告中提到并强调的，是教育改革和教育发展的呼唤，是人民群众和广大学生的期盼，当然也是我追求的梦想。我通过学习和思考，总结出了"教育家办学"的内涵应该包括用"教育家的精神"来办学，培养和打造新时代的教育家，学校要树立远大理想和目标，学校建设要符合科学发展观，学校管理要符合人性和实际，学校教育要遵循规律和实际。为此，一年来，我确立了国际学校办学和管理的一些基本构想和建构：

一个口号："第二次创业"的口号。

两个办学根基：教师第一，学生为本。

三层理念：为了生存而学习，为了发展而教育，为了幸福而奋斗（办学理念）；熔铸精神，享受教育（教育理念）；服务至上，发展为本（管理理念）。

四个策略：价值引领、文化育人、特色发展、自主创新。

五个原则：内涵发展与外塑形象相结合，秉承传统与自主创新相结合，尊重人性与科学管理相结合，走向校本与自主开发相结合，关注生本与自主发展相结合。

六项目标：专家型校长，智慧型师资，多样化课程，鲜活的课堂，人文化环境，健全的学生。另一种表述：学生全面健康发展，教师专业持续发展，学校内涵和谐发展，学校资源不断增值，社会影响逐步扩大，教育贡献不断增大。

七种精神："实事求是"的科学精神，"尊重人性"的人文精神，"积极向上"的进取精神，"脚踏实地"的草根精神，"精诚合作"的团队精神，"追求卓越"的奉献精神，"自强不息"的奋斗精神。

八类学校文化：基础文化——学风、教风、校风，核心文化——服务、学习、探究，制度文化——教师、学生、学校，特色文化——课程、教学、班级，理念文化——办学、教育、管理，组织文化——人与组织、人与他人、人与自我，变革文化——过程意识、人是决定因素、风险（成本和代价），校长文化——角色认知、干部队伍、骨干队伍。

九个特征的学校愿景：办学理念先进、学校管理规范、充满生命活力的优质学校，学校特色鲜明、办学成就卓越、社会贡献突出的有效学校，市内一流、全国知名、国际上有影响的示范学校。

各位同仁，未来的日子里，我将继续坚守"受人滴水之恩，当以涌泉相报；给我一次机会，还你一份惊喜"的信念，使自己成为一个公正、坦诚、守信的人，一个懂教育、有思想、善创新的人，一个有追求、有事业心和责任感的人，一个具有时代感、全局观念、战略思维的人，一个关注社会和谐、心系教师发展、致力学生成才的人。时不我待，让我们携手前行，共创国际学校的美好明天，共谱教育事业的精彩华章！

（2）《做一个有文化的引领者》卷首语

乘势而上再谱华章

2010 年 12 月

北风吹雁，雨雪霏霏，2010 年已经渐行渐远；蜡梅吐蕊，春潮涌动，

2011年正向我们款款走来。每一次挥手过去,都有太多的不舍和感动;每一回扬帆起航,都充满无限的豪情与憧憬。

对于国际学校来说,2010年是收获的一年。我校教育教学改革稳步推进,校园文化建设有声有色,对外交流与合作实现新突破,办学规模逐步扩大,社会声誉不断提高。尤其是开发区管委会投资1.5亿元重建国际校园,这一重大决策将成为我校发展史上的里程碑,它既体现了政府和社会对学校的关怀和认可,更饱含了各界对我们的信任和期望。毋庸置疑,十六年的岁月,国际学校在举步维艰中开创了一片新天地,但是一路收获不应成为我们炫耀的资本,它更昭示了一个真谛:唯有前行,才有希望!

2011年,我们将继续"第二次创业"的征程。"双建双提"是"二次创业"的目标,即"建设一所现代化和一流的学校,建设学校的思想体系和文化特色;提高学校的教育质量和管理水平,提高学校的知名度和影响力"。虽然"创业"过程可能充满坎坷和挑战,但是正如只有经过泥泞的道路才会留下脚印,成功更容易光顾磨难和艰辛。国际学校美好的明天需要我们今天更坚实的脚步和更精彩的行动。

老师们,让我们一起奋斗!请相信,生命只有不能承受之轻,最具挑战的重任同时也是最强盛生命力的影像;请相信,无论做什么事情,态度决定高度;请相信,只有努力,才有能力,只有用功,才能成功。让我们以爱校的情怀、荣校的责任、兴校的使命,坚持学习、深入思考、潜心教学、精诚合作、开拓创新,通过幸福地工作,获得工作的幸福、人生的幸福!

感谢社会各界对国际学校的大力支持和始终关注,感谢国际学校老师的家属对学校工作的充分理解和全力配合。因为你们的一路同行,国际人一定能谱写出更精彩的篇章!

祝全体教职员工身体健康,阖家幸福!

(3)《做拥有教育家精神的校长》卷首语

砥砺奋进续写辉煌

2011年12月

光阴荏苒,饱含创业激情与成功喜悦的2011年已精彩收官;岁月嬗递,充满挑战更孕育希望的2012年正阔步走来。

2011 年，我们纪念这一年的荣耀，也纪念这一年的辛苦。纪念我校胜利通过天津市义务教育现代化达标检查，办学质量得到了专家组的高度赞誉；也纪念全校教职员工为了这成功而忘我工作的日日夜夜，我们终于迈出了"二次创业"最坚实的第一步。纪念我校中考成绩斐然，荣获 2011 年开发区"教育质量奖"；也纪念为了每一位学生的点滴进步和成长，老师们倾注的心血、挥洒的汗水……其实，我们众志成城的努力都是为了证明：国际学校的发展一步也不会停滞，一步也不曾重复，一路收获，一路高歌。当然，回望不仅是为了纪念曾经的付出和成功，更是要激发我们每一个人的责任与担当，毕竟"二次创业"依然任重道远。第二步，到 2013 年，新校舍全面建成并投入使用，硬件建设达到现代化学校的高标准。第三步，到 2015 年，实现"二次创业"目标，即"建设一所现代化和一流的学校，建设学校的思想体系和文化特色；提高学校的教育质量和管理水平，提高学校的知名度和影响力"。不因成绩而陶醉，不因艰难而放弃——这是国际学校建校以来光辉历程的生动诠释，更是面向未来的深刻启迪！

老师们，让我们不坠青云之志，不移白首之心，用追求诠释人生，用感恩面对生活，用爱心浇灌事业，用智慧享受教育，用拼搏熔铸精神，用胸怀包容彼此，脚踏实地，砥砺奋进，将学校事业推向新的发展高度，使学校事业步入新的发展境界！

感谢各级领导和各界友人对国际学校的深深关爱和鼎力支持，感谢国际老师的家属对学校工作的全力配合和充分理解！

衷心祝愿大家身体健康，阖家幸福！

（4）《行走在"教育家办学"的路上》卷首语

携手同心坚定前行

2012 年 12 月

当 2012 年的余晖依依散去，时光渡船又带走一段难忘的岁月；当 2013 年的曙光照耀你我，我们将迎来又一度火红的年华。

难忘 2012 年，因为我校校园建设一期工程顺利竣工，全校师生拥有了更现代化的办公和学习环境；因为我们的办学思想体系构建完成，它承载了"教育家办学"的精神追求，也将引领着天津开发区国际学校（以下简称 TIS）人脚踏实地地行动。因为这一年，我校在中考、学科竞赛以及各项文体活动中纷纷取得优异成绩，而价值教育、校本课程、课堂教学等方面的探索也卓有成效。因为这一年，我们又珍藏了一个共同的温暖记忆——"爱岗敬业感恩奉献"暨 2012 国际学校教师节颁奖典礼，它体现了学校对老教师价值的尊重，对老教师曾经付出的珍惜。

展望 2013 年，让我们更努力，让我们再前行！因为成就学生是我们肩负的责任，因为发展国际学校是我们必须的担当。让我们尊重学生成长规律，遵循教育规律，构建以"尊重与责任"为核心的价值教育体系，探索以培养学生学习能力为主的课堂教学模式；让我们弘扬科学精神，铸造人文精神，营造"质量优先、和谐共生、自主变革、持续发展"的学校文化氛围。我们期待着每一位老师都能对教育充满理想和敬畏，对实践有着深刻的领悟和有效的行动，对学生满怀爱心、责任心和耐心，每一名学生都能在学校健康全面地发展，充满自信地快乐成长。

老师们，让我们休戚与共，共同奋斗！我们在一起，就像一滴水融入另一滴水，就像一束光簇拥着另一束光。唯有点亮自己，才有个人的美好人生；唯有簇拥在一起，才能照亮国际学校的未来！

感谢各级领导和各界友人对国际学校的深深关爱和鼎力支持，感谢 TIS 老师的家属对学校工作的全力配合和充分理解！

衷心祝愿我们的学校蓬勃发展，再谱新篇！祝愿我们的老师工作顺利，幸福安康！祝愿我们的学生鲲鹏展翅，御风远航！

（5）《让教育家办学的种子落地生根》卷首语

坚守理想奋斗同行

2013 年 12 月

时光匆匆，2013 年在汗水和欢笑中悄然流逝；岁月有情，2014 年交织着憧憬和希望向我们走来。

2013 年，学校改扩建工程一期竣工并顺利搬迁，硬件建设日趋完善，高标准配置的普通教室、理化生实验室、史地劳教室、信息技术教室等相继投入使用，为课堂教学和课程改革提供了有力的保障；信息化校园建设已完成电视台与闭路电视、广播站与广播系统、自动录播、无线网覆盖等项目，正在逐步实现管理、教学、生活等数字化；心理辅导室、咨询室、宣泄室的开放，让压抑的心灵有了释放的空间；设计现代的体育馆，不仅满足了学生强身健体的需求，也丰富了我们的课余生活；宽敞整洁的学校食堂，使全校师生有了良好的就餐环境……

2013年，我们奋斗的足迹清晰可见，通过天津市义务教育现代化达标专项检查和中小学德育工作检查、滨海新区艺术教育工作验收和体育工作检查，诸多方面工作得到专家组认可；价值教育全面融入班级文化、社团活动、社会实践、课堂教学之中，促进了学生、教师和学校的和谐发展；教育科研硕果累累，1项市级、9项区级课题顺利结题，2项市级课题被批准立项，我校再次荣获开发区科研兴校奖；校本课程、教师培养、校本培训等工作有声有色地推进……难忘2013，我们并肩走过的历程，携手创造的价值，共同见证的场景，载入了学校的史册，也写进了我们的记忆。当然，站在新年的起点，我们不仅要回望思考，更要凝视远方。

2014年，我们将在"二次创业"的路上继续前行，去追寻我们共同的TIS梦——创造一所学生向往、教师幸福、家长满意的学校。TIS梦不仅是我们对学校发展的期许，也是我们对肩负责任的承诺。让我们尊重人的成长规律，遵循教育规律，以积极的心态面对教育和改革中的问题，不断探索解决问题的方法，寻找通向孩子的心灵之路；让我们以大爱之心滋养学生稚嫩的心灵，以教育忠诚润泽学生纯洁的情感，以职业责任培养学生远大的理想。2014年，我们别无所倚，唯有对期许的追求；我们别无所长，唯有对承诺的执着。

2014年，我希望，所有TIS人，手能握得更紧，心能靠得更近，情能聚得更浓，路能走得更坚实；我祝福，我们共同的"国际"蒸蒸日上，蓬勃发展；全体教职员工工作顺利，生活幸福；所有TIS学子健康成长，学有所成！

（6）《按教育家办学的范式办学》卷首语

我们正年轻，我们有梦想

2014年12月

2014年，欣逢建校二十周年。二十岁的国际学校，犹如一个风华正茂、挥斥方遒的青年，满怀梦想，充满力量。站在青春的门槛，我们共同思考着：

教育,如何滋养每个独一无二、值得敬畏的生命。

我们认为,人的生命有生存、发展和幸福三个层级,教育的原点必须回到人的生命,教育要点亮人的生命之灯,教育要点拨生命智慧,教育要培养人的自由精神。基于这样的理念,2014 年,我们确立了自己的使命:践行一种更有价值、更高质量的教育,培养自主和美的人;同时,"自主和美"教育体系初步构建完成,七大育人模式即"课程教学""社团活动""实践活动""主题活动""自我教育""自我管理"以及"学校文化"在践行中不断完善。

2014 年,"学校顶层设计与学校变革"研讨会成功召开,"向梦想出发——天津开发区国际学校二十周年校庆"文艺展演赢得社会高度赞誉;从"课程领域""课程类型""课程层级"三个维度建立起来的课程结构,满足了学生自主选择和自主和美教育的需要,致力于"中华传统""国际视野""实践创新"三大特色的 30 多门校本课程,已取得初步成效;建立在"以学为本""少教多学""以学定教"的教学思想基础上的教学规范和教学模式在部分学科课堂教学中开始了应用研究;七年级学业水平测试、九年级中考再创佳绩;合唱团、管弦乐团、中英文剧社、舞蹈团、啦啦操等社团发展迅速,在天津市文艺展演中屡获殊荣;"万象讲堂"开讲,拓宽了学生的知识面;"教师辩论赛"创新了教师在职培训的模式;"自强、关爱、责任"三大核心价值观,"学习、服务、合作"三大核心文化,"学风"作为"学习文化","教风"作为"服务文化","校风"作为"合作文化"逐步形成……

2015 年,让我们昂首阔步,与时俱进,按照教育家办学的范式办学,坚持德育为先,坚守育人为本;将价值观教育渗透于学校教育的各个环节之中,将自主和美之人的培养融入学校教育的各项活动之中;继续深化课程结构的优化,大胆创新课堂教学;继续加大教学管理力度,重视过程管理;继续分级分类打造教师队伍,提升教师专业水平;继续开发和利用信息技术,建设数字化校园;继续校园文化建设,打造生态化校园。

我们正年轻,年轻意味着理性思维中的创造潜力,意味着情感活动中的蓬勃朝气,意味着人生春色深处的一抹清新;我们有梦想,虽然现在我们还不能被称为教育家,但按照教育家办学的范式办教育是我们坚定的行动;虽然前路漫漫,但我们必将上下求索,续写教育人的光荣与梦想!

最后,祝师生的生活更加美好,愿我们的学校更加和谐!

(7) 2012 年庆祝教师节暨二十五年教龄以上教师表彰大会上的讲话
(2012 年 9 月 11 日)

尊敬的各位老师:

下午好!

"9•11"是一个熟为人知的数字,历史上的今天诞生过很多名人,发生过许多重大事件。它不仅代表了保时捷一款汽车型号,也代表着一支与之同名的乐队。当然,历史也赋予过它灰色的记忆,但是今天我们欢聚在这里,是为了庆贺辛勤耕耘了 25 年之久的老教师们,将赋予"9•11"与众不同的含义。

25 年,是 1/4 个世纪,又被称为银禧之年。我们有二十位教师从"不惑"走向"知天命"。二十五年前,他们是初出茅庐的莘莘学子,二十五年后,他们成长为独树一帜的资深教师。岁月的淘洗不曾改变他们最初的梦想,时间的历练难以磨灭他们曾经的誓言。他们坚守一方净土,勤耕三尺讲台;用粉笔书写未来,用生命熔铸灵魂。在他们的身上,我们看到了什么是奉献,什么是言传身教,什么是永恒的真、善、美……

今天也是 2012 天津夏季达沃斯开幕的日子,我想借着这个能够向世界展示中国精神、展现中国元素的日子,对我校的老教师给予表彰,表彰他们爱岗敬业的品质,表彰他们无私奉献的精神,这里我要说,老教师们,你们辛苦了! 感谢你们!

敬爱的老师们,再一次让我们携起手来,同心协力,以高度负责的精神,以饱满的工作热情,为国际学校的第二次创业做出更多、更大的贡献!

(8) 在庆祝建校 20 周年文艺展演上的致辞(2014 年 9 月 24 日)

尊敬的各位嘉宾、家长朋友们,亲爱的老师们、同学们:

大家好! 甲午之年,季秋之月,我们相聚在这里,共同纪念和庆祝开发区国际学校二十年华诞。

二十年春秋代序,国际学校不仅见证了泰达的梦想与辉煌,也见证了泰达教育的变迁和发展。所以,在这20周年的庆典时刻,我们不仅要回眸曾经的灿烂时光,更要让教育理想和改革创新的光芒照亮我们前行的道路,我们的理想就是努力办一所学生向往、教师幸福、家长满意的优质学校,办一所有思想、有精神、有气质的卓越学校。

二十年筚路蓝缕,国际学校从"博文约礼,革故鼎新"开始,到现在的"自由、自律",不断思考"培养什么样的人"之内涵。"学会求知、学会做事、学会共处、学会做人"是联合国教科文组织提出的21世纪教育的四大支柱。德、智、体、美、劳全面发展是我国的教育目标。20年的理论研究和教育实践告诉我们,"使人成人"才是教育的根本宗旨,我们在努力培养具有生存、生活以及追求美好人生的意识和能力的人,能够与自然、社会、自我和谐共生的人,最终成为一个具有健全人格、拥有自由创新精神和能够承担责任的人。

二十年峥嵘岁月,国际学校从开展"新世纪教材"实验、研究自主教学法开始,不断探索"怎样培养人"之路。今天我们确立了自己的使命:

"实践更有价值、更高质量的教育,培养自主和美的人"!

——我们建构了自主和美教育体系,课程教学、社团活动、实践活动、主题活动、自我教育、自我管理成为学校教育的六大主要渠道。

——我们积极推进了以"尊重、责任、理想"等十个价值品质为核心的道德和品格教育,在努力探索以"教会学生学习"为核心的"学科联动、教学耦动、师生互动、共同成长"的教学模式,开发开设满足学生需要的校本课程50多门,社团活动及各种有益活动丰富多彩。

——在这个教育体系和教育模式下,我们已经初步形成了以"学习、服务、合作"为核心的"生态的、现代的、人文的、优美的"学校文化和校园环境。

今天,在国际学校20周年庆典的时刻,我也想和大家一起分享自己30年教育历程的深刻感悟:

当学习成为习惯、工作成为爱好的时候,没有什么困难不能克服。

当教育成为信仰、坚守成为信念的时候,没有什么痛苦不能化解。

当我把热血与精力奉献给学校发展的时候,我热切地感受到了来自同学们和老师们以及家长们的真诚帮助和温暖关爱。

当我把生命与教育融为一体并使其成为我的信仰的时候,我体验到了来自市区各级领导的信任与支持。

教育是理想主义的事业,也是充满温情的事业,更是值得我们为之奋斗的立国、利民的大善之业! 在此,我期待我们大家惟明惟聪,追求至诚至善,坚韧不拔地去奋斗,我们共同享受教育和人生的幸福!

亲爱的孩子们,希望国际学校这片土地不仅能让你收获童年的快乐、少年的美好,也能孕育你创造未来幸福人生的精神,那就是自强、关爱与责任。

亲爱的同事们,希望国际学校不仅能成为您熔铸精神、享受教育的和谐家园,也能成为您实现梦想、创造价值的人生舞台。

金风送爽,硕果满枝——人生的二十岁正是早晨八九点钟的太阳,国际学校的二十岁也正如朝阳灿烂,拥有辉煌的未来!

最后,我再次感谢一路走来的师生员工们,感谢给予我们大力支持的领导和家长朋友们。

祝各位嘉宾、老师和同学健康、快乐、幸福!

谢谢大家!

(9)"攻坚克难,实现学校'二次创业'目标"动员大会会议纪要

2014年12月16日下午,结合滨海新区和开发区"凝心聚力创新发展"大讨论活动,开发区国际学校在至善楼五楼会议室召开以"攻坚克难,实现学校'二次创业'目标"为主题的大讨论活动动员大会,开发区党建工作部副部长刘征、开发区教文卫体局党委副书记郭昶旭、开发区党建工作部于海炎和王毅等四位同志应邀出席会议。国际学校全体教职工与会。

动员大会由国际学校杨骞校长主持。开发区党建工作部刘征副部长做动员报告。刘部长首先介绍了大讨论的背景。他说,本次大讨论是在党的群众路线教育实践活动之后在滨海新区和开发区范围内开展的活动,具有现实意义,因为新区到了发展的关键时期,现任滨海新区区委书记宗国英书记在上任不到两个月的时间里,多次到功能区、委办局进行调研、听取意见,已有56个单位上报了367个问题和建议。对于这些问题,宗书记表示,能够立即解决的马上办,其他问题也要尽快想办法解决。新区发展中出现的问题需要一种形式、一个载体来凝聚力量进行解决,后经区委研究决定开展大讨论活动。刘部长希望老师们像杨骞校长所说,结合民主生活会,为学校发展、为

区域社会事业发展献计献策，这才是大讨论活动的宗旨所在。

接下来，刘部长和大家分享了他学习宗国英书记 11 月 25 日在天津滨海新区"凝心聚力创新发展"大讨论活动动员大会上讲话精神的收获，并谈及了如何开展大讨论的问题。他说，如今滨海新区面临着四大发展机遇，即开发开放国家战略、京津冀协同发展国家重大战略、自贸区申建和天津国家自主创新示范区建设，这些好的机遇摆在这里，新区政府部门、社会事业的发展能否跟上，能否抓住机遇，关键在我们自己。新区核心区的发展为新区的 260 万人口，9 万多家市场主体单位打下好基础，我们所在区域的经济发展、社会文化事业发展都会有一个提升，大家肩上的责任重大。未来几年，南开中学、耀华中学、天津一中、实验中学、总医院、肿瘤医院、儿童医院都要在滨海新区试点，也正在加快建设。新的大规模文化事业的发展马上就要到来，面临大好形势，我们准备好了没有？无论是观念、能力还是工作作风，我们还远未达到要求，如思想不统一的问题，情绪没有理顺的问题，在一些部门存在。正如宗书记所强调的，这次大讨论要"汇聚新区发展的强大正能量"，不仅要提出问题还要提出解决问题的方法，不要一味发牢骚，宣泄不良情绪无利于解决问题，好的工作环境是心往一处想，劲往一处使，大家应从解决问题的角度开展大讨论活动。

最后，刘部长又给与会者讲了三个"老开发"的故事。第一个故事是天津市原副市长、天津市经济技术开发区管理委员会第一任主任张昭若同志的故事。作为开拓者，他们提出创建开发区的设想，终于在 1984 年 12 月 6 日经国务院批准，开发区成为首批国家级开发区之一。"老开发"们凭着一股韧劲，意气风发、干劲十足，在一片盐碱滩上开始了创业。1986 年 8 月 21 日，邓小平同志亲临天津开发区视察，并挥毫题写了"开发区大有希望"七个字，这七个字也成为全国各级各类开发区共享的精神财富和力量源泉。第二个是关于曾担任开发区管委会主任的叶迪生同志的故事。作为中国第一批有突出贡献的专家，叶迪生凭借着专业知识和敬业精神，费尽周折，谈判 5 年，终于把美国摩托罗拉成功引进开发区。第三个是关于冯容的故事。作为民主人士，她为开发区的规划与发展提出了宝贵建议。

之后，杨赛校长以"攻坚克难，实现学校'二次创业'目标"为主题做报告。杨校长首先说明了召开本次会议的目的，就是提高认识、统一思想、凝聚人心、鼓舞士气。开发区建区 30 年来，开发区建设者为我们创造了很好的工作和生活环境，我们不能躺在功劳簿上工作，还需要为开发区的未来发展做更大贡献。作为教师，作为单位成员，我们肩负着两种职责，其一是作为滨海新区的建设者，应了解新区的发展，以利于我们为开发区、新区的发展做贡献；另一个更重要的职责是，作为国际学校的一员，要为学校的发展献计献策，贡献自己的青春和力量。国际学校在 2010 年开学初，就提出了"二次创业"的目标，本次会议既是开发区"凝心聚力创新发展"大讨论活动的动员会，也是我校进一步实现"二次创业"根本目标的再一次动员会。结合本次大讨论活动，学校也做了一些集体活动的安排，主要围绕学校的发展和改革创新做深入讨论。

在报告中，杨校长结合自己搜集到的图片和文字资料，和全体老师一起回顾了开发区创建初期的艰难，建设者们充分发扬"泰达精神"，把一片盐碱滩建设成为一个新城区。开发区的三个标志性建筑物代表了它在不同时期呼唤的精神。在建区 30 周年之际，"泰达精神"又有了新诠释。开发区从总设计师的"开发区大有希望"到"仿真的国际投资环境"，从"为投资者提供方便，让投资者赢得利润"到"投资者是帝王，项目是生命线"从"一站式、一条龙"到"7×24、100-1=0"，从"九通一平"到"新九通一平"，从"服务也是生产力"到"五加二、白加黑"……这些论断，这些口号，这些理念，都已经融化进了泰达人的血液里，落实在了他们 30 年如一日的行动上！

今年也是国际学校建校 20 周年，杨校长从 1994 年建校第一张全体师生合影说起，到 2014 年校史馆的初步完成，以及 20 年校庆文艺展演的震撼人心，特别是管委会领导重新规划国际学校的发展，将原泰达医院用地划拨给国际学校使用，这是学校发展的一大幸事，正是管委会领导的英明决策，才让学校有了更大的发展空间、更现代化的教学环境。另外，当初栽种于我校的"泰达第一棵树"，如今被赋予了新的含义，被称为"价值树"，因为我们期待着开发区的教育和学生像这棵树一样茁壮成长、根深叶茂。此外，还回顾了师徒结对仪式、"TIS 日新杯"青年教师才艺展示大赛、感人至深地从教 25 周年教师颁奖典礼。在学校文化建设方面，国际学校也取得了很大进展，校徽的设计、"体思行"校刊的创刊与出版、"自强、关爱、责任"学校核心价值观的提炼、"自由、自律"校训的形成，"自主和美"教育体系的构建，还有校本课程的创新，如"烹饪"和"木工"即将走进课堂，以提高学生的动手实践能力。建校 20 年后，国际学校更加明确了办学目标，那就是要在打造专家型校长、智慧型师资、多样化课程、鲜活的课堂、人文化环境的基础上培养自主和美的学生。

之后，杨校长又和全体教师回顾反思了学校"二次创业"的历程。2009 年 3 月，国际学校领导班子换届，经过近一年的广泛调查和研究，杨校长提出八个方面的问题，并首次提出要进行"第二次创业"；2010 年 2 月，学校召开全校教职工大会，杨校长除部署新学期的工作外，着重就学校开展"第二次创业"做了动员，他从"学校到底是什么""我们要办什么样的学校""我们如何办学校"这三个基本问题出发，论述了我们为什么要进行"第二次创业"，以及"第二次创业"的主要目标，即"双建双提"，也就是"建设一所现代化的学校，建设学校的思想和理论体系，提高学校的教育教学质量，提高学校的知名度和影响力"。同时，特别强调要"正确地做事"必须把握好五个原则，即以科学发展观为指导、遵循教育规律、激发人的主体性、从实际出发、与上级部门保持一致。最后指出，完成"第二次创业"需要"一种精神""一种态度"和"一种作风"。从 2010 年至今，已近 5 年，反思"第二次创业"的目标，可以说是基本实现，但还没有完全实现。如建设现代化的学校还需要一两年时间才能全部完成，目前硬件设施是现代化的；已基本建立起学校的思想和理论体系，但课堂教学的模式还需探索，课堂教学规律还没有很好把握，教学管理的体系仍需要进一步提升；教育教学质量有提高但不稳定，如果按照发展性评价来看，初中毕业生水平还有提升空间；国际学校在开发区和滨海新区已有知名度和影响力，但是在天津和全国的知名度和影响力还需提高。五年来，国际学校的确发生了很大变化，取得了很大成就，这应该充分肯定。

接下来，杨校长论及了"挑战和机遇"并存的问题。他指出，如今在新的形势下，我们面临更多的挑战，如在多元文化背景下，核心价值仍没有成为社会主流价值，教育的理论与实践冲突并没有减小，教师成长的自我意识仍没有唤醒，开发区创业精神在衰退，开发区人事管理体制方面的局限性，学校课堂教学体系和教学管理机制仍没有形成。当然，我们也有很多的机遇，如社会主义核心价值观教育在全面铺开，国家在加强社会治理体系的建设，以考试为核心的教育综合改革已经启动，京津冀协调发展和天津自贸区的建设将带动教育的大发展，开发区教育环境处于上升的趋势，学校"二次创业"取得了很大的进展。面对挑战，我们是应对还是应付？面对机遇，我们是抓住还是放弃？应付的结果只能是倒退，无论是区域发展还是从个人责任，我们必须选择主动应对、积极应对、自强不息，要为个人人生价值的实现付出努力。更何况我们还有机遇，开发区的教育环境日臻完善，教育水平在不断提升，国际学校现在发展形势很好，很多孩子想进入国际学校上学，但是质量意识和危机意识永远不能丢弃，唯有弘扬"开放、开拓，励精图大业；求新、求实，众志建新城"的"泰达精神"，唯有践行"国际精神"，也就是"实事求是"的科学精神、"尊重人性"的人文精神、"脚踏实地"的草根精神、"精诚合作"的团队精神、"追求卓越"的奉献精神、"卓尔不群"的创新精神、"自强不息"的奋斗精神，才能抓住机遇，谋求更大发展。

报告最后，杨校长和大家分享了一组主题为"2015年就要来了，你拿什么和2014告别"的幻灯片，"人生的道路，是充满挑战的征途，即使受伤，即使哭泣，也要不断拼搏""没有什么值得畏惧，你唯一需要担心的是，你配不上自己的梦想，也辜负了曾经的苦难"……这些充满正能量的文字对与会者而言又是一种启发、激励和鼓舞。正如杨校长所说，无论是老泰达人还是新泰达人，都不能忘记泰达艰难的创业历史，不能忘记曾经为泰达付出心血和生命的人，每个人都应怀着感恩之心，在本职岗位上，把自己该做的事做好，把自己发展好，从而为泰达的发展、为滨海新区的发展贡献力量。

注释：

[1] 王永发. 基于校长价值领导力视角的学校发展逻辑 [J]. 教育研究，2012（9）.

[2] 杨九俊. 学校特色建设："寻找属于自己的句子" [J]. 教育研究，2013（10）.

第七章
让教育更高质量——学校管理操作机制

一、学生管理

1. 学生管理观

学生管理即为教师和管理者为顺利实现教育目标,对学生及其影响学生成长的各种因素所实施的计划、组织、指挥、协调、控制等活动的总称。学校对学生的管理具有鲜明的教育性,对学生管理的过程一定是对学生的教育过程。在这一管理过程中,学生既是管理的对象,也是管理的主体,对学生的管理主要包括学生常规管理、学生组织管理和学生自我管理。

学生常规管理目的在于培养学生的良好的行为习惯,包括学生日常行为规范和学生在教育活动中的行为规范,通常要通过相关制度进行管理。学生组织管理包括正式组织与非正式组织的管理。前者包括共青团、少先队、学生会、班级、学生社团等,后者是学生出于兴趣、爱好、习惯和志向等自发形成的伙伴关系。学生自我管理即为学校通过必要的方式和途径,有意识、有目的、有计划地引导和培养学生进行自我管理,使学生在认识、情感、意志、行为等方面逐步由他律到自律、有不自觉到自觉的过程,帮助学生实现自我完善和自我发展。

2. 学生常规管理制度

如《天津开发区国际学校小学生日常行为规范》《天津开发区国际学校中学生日常行为规范》《天津开发区国际学校学生纪律管理办法》《天津

开发区国际学校上学、放学管理办法》《天津开发区国际学校餐厅文明公约》等。

3. 学生组织管理制度

如《天津开发区国际学校校园广播实施方案》等。

4. 学生的自我管理

（1）学生自我管理的特性

管理范围的广泛性。不仅限于课堂学习，还有课间休息、课外活动以及个人学校生活。从日常的行为习惯到个性品质的养成，从独立的活动到与他人的交往，无不进行着自我管理，其范围是十分广泛的。

管理角度的多维性。自我管理的内涵是一个多维结构：在认识上有自我观察、自我分析、自我评价，在感情上有自我体验、自我激励、自我悔恨，在意志上有自我监督、自我命令、自我控制，在行为上有自我检查、自我训练、自我修养和自我调节。

管理力度的差异性。学生的自我管理的方式、方法随着自己的个体差异也不尽相同，管理的程度和力度也有差异，以使每个学生有效地形成各自的自治、自理、自立的能力。

管理网络的组织性和灵活性。学生个人成长，离不开整个群体，学生的自我管理必须与学生的自治组织管理联结起来，学生在组织中展现自己的个性特长，在组织的监督帮助下提高自我管理能力，并在组织的交往过程中成长。

管理方法的自择性和自我性。自我管理在于"自我"两字，其出发点和归宿在于激起学生自身内在的需要，让学生自我选择适合的方法和手段，以达到自我教育的目的。

（2）学生自我管理的指导

学生的自我管理由于受到自身的心理发展水平和能力的限制，离不开教师和学校的指导：①学校和教师必须依法保护学生，维护学生的合法权益，培养学生法律意识，自觉用法律和制度规范自己的行为；②以正确的评价标准和评价方式评价学生，为学生创造一个有利于学生身心健康和全面发展的学习和生活环境；③与学生双向交流，帮助学生树立正确的人生观和价值观，及时发现并帮助解决学生在学习、情感、道德、心理等方面的问题；④加强对学生的行为引导和控制，及时发现、正确引导并及时解决学生的不良习惯和问题行为；⑤加强心理健康教育，帮助学生克服心理障碍；⑥改善管理，增强管理者的责任感和使命感，及时了解学生的合理需要和生活实际；⑦从方法上，指导学生如何展开学习管理和时间管理，包括如何预习、记笔记、复习、做作业等；⑧班主任在班级管理中要充分依靠学生，每一个人都是班级管理的主人；⑨学校要恰当地、合理地给学生安排好参与学校管理的更多机会和更大平台；⑩学校和教师要努力做好与家庭、社区的沟通与协调，运用多方力量拓展和深化学生的自我管理渠道和途径。

二、学生评价

1. 学生评价观

学生评价即为对学生个体学习的进展和变化的评价，包括学生学业评价、情感评价、品德评价、体质评价、个性评价、特长评价等。学生评价不只是为了"诊断"和"管理"，更是为了"发展"和"导向"。所以对学生的评价要以发展为本，将定量评价、定性评价结合起来，将诊断性评价、形成性评价、总结性评价结合起来，将绝对评价、相对评价、个体差异内评价结合起来，强调评价学生的过程性和表现性、真实性和情境性，以及评价主体的多元和合作。

2. 学生评价系统

（1）毕业学生的全面发展评价

对毕业学生（六年级和九年级）要实施三种评价：一是学业水平测试（其中九年级语文、数学、英语三科学校组织，其他各科全市会考），合格者获得毕业证书（学校自制的），二是所有学生将获得另一个证书，即"十一少年"证书。每一个同学在自己申报的基础上，经全班评选和班主任认定都可以获得一个"十一少年"的称号："全才少年""勤学少年""诚信少年""爱心少年""勤俭少年""乐观少年""责任少年""才艺少年""礼仪少年""自立少年""（特色）少年（"特色"为其他个性优点，可自己填写）"。三是综合素质评价。依据天津市教委综合素质评价体系，对每一个参加中考的学生从信息技术、劳动技术、研究性学习、社会实践活动维度，从道德素养、文化素养、健康素养、艺术素养、社会适应能力等几个方面进行网上评价。

（2）每学期期末学业和表现性评价

每学期期末对学生所学的所有学科（包括校本课程）和课堂表现、日常表现开展定量评价和定性评价，班主任和任课教师都给每一位学生写出评语，并填入下表中。

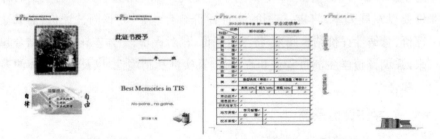

（3）泰达希望之星评选

根据天津开发区管委会规定，每学期学校要参与开发区"泰达希望之星"的评选。学校在评选校级的基础上，推荐区级，由全区统一评定。"泰达希望之星"分别有爱心之星、学习之星、诚信之星、文艺之星、体育之星、科技之星、劳动之星、自立之星、环保之星、全能之星。

（4）书签奖

根据学生的日常表现，每一个为学校、班级、他人做好事的学生均随时可以获得"书签奖"。

（5）"三大奖"

依据我校的核心价值,每学年每个年级分别评选 2 名"自强之星""关爱之星"和"责任之星",除颁发证书之外,将其个人照片挂在学校大厅之中。

（6）其他奖项

根据天津市、滨海新区和开发区的要求,每学年均要评选诸如"三好学生""优秀学生干部""学习进步生""学雷锋积极分子"等荣誉称号,每年还要不定期参与学科类的评奖,比如"好书伴我成长"征文、"泰达中英文演讲"比赛以及美术类、体育类、科技类等。

三、教师管理

1. 教师管理观

（1）教师的三重身份

①作为公民。教师是一个健全的人,身心健康发展、真善美统一的全面发展。②作为"职业"。教师职业更加强调职业道德、职业态度。国家对此颁布了《中小学教师职业道德规范》,党和国家领导人每每都对教师提出明确的要求。通常我们认为教师职业有三种境界:一是用力工作。出于谋生的需要,为了生存而工作,做到道德底线和敬业,做一个合格的教师。谋生没有什么不对,但工作不能仅停留在这种境界。二是用心工作。出于实现人生价值,更多地体现在自我的发展水平,为了发展而工作,具有职业良心和勤业,做一个优秀教师。用命工作。不是不要命的工作,而是将自己的命运与事业结合起来,将事业视为自己最重要的使命,为了奉献而工作,追求教育信仰和职业幸福,做一个卓越教师。这三种境界可概括为:职业境界、事业境界、志业境界。③作为"专业"。我国传统的教师专业含义就是"传道、授业、解惑",通常的、最权威的说法就是"教书育人",比较新的教师的教育教学"专业"内涵包括三个维度[1]:"教会学生学习""育人"以及"服务"。这里的"教会学生学习",其实就是"授业、解惑"或者"教书"的延伸,至于"服务",我认为不能作为"教师专业"的内涵,只能看作教师职业(而非专业)的特点之一。教师专业的根本仍是"育人","教书"也好,"学会学

习"也罢,它既是目的,也是手段,最终还都是为了人的成长和发展。

（2）教师的角色

从社会学角度分析,学校里的教师具有四重身份：1）作为社会成员的教师；2）作为学校成员的教师；3）作为学生社会化承担者的教师；4）作为自身社会化承受者的教师。一般地,作为教育者的角色,主要是：①学校员工与主人；②教学活动的设计者、组织者；③课堂和学生的管理者；④知识与学习的传授者、指导者；⑤学生心灵的培育者与知心朋友；⑥学习者与研究者。

（3）教师作用观：教师是学校可持续发展的源泉,教师是学校教育实践和改革的主力军,教师是自身专业发展的主人。

（4）教师管理的价值取向,教师管理最终在于促进教师的发展,将教师管理寓于教师培训之中,由教师管理走向教师领导。

（5）教师管理：教学行为管理、日常行为管理、年度考核管理、教师聘任、职称评定。

2. 日常行为管理（请假、销假办法）（略）

3. 教师年度考核方案（略）

4. 教师聘任（略）

5. 教师职称评定方案（略）

四、教师培训

1. 教师教育观

（1）教师发展观：师德水平的提升,教育观念的更新,教学能力的增强,教学行为的调整,教学经验的积累,教育智慧的生成,自主意识的觉醒,教育思维的转换,教育幸福的体验,生命价值的实现。

（2）教师成长途径：个人规划与总结,自我学习与读书笔记,听课与评课,交流与合作,课堂实践与自我反思,教育改革与课题研究,专题培训与专家指导。

（3）教师教育原则：终身教育思想,职前职后一体化,专业发展,学校管理,教师需要,制度建设。

（4）教师教育的价值取向：既关注教师发展的工具性价值,也关注教师发展的目的性价值；既关注教师专业的发展,也关注教师的全面发展；既关注个体教师的发展,也关注群体教师的发展；既关注教师的行为,也关注教师的观念；既关注教师眼前的发展,也关注教师未来的发展；既关注教师的特长发展,也关注教师的和谐发展；既关注教师发展的结果,也关注教师发展的过程；既关注教师发展的外在形式,也关注教师发展的内在机制。

2.教师培训途径与策略

（1）教师全员培训（十措施）：个人发展规划、观摩、上研究课、交流、反思、读书、专家报告、学术论坛、课题研究、博客共享。

（2）教师分类（六类）培训：入职教师、青年教师、骨干教师、学科带头人、班主任、干部。

（3）入职教师的培训

所有加入天津开发区国际学校的教师,都要经历如下培训："做一个幸福的教师"专题报告（校长）,"天津开发区区情"介绍（教育局）,"教师培训体系"解读和"教师发展规划"填写说明（教研室）,教学常规和教研工作要求（教务处）,班主任工作要求（德育处）,教师人事和日常管理规定（分管领导）,《校长视线与学校变革》《学校文化手册》《校刊》等学校文化材料（校办）,还要在国旗下庄严宣誓"天津开发区国际学校教师誓词"。

（4）青年教师的"日新杯"培养工程

依据"全面培养与专项训练相结合,统筹安排与循序渐进相结合,校内力量与校外力量相结合,外力培养与青年教师自主发展相结合"的原则,建立了青年教师培养的"师徒结对制度"和如下六年的"TIS日新杯"培养工程：

时 间		内 容
1	第一年	才艺展示（绘画、书法、篆刻、声乐、器乐、曲艺、舞蹈等）
	第二年	理论测评

续表

2	第三年	教学案例与反思
	第四年	教学设计与课件展示
3	第五年	创优课大赛
	第六年	班主任工作总结与交流

（5）名师培养"四个一"工程

名师（特级教师、区级以上学科带头人、省级以上的骨干教师）是相对而言的，他们仍然需要继续培养，甚至要有更高的要求。每位名师每学期要完成以下四项工作：①阅读一本教育名著，并写出不少于一万字的读书笔记。②研究一个教育教学专题，写出有相当质量的论文，并在市级以上的刊物上发表。③指导一名青年教师（至少）。④每学期结束，要针对学校的教育教学和管理现状进行分析，写出分析报告，对学校的发展提出有价值的建议。

3. 个人发展规划

"个人发展规划"由基本信息、三年规划、年度规划、我的成果四个板块构成。其中：

基本信息除了个人自然情况外，还设立了栏目"我的教育理想"和"个人现状分析（含优势和不足）"。

三年规划设立了七项栏目："员工"（教师作为学校主人）、"学习"（教师作为学习者）、"教学"（教师作为教学者）、"研究"（教师作为研究者）、"指导"（教师作为指导者）、"管理"（教师作为管理者），以及"个性化目标"，并从"目标"和"自我评价—完成情况"两个维度来填写。

年度规划设立了八项栏目："读书与学习""教学设计与教学展示"，"听课与评课""交流与合作""实践与反思""科研与改革""培训与进修"以及"个性化目标"，并从"目标""措施"以及"自我评价—完成情况"三个维度来填写。

4. 交流——"日省杯 TIS 教师论坛"

5. 关于实践 [2]

教师的教育教学实践过程也是自身专业发展的过程。首先，教师的教学技能和教学能力的形成和发展来自自身的教育实践。其次，教师的个人知识与实践知识的获得来自于自己的教育实践。第三，教师教育观念的转变和形成要依靠自身的教育实践。第四，教师的教育机制与智慧来自于自己的教育实践。第五，教师的实践也是教师生命延续与体验幸福的过程。教师的教育教学实践过程是锻炼、训练教育教学技能和能力的"场所"，是获得个人实践性知识的主要渠道，是不断地发现问题、解决问题的过程，是产生教育智慧的过程，是教育经验积累的过程，是体验教育幸福的过程，是教师个体生命生长与延续的过程。因而教师的实践本身也就成为教师自身发展和成长的重要途径。

追寻教师与学生的共同发展与成长的教育实践，应该是交往性实践、应用性实践、反思性实践以及探索性实践。教学实践是将一种新的社会倡导教育理论运用于实际的过程，是一个分析问题、解决问题的过程，一个提出假设、验证假设的过程，一个总结经验、吸取教训的过程。因而课堂本身就是教师发展的平台，课堂教学实践本身就是教师发展的过程。

6. 关于反思 [3]

教师的反思即为教师主体对自身、对教育活动及其潜在的教育观念的再思考和重新认识（意识、活动、思维品质、能力、行动等）。学校规定了"六个一"的反思要求：①每节课后写一点教学反思后记；②每周写一篇教学随笔；③每月提供一个典型案例或一次公开课；④每学期做一个课例或写一篇经验总结；⑤每一年提供一篇有一定质量的论文或研究报告，⑥每五年写一份个人成长报告。教师每日十问，做一个反思型教师：上课前还有哪些方面我没有准备好？课堂上我组织教学的情况怎么样？课堂上我充分调动学生主动参与的积极性了吗？课堂上我尊重、激发、引导学生的学习了吗？课堂上学生在知识、能力、方法、情感等方面有什么收获？课堂上我恪尽职守、投入激情了吗？我的教学设计在课堂上落实得怎么样？今天我的"得"与"失"在哪里？明天我还有哪些工作和任务？今天我快乐吗？

7. 关于课题管理

（1）各级课题都有相应的管理制度和规定，如天津市教育科学规划办公布的《天津市教育科学规划课题管理办法》、天津市教育学会颁布的《天津市教育学会教育科研课题管理办法（试行）》、开发区教促中心的《开发区中小学教育科研课题管理办法（修订稿）》。这些办法对课题的立项与审批、开题与研究过程、经费使用和课题变更、成果鉴定与结题、成果应用与推广等方式都做出了明确的规定。学校对区级以上的课题，按照各自的管理办法监督和管理所有课题。

（2）为鼓励更多教师参与课题研究，学校设立了"校级课题"，并给予课题经费资助。其管理基本按照区级课题管理的相关规定。

（3）学校高度重视课题开题与结题工作，课题研究得怎样，抓好开头和结尾。

我校召开"中小学教师职业幸福与价值取向研究"课题结题会

2015 年 1 月 23 日下午，杨骞校长主持的中国教育学会"十二五"课题"中小学教师职业幸福与价值取向研究"结题会在我校至善楼 4 楼会议室举行。参加结题鉴定的专家有天津市教科院邢真研究员（组长），天津师范大学康万栋教授，天津市教研室原副主任、特级教师秦泽明，天津市教育学会副会长田福安，天津市教育学会秘书长、特级教师侯佑垩。另外，开发区教文卫体局副局长周兴文博士、开发区教促中心陈亮老师应邀与会，课题组部分成员也参加了会议。结题会由刘丽莉副校长主持。

会议伊始，杨校长以"教师，说您幸福真的很难吗？"为题做结题报告。杨校长由腾讯教育 2014 年 9 月对教师生存状况近 42 万份的调查导入，回顾了课题申请时的社会背景，论述了课题的意义和研究内容。在介绍研究过程时，杨校长重点说明了调查问卷的研制和调查对象的选择。通过收集各种有关幸福的调查问卷并请教一些教育专家，四易其稿之后，才最终确定了问卷；另外，该研究采取随机抽样的方法，选取滨海新区 19 所中小学的教师作为被试，再采用 SPSS16.0 统计软件进行数据整理与统计分析，得出了调查结果。最后，杨校长介绍了本课题的部分研究成果，并对调查结果进行了讨论并提出了建议。研究成果包括调查报告 3 篇、硕士论文 1 篇、论文 20 篇、读书心得 21 篇、体验反思 60 多篇。在讨论与建议中，杨校长认为，教师职业幸福感有其特性，主要表现为教育性、给予性、精神性、过程性、伦理性、集体性、无限性。在对学校管理提出建议时，杨校长说，关心和帮助教师、对待教师公平公正、建立合理的考评制度在管理策略调查中被排在前三位，这是符合现代管理中"以人为本"的基本理念，而重视教师培训、给予教师精神奖励被排列在后面，这是一件较为遗憾的结果。所以学校管理中关注教师的精神追求、重视教师的精神生活、强调教育生活的精神性和教育事业的神圣性显得较为迫切和尤为重要。在对教师个人提出建议时，杨校长强调了九个方面，即保持良好心态、积极追求事业、坚持静心工作、乐于承担责任、科学艺术教学、始终诚信做人、关注专业发展、善于分享友情、常怀感恩之心。

之后，课题组成员代表刘璐老师和秦雪老师（代李廓老师）分别以"幸福与我们如影随形"和"寻找幸福"为题发言。

在专家点评环节，五位与会专家先后发言，对本项课题给予了高度评价并提出了建议。经过集体讨论后，邢真研究员代表专家组宣读如下鉴定意见：第一，教师的职业幸福感直接影响着教师的工作态度、工作情绪和工作责任心，了解和掌握教师职业幸福感的现状及发展特点，可为促进教师健康成长创设必要条件，引领教师不断地改进个人的教学活动，从工作中享受人生幸福，有利于引导教师克服职业倦怠，促进教师专业成长，选题凸显了以人为本的理念，研究思路清晰，调查工具设计合理，论证和阐释合乎逻辑，研究结论的信度较高。第二，中小学研究幸福感的着力点不是进行理论探讨，而是引导教师不断端正认识、完善行为，追求健康幸福的人生，提高生命质量。课题组秉承这种宗旨，围绕教师职业幸福感这一主题开展读书活动，组织读书心得交流活动，总计撰写小论文和调研报告34篇，其中13篇在《天津教育报》发表。这一研究活动有效地提高了课题组成员对幸福感的认识。第三，课题组在研究过程中归纳总结出教师职业幸福感具有七个独特的个性，即教育性、给予性、精神性、过程性、伦理性、集体性、无限性。这一研究结论对于引导学校教师追求职业幸福，能够起到积极的促进作用。教师职业幸福感与教师工作的价值取向是紧密相关的。教师能从工作中获得乐趣，被排在影响教师职业幸福感的首位因素。这一结论对研究教师追求职业幸福的渠道和载体有重要指导意义。第四，不足之处是研究报告未能将课题组研究的内容全面，科学地概括出来，对有些问题仅做了客观的描述，缺乏深刻的分析，影响了研究报告的整体质量；本课题的研究重心应阐释清楚职业幸福与价值取向的关系,研究报告中这部分内容比较薄弱。专家组经过研究讨论,一致同意给本课题的评价结果是优秀等级。

专家组点评后,周兴文局长代表开发区教文卫体局对专家们来到开发区、来到国际学校参加结题会表示热烈欢迎,同时,感谢我校把课题做得这么好,课题体现了学校对教师的关心与爱护,也希望老师们进一步提高教研和教科研水平,最后,感谢教育学会、教研室、教科院、天津师范大学等业务机构,让开发区的教育得到天津市最高水平专家的指导与帮助,希望专家们能继续帮助开发区建设有特色、有内涵、有影响的教育。

结题会最后,杨骞校长说自己心怀感恩,感谢今天与会的专家们,感谢市区教育学会领导给予的指导和支持,感谢课题组团队为课题研究和学校发展做出的努力。

结题会的召开既是一个结束,更是一个开始,我校将继续在追寻教师职业幸福的路上不断探索、实践,让国际学校的每一位教师过上更幸福的职业生活!

8. 关于"5W2H"研究法及其应用

国外,尤其是美国,从教师专业发展的角度,提出"教师是一个研究者"。我国当下的中小学教师的继续教育尤其是骨干教师培训,也将教师的教育科研方法的学习和研究能力的提高作为一个极其重要的目标。事实上教师要成为一个研究者,这是由教师所从事的事业(人类文化的传承与创新)、承担的任务(不仅要传授知识,而且要发展学生的思维和个性)以及开展的工作(教育教学工作是一种具有极其创造性的工作)的性质所决定的。然而,我国大部分教师对此还缺乏足够的认识,"教育科研无用论""教学、科研分离论(冲突论)"等思想相当普遍;另一方面,"教育科研神秘论""教育科研唯文论"等认识也普遍存在。之所以如此,主要还是因为我们的教师对教育研究尤其是方法论不甚了解。《教育科研指导》栏目的推出,正是基于这一目的。本栏目将重点介绍一些我们教师必须掌握的、有指导意义的研究方法。本文结合实际,首先提出一种具有方法论特征的、行之有效的教学研究思路和策略。

教学研究的方法论,从不同的维度有不同的认识。如果从教学研究活动的要素构成来看,我们认为一项教学研究至少涉及这样七个问题:为什么研究（Why）？谁来研究（Who）？研究什么（What）？怎样研究（How）？何时研究（When）？何地研究（Where）？研究得怎样（However）？一项教学研究，如果能够清楚地回答（或解释）上述七个方面的问题，我们就认为（从方法论角度）这是一项"好"的研究，而且简称这种研究方法为"5W2H"研究法。如果用这种"好"的研究的标准来衡量一下我们见到的一些研究，它们可能就是一些"坏"的研究，至少从方法论角度是不规范的。比如，有的研究其目的不清楚，甚至不明确；有的研究其方法的选择不妥，运用不当；其总体上研究质量较低、水平不高，等等。

为什么研究？即为研究目的的问题。确立一项研究的目的，其意义不言而喻。这里特别强调的是，它对后续研究工作有着很大的影响，比如研究主体的确立、研究方法的选择。因为不同目的的研究，需要不同的研究主体和方法。教学研究的目的多种多样：可以是提出一种理论，为学科建设服务；可以是提出一种方案，为教育决策服务；可以是提出一些教学设想，为教学改革服务；可以是提出一项教学措施，为解决实际问题服务等等（切忌单纯追求"为了研究而研究""为了晋级、提拔或扬名而研究"！）。我们教师面对的是"千姿百态"的学生和"千变万化"的课堂，面临的是各种考试的负担和升学的压力，肩负的是为社会培养所需要的人才和探索教育规律的重任，所以，对于教师来说，教学研究的重要目的还在于提出教育教学改革措施和策略，解决教育教学中的实际问题，从而提高教学效率，将教师和学生真正从沉重的负担中解放出来，真正实现将教学建立在科学的基础之上。比如"教学方法或称之为教学模式"是教师们研究得较多的课题，对于它的研究，主要的目的应着眼于解决课堂上教与学的关系、教师与学生之间交往和合作、教师与学生的地位和作用以及如何教会学生学会思考和学习、如何提高学生学习兴趣等问题。

谁来研究？即研究主体问题。众所周知的是研究主体（他们的价值取向、知识、能力、态度等）不仅直接影响研究的结果（水平和质量），而且还直接影响研究的全过程（从内容到方法、到评价）。研究主体，从量的方面，有个体与群体之分；从质的方面，有理论研究者与教师之别。由于教师与理论研究者他们各有其所长（比如教师了解教学实际，理论研究者有较好的教育理论等），又各有其所短，所以我们主张教师开展教学研究，最好是与理论研究者（比如各级教科所和师范大学的同志）联合组成研究共同体（即采取"行动研究"方式），这样可以弥补各自的不足，实现优势互补。比如上海的中小学教育研究，由于加强了与华东师范大学、上海师范大学、上海市教育科学研究院等单位的合作和交流，所以效果比较明显，尤其是"科研兴教""科研兴校""教师、校长的素质提高"的效应特别突出。

研究什么？即研究内容问题，亦即这项教学研究要解决的具体问题。这是教学研究的核心。教学中的问题，无论是理论问题，还是应用问题，可以说比比皆是。我国的教学论，自改革开放以来，虽然取得了一些突破性的进展，但整体上仍没有突破苏联的传统教学思想和体系。我国的课堂教学，也是如此，总体上仍是传统的"三中心"。教学研究中，虽然不外乎涉及学生、教学目的、教学内容、教学方法与形式、教学环境、反馈、教师等这样一些因素和范畴，但在新的历史时期（信息社会、学习化社会），我们需要重新审视、重新认识。辽宁省教育科学"十五"规划课题已经下达并通过了立项，全国教育科学"十五"规划课题正在申报，其中许多课题需要我们中小学教师去研究。另一方面，一些古老而又永恒的课题，比如说"教学方法"仍有研究的价值。时下，教学方法应持什么样的哲学基础和心理基础？体现什么样的教学思想？反映什么样的教与学、师与生的关系？如何体现学生的主体地位和主体作用？如何最大限度地使学生在获得知识的同时促进学生的各方面的发展？如何充分地利用现代教学手段？等等这些问题的回答将要发生重大的变化。

怎样研究？即具体的研究方法问题。通常可以从三个层面上来认识：哲学认识论（唯物辩证法）、方法方式（调查法、经验总结法、实验法、历史法、比较法等）、操作技术（统计法、图示法等），如果从功能上可分为发现问题的方法、收集资料的方法、分析资料的方法、理论建构的方法。研究方法的选择与运用，对一项研究来说，十分关键和重要。在一定意义上讲，它对成果的取得起着决定性的作用。一般地，选择研究方法主要是根据课题的性质，有时也要考虑研究目的和研究主体情况。比如我们教师可能对调查法、经验总结法比较熟悉，所以较多使用。对研究方法的运用，强调的就是要按照该方法的要求和步骤进行，遵从它的规范性。近几年来，一些学校和教师的研究热情有所变化，在一定程度上、一定范围内进行着教育教学研究。然而其中的大多数研究，缺少对研究方法的优选，缺乏对研究方法的正确运用。比如对"教学方法"的研究，在运用"经验总结法"过程中仍有不足：①没能以充分的、全面的事实,而以个别的、特殊的事例作为依据,主要是因为没有采取多种方法如观察、问卷、访谈等广泛地收集第一手资料;②明显地缺少经验的筛选;③仅对经验事实做现象描述,仍停留在感性认识上,没有采取诸如比较、分析、综合、概括、抽象等方法,揭示现象之间的本质联系;④缺乏运用文献法,寻求它的理论基础;⑤忽视了经验总结的质量评估,以及这一经验的传播和发展环节。另外,很少有人选择并运用"实验法"来研究,这本身就是方法选择上的缺陷。即使偶尔采用了实验法,常常很不规范,要么没有实验假说,要么没有变量,要么没有实验设计模式,也没有数据的统计处理和科学分析。

何时研究?即研究时间问题。这似乎不能称其为教学研究方法中的要素。其实不然。我们这里讲的时间不是指白天、黑夜,而是指研究的时代性、前瞻性。有些课题是永恒的,永远具有研究价值。比如课程教材研究,通常它呈现周期性的变化,每隔一定时段就要改革。中华人民共和国成立以来,我国的基础教育课程教材进行了七次重大的改革。新一轮的课程改革已经启动,这次课程改革的力度是前所未有的,从课程目标到课程结构、从课程设置到课程内容、从课程实施到课程评价,将呈现出崭新的面貌。教师作为一个课程实施者,我们不仅要深刻领会、贯彻课程改革的意图和理念,而且要开展实验研究,同时还要开展课程开发。校本课程的开发主要是我们教师的任务。关于校本课程的研究,本书不再赘述,可参见拙文《校本课程的含义、历史、意义》《校本课程开发的策略研究》《校本课程开发原则浅析》(连载《中小学教学研究》2001 年第 1/2/3 期),还有些课题具有历时性、时代性特点,也就是我们常说的热点问题。比如发展智力、培养能力,20 世界 80 年代教学研究的主题,发展个性又是 20 世纪 90 年代的主题,而时下创新精神和实践能力的培养、主体性教学、研究性学习等成为广大教师关注的热点和重点。比如"研究性学习"的研究,无论是作为一门课程,还是作为一种学习方式,对它的内容、实施方式方法、教师的任务和作用等问题要进行综合研究(即要采取调查、访谈、实验、文献、历史、比较等多种方法研究)。关于这方面的信息和材料,可参见拙文《"研究性学习"研究综述》(载《中学数学教学参考》2001 年第 9 期)。

何地研究?即研究地点问题。这似乎也不能称其为教学研究方法中的要素。我们所说的地点不是指在家、办公室,而是指研究过程中所涉及地点和对象的分布。比如实验研究要选择具有代表性、典型性的学校和班级（城市与农村、重点校与非重点校、重点班与非重点班等），调查研究可能要联系学生、教师、公务员等其他人员，要充分考虑调查对象的分布（代表性、典型性）。研究地点的选择一般要依赖于课题的性质、研究的目的、研究的方法等方面。

研究得怎么样？即自我评价问题。显然这里的评价不是目的，而是手段。教师们的研究之所以出现上述各种各样的问题和缺陷，主要就是因为没有及时进行自我评价。我们应该力求通过自我评价，经常检查研究目标的实现程度；通过自我评价，发现问题，及时调整或改进研究；通过自我评价，不断地提高研究质量和水平。这里的评价，不仅包括研究成果的自我评价，而且也包括研究目的、研究过程以及研究条件的自我评价。当然，不同目的、不同类型、不同性质课题的评价，侧重点有所不同。对于成果评价，依不同的研究又有不同的侧重。基础研究重在考查创造性、学术价值、社会反映、逻辑性等指标，应用研究重在考查实用价值、成果对教育和教学的影响、现实意义等指标。比如经验总结的成果评价，主要有成果与事实原型的相符性（如考察经验总结所依据的事实资料是否真实、完整，所依据的主要资料是否具有典型、代表意义，所得结论是否超出了特定教育实践所提供的前提等）、成果内容所体现的加工水平和理论水平（如主题的提炼是否恰当、新颖，概念、命题的概括或抽象是否准确、合理，对内在本质的揭示是否清晰、深刻等）、成果表达形式上的完整性（如表述是否严密，总结报告是否完整等）、成果的应用推广价值（如成果是否提供了具有可操作的内容，对事实条件的分析是否充分，对不足之处是否有实事求是的分析等）；对研究目的的评价，主要有研究课题的价值效益及选题的基础性、创新性、可行性、准确性，所构建的概念、理论体系的完备性、可靠性及内在的逻辑性等。比如经验总结来说，就是要解决由教育实践得来的经验性认识在经过"去粗取精、去伪存真、由此及彼、由表及里"加工后，成为系统化的理性认识这一问题；对研究过程的评价，主要是分析研究方案的执行情况（包括资料的收集情况、对材料进行整理加工情况和研究工作的进度）、找出妨碍研究目标达成的因素（如收集的资料欠缺、思维加工中有困难等）以及针对这些因素提出改进研究工作的措施或对研究方案做出调整和修改。对研究条件的评价，主要是主观和客观两方面，主观条件包括研究共同体的知识背景、思维加工能力、价值取向等,客观条件包括设施、设备、时间、精力、经费、各级行政部门的支持等。

9.《教师成长手记》

教师用来记录自己成长的笔记。我在《教师成长手记》扉页上写的《校长寄语》是:

一直以来,"成长"似乎只是"孩子们"的专利。其实,我们的教师更需要"成长"——"教师的专业成长"。这种"成长"主要包括:(1) 师德水平的提升;(2) 教育观念的更新;(3) 教学能力的增强;(4) 教学行为的调整;(5) 教学经验的积累;(6) 教育智慧的生成;(7) 自主意识的觉醒;(8) 教育思维的转换;(9) 教育幸福的体验;(10) 生命价值的实现。

教师的专业成长是时代发展的需要,是教师自我发展的需要,更是教师生命存在价值的体现。然而教师的专业成长不是自然而然、一蹴而就的是需要通过培养、修炼而成为自己的一种内在需要、成为自己的一种自觉行为。我的经验、感悟和研究都表明:"学习""反思""研究"是教师专业成长的"三步曲"。学习就是与"他人"对话:与同行对话、与书本对话;反思就是与自己对话:与自己的心灵对话、与自己的行为对话;研究就是分析、解决问题并提出自己的观点和理论的过程:是从感性走向理性的过程、是从重复走向创造的过程。

寄希望《教师成长手记》记载我们的学习与体会、记载我们的反思与感悟、记载我们的研究与心得,它将成为我们自身发展的"魂",成为我们成长的"精神家园"。

让我们伴随着学生的成长而成长,伴随着学校的发展而发展、伴随着"成长手记"的富有而富有!

愿我们成为生产快乐、创造财富的人!愿我们成为享受生活、追求幸福的人!

五、课程管理

1. 校本课程开发的策略与模式

根据课程开发的"目标模式"和"过程模式",开发校本课程有三个基本的策略:(1)需求主导策略(A):学生需要什么?(2)条件主导策略(B):学校能做什么?(3)目标主导策略(C):学校想要什么?以及由这三个基本策略组合起来的另外四种策略:AB,AC,BC,ABC。

具体操作上可以采取四种方式:(1)选择模式——选择并采用别人的课程;(2)调试模式——借鉴并结合实际调整别人的课程;(3)整合模式——借鉴多个别人的课程并结合实际整合;(4)创新模式——依据实际完全自行开发新的课程。

无论是哪种开发策略和操作模式,要特别注意如下几点:(1)充分体现学校的培养目标和办学理念;(2)与国家课程相协调;(3)形成学校的课程体系;(4)学校要制定开发的整体规划;(5)要形成校本课程自身体系;(6)开发每门校本课程有一系列的活动和文本;(7)指向学生的需要;(8)全校教师参与。

2. 校本课程开发的程序[4]

(1)学习、研讨;(2)调查、论证;(3)厘定课程目标;(4)研制课程方案;(5)教师申报、学生选课;(6)丰富课程材料;(7)组织实施;(8)课程评价。

3. 校本课程的实施

(1)实施方式。可以有四种:分散与集中相结合、讲与做相结合、课内与课外相结合、校内与校外相结合。(2)实施条件(时间、地点、设备设施等)。依据学校和本课程要求来定。(3)教学原则。依据本课程要求来定。(4)教学方法。依据本课程要求来定。(5)学生的学习方式。依据本课程要求来定。

4. 校本课程开发的评价

(1)对课程内容的评价。通过学生的意见反馈和授课教师的反思,研讨课程目标的目的性和实际性程度,课程方案和课程设置的合理性和可行性程度,课程纲要和学习材料的科学性程度,以及实施方式的有效性程度等。(2)对教师的评价。教师评价主要综合五个方面的考核:一是教师自身的评价与反思,二是学生意见调查的结果,三是学生成果,四是领导教师看课的点评,五是授课教师的教案。(3)对学生的评价。校本课程一般不采用书面方式的考试或考查,对学生评价主要是两看:一看学生在学习过程中的表现,如态度、积极性、参与状况等,可分为"优秀、良好、一般、较差"。二看学生学习的成果,学生成果可通过实践操作、作品鉴定、竞赛、评比、汇报演出等形式展示,成绩优秀者可将其成果记入学生学籍档案内。

5. 问题与思考

(1)课程资源。研究过程中遇到的最大问题就是课程资源,在开发课程过程中很难进行资源共享。教师个人难以搜集和汇总开发课程所需要的所有资源,只能在现实条件允许的范围内进行思考,在一定程度上限制了课程开发的有效性。建议争取社会的更多支持,为学校开设选修课创造更多的有利条件。学校之间能相对开放,类似的课程共同开发,资源共享,允许学生在同一时间跨校选修,或者教师跨校开课。(2)教学管理。校本课程毕竟不能等同于学校的"正统课程",于是实施校本课程也不能不打破日常教学常规,给教学管理造成一定的影响。①在教务管理系统相对滞后的情况下,学生个性化的修习给教务部门增加了很多额外的负担,学生学习内容的记录和统计比较烦琐。②开发校本课程成为教师的又一项工作任务,参与开发与不参与一个样,效果好与坏一个样,就很难调动教师开发的积极性。③课程门类多种多样,给教师评价和学生评价都造成一定的影响,难以客观,不具备可比性。(3)校本课程开发容易出现的五种错误倾向:任务本位倾向、教材本位倾向、学科本位倾向、教师本位倾向、活动本位倾向。

6. 校本课程的结构与特点

依据上述要求,我们构建一个学校课程结构(图略),其中在校本课程设置中,针对国家课程和地方的薄弱领域和目标欠缺,我们主要突出了四个特点:

(1)传统文化。如三字经、弟子规、论语、诗词、戏剧、汉字、书法、传统节日、礼仪、民族常识、快板艺术等。

(2)国际视野。外国电影赏析、外国歌曲赏析、西方文化、英文阅读、英文原版配音、英文剧、法语、日语、科学启蒙(美)、科学探究(美)等。

（3）生活健康。如营养与烹饪、健康与幸福（美）、手工编织、健美、摄影、趣味经济学、互联网、安全常识等。

（4）实践创新。如篆刻、木工与制图、十字绣、纸藤编织、钻石画、机器人、园艺、领导力、批判性思维等。

当然，本课程结构并不完善，仍存在一些方面的问题，如体现综合性的同类课程整合还不够，科技类课程整合、人文类课程整合是我们未来努力的方向。

7. 校本课程的管理措施

学校管理部门按照下列程序和要求进行校本课程开设的管理，并及时保存相关档案。

（1）学校组织教师学习有关校本课程的理论，进行学生需求调查（附表），在全校公布学生需求调查结果。

（2）每位教师至少申报一门校本课程（教师依据个人优势或特长以及学生需求调查结果来确立课程名称，注意课程名称表述规范），填写《申请表》（特别注意实施方式和条件）。

（3）学校根据教师个人申报和学校特色办学需要，审批并确立学校《校本课程目录》（学校可能会根据教师的申报合并一些课程，后期根据工作量确定开课人。除教师申报的课程外，学校也会根据办学特色和学生需求，规定开设一些课程，并安排教师或聘请校外人员上课）。

（4）教师撰写《校本课程目录》中个人申报或学校规定开设的《校本课程纲要》。

（5）学校每两年制定一次《校本课程规划》（为确保课程的连续性，根据校本课程开设的课时、教师情况以及教室等多种因素，做出两年规划）。

（6）每学期末，确立下学期将开设的、供学生选择的《校本课程清单》（同一门课程可以多位教师开设，也不一定必须是前期申报该课程的教师开设）。

（7）根据学生选课情况，每学期期末确定下学期开设的《校本课程课表》（选课人数较多的课程需要协调学生或采取一些限定方式选课，选课人数较少的课程将暂不开设）。

（8）开课前，学校为每位任课教师提供《校本课程日常考核表》和学生名单，教师记录每节课学生出勤和表现，做好过程性评价。

（9）课程结束时，教师根据学校提供的《校本课程学生评价表》，做好对每一个学生的终结性评价（等级评定和定性评语）。

（10）学校管理部门做好校本课程实施过程和终结性评价的检查与指导，做好学生对本学期开设的校本课程进行评价，以及每一门课程的文本资料的整理与归档工作。

六、教学管理

学校围绕教学工作，研制并颁布了很多有关管理制度，如天津开发区国际学校关于加强教学监控，提高教学质量的指导意见，天津开发区国际学校关于有效备课的指导意见，天津开发区国际学校关于集体备课的指导意见，天津开发区国际学校关于备课质量评价与检查的规定，天津开发区国际学校教师上课规范，天津开发区国际学校关于有效课堂教学的指导意见，天津开发区国际学校关于作业布置与批改的规定，天津开发区国际学校关于学生辅导的规定，天津开发区国际学校关于考试与评价的规定，天津开发区国际学校关于学业考查的规定，天津开发区国际学校小学生综合素质评价指导意见，天津开发区国际学校初中学生综合素质评价指导意见，天津开发区国际学校听评课制度，天津开发区国际学校关于调课、停课的规定，天津开发区国际学校关于教研组开展教研工作的指导意见，天津开发区国际学校校本课程设置与实施方案，天津开发区国际学校关于教材保管与循环使用的规定，天津开发区国际学校教辅征订、使用管理规定，天津开发区国际学校学籍管理制度，天津开发区国际学校实验室管理制度，天津开发区国际学校功能教室管理制度，天津开发区国际学校计算机教室管理规定，天津开发区国际学校普通教室管理制度。

附：

天津开发区国际学校
课 堂 教 学 观 摩 评 价 量 表

上课教师＿＿＿＿＿＿＿　学科＿＿＿＿＿＿　班级＿＿＿＿＿＿　听课时间＿＿＿＿＿＿

		一级指标	二级指标	吻合程度		
				A（高）	B（中）	C（低）
定量评价	1	组织课堂教学	尊重学生，关爱学生，激励学生，暗示，语言，行为			
	2	激发学习兴趣	内在兴趣，与学科关联，情境性，持久性			
	3	引导学生思维	条理性，层次性，启发性，问题性，探究性，发散性			
	4	学生自主活动	学生投入与参与状态，思维状态与水平，讨论活动，活动空间，学生活动的秩序，学生的自我意识			
	5	师生互动	师生提问与质疑，交流与合作，教师语言与教态，学生个体差异，教育过程的道德性			
	6	教学内容处理	符合学科特点、学生实际、学与教的规律，创造性，与生活的联系，与课程资源、信息技术的整合			
	7	教学反馈	检测形式合理，及时性，当堂消化，合理评价，调节教学			
	8	教学效果	知识点、难点、重点，过程、思想、方法，态度、情感、价值观，生成性目标			
	9	教学效率	内容充实，安排紧凑，讲练适当，作业量适中，拓宽视野，思维品质，学生的注意状态			
	10	课堂气氛	教师激情，学生配合，学习习惯与态度，学生情绪与状态			
		总体状况				
定性评价	1	教学设计的特点/优点				
	2	教学过程中的特点/优点				
	3	教学基本功/教育技术水平				
	4	教育理论应用水平/学科底蕴				
	5	教育教学经验/教育艺术水平				
	6	建议/期望/其他				

七、数字化管理

1. "数字化示范校"建设目标

依据《国家中长期教育改革和发展规划纲要》《教育信息化十年发展规划》以及《数字化示范校建设指南》和《数字化示范校建设参考指标》，我校努力构建"三通两平台"，实现"数字化示范校"建设目标。

2. 高端的硬件系统

（1）校园网络系统。校园网络已做到整个校区楼内有线、无线全覆盖，核心交换机为两台 H3C 万兆交换机，通过光纤与各楼层接入交换机直连保证校园网内部带宽。UTM、网康上网行为管理等软硬件保证网络安全并规范上网行为。H3C 管理软件可对以上设备进行 24 小时监控，保证设备正常运行。

（2）多媒体系统。全校所有教室都安装了多媒体系统，包括电子白板、投影机、实物展台、计算机、中控设备等。

（3）智能广播系统。基于网络环境下的智能广播系统已在新建教学楼内启用，此广播系统可进行全面、分区、点对点等多种广播模式的设定、选择。同时，学校还保留了传统的广播模式。

（4）信息发布系统。建立了基于 LED 显示设备和液晶显示系统的信息发布系统。LED 显示设备现分布在 5 处，液晶显示器分布在 60 多个点位。学校文化、学校重要信息、日常安排等可通过此系统及时通知到全体师生。

（5）校园电视台（闭路系统）。校园电视台具有真虚拟三维演播功能，所有编播设备为准广播级设备，录制的视频信号可转换成多种制式进行广播、保存。通过教室和餐厅的闭路系统，学生既可收看学校自编节目，还可收看有线信号，以及各种音视频媒体信号，丰富了学生的课余生活。

（6）自动录播室。可以实现多机位自动录课，并通过平台进行现场直播、点播以及校间的同课异构活动。

（7）录音棚。学校搭建了基于苹果系统的录音棚，校合唱团，英语考试、文艺演出等录音事宜均可在此完成。

（8）学校安全监控系统。

3. 便利的软件系统

（1）学校网站（www.tjtis.com）。（2）（苏亚星）校园管理系统。（3）泰达教育网（http://edu.teda.gov.cn）。（4）开发区教育管理系统。（5）另外，还充分利用学校信息发布系统、天津移动校讯通、公共邮箱、QQ 群等多种方式实现办公信息化。

4. 丰富的资源系统

（1）人教数字校园。（2）中华资源库。（3）鸿合云平台。（4）校园管理系统中的资源库。（5）教师博客和班级博客。（6）还有学校网站上链接的免费的公共资源网，比如：中国中小学教育教学网（www.k12.com.cn）、中国基础教育网（www.cbe21.com）、国家教育资源公共服务平台（www.eduyun.cn）、中国教师研修网（www.teacherclub.com.cn）、中国教育资源网（www.cern.net.cn）、天津市中小学数字图书馆（www.tjjy.superlib.net）、天津教研网（www.tjjy.com）、泰达图书馆档案馆（www.tedala.gov.cn）等等。

5. 教育信息宣传工作实施方案（略）。

八、安全管理

1. 安全管理工作

学校安全管理工作主要包括构建学校安全工作保障体系，全面落实安全工作责任制和事故责任追究制，保障学校安全工作规范、有序进行；健全学校安全预警机制，制定突发事件应急预案，完善事故预防措施，及时排除安全隐患，不断提高学校安全工作管理水平；建立校园周边整治协调工作机制，维护校园及周边环境安全；加强安全宣传教育培训，提高师生安全意识和防护能力；事故发生后启动应急预案、对伤亡人员实施救治和责任追究等。学校安全管理包括教学安全管理、大型活动安全管理、食品和卫生安全管理、传染病和疾病管理、消防安全管理、交通安全管理、网络安全管理、学生信息安全管理、学校周边环境管理等等。

2. 安全工作应急预案（略）。

3. 加强校园安全管理（略）。

4. "安全"主题教育月。

天津开发区国际学校"安全"价值教育主题月活动

2013 年 12 月

11 月是我校"安全"价值教育主题月,为让每个学生进一步理解"安全"在学校和生活中的意义,提高学生的安全意识,德育处针对"安全"这一主题,开展了一系列的教育活动。

活动一:各班组织了以"安全"为价值教育主题的班会课,各个班级通过 PPT 讲解安全事例、小品短剧、辩论赛等多种方式,让学生亲身感受到"安全"的重要性,最后各班学生用不同的方式表达了自己对"安全"教育的体会和认识。

活动二:邀请开发区交通大队胡警官到校进行交通安全讲座,让学生在事实面前受到教育,懂得自觉遵守交通法规的重要性,更重要的是让学生从小做起、从养成良好日常行为规范做起,争当遵守交通法规的小小监督员。活动的最后,学校发出了"小手拉大手,共建文明城市"的号召。

活动三:校医王大夫对学生进行秋冬季呼吸道传染病防治基本知识讲座,让学生了解疾病和防病基本知识,同时建立为自己和他人的健康养成良好的生活习惯的意识。

活动四:开展市、区、校级文明生评选活动,通过活动让学生进一步对"五尊、五不、五远离及新五不"加深理解,远离危险、远离不良行为和事物,树立正确的价值观。

活动五:全校师生共同参与防灾演习活动,通过演习熟悉发生重大灾难时的有效撤离路线,培养学生安全意识和自我保护意识,同时培养学生听从指挥,有序行动,互帮互助的意识。

活动六:在中学部进行法制讲座,让学生感受到法制社会的重要性,做懂法知法的合格中学生,为维护和谐社会做出自己的努力。

我校"安全"价值教育主题月所开展的系列活动取得圆满成功,使学生们真真切切地感受到"安全"的重要性,也使他们更加懂得珍惜生命、关爱他人。

5. 安全职责

学校每一位职工都要承担相应的岗位责任,比如校长的职责是:

(1)学校的法定代表人,学校安全工作的第一责任人。

(2)认真贯彻落实国家有关学校安全工作的法律法规和上级对学校安全工作的部署。

(3)全面负责学校安全工作,建立健全组织机构和防范体系,落实责任制,依法制定学校各项安全管理制度和应急预案。

(4)建立安全工作奖惩制度,将安全工作纳入各部门、个人履职考核,与评优推先和绩效考核挂钩,调动全体教职工共同做好学校安全工作的积极性。

(5)组织召开学校安全工作领导小组会议,分析研究学校安全工作现状及存在的问题,有针对性地制定学校安全工作计划。

(6)及时制止和处理教职工侵犯学生权益和影响学生身心健康的行为。

(7)加强与所属街道、社区、派出所、消防、卫生、食品药品监管、城管等部门的联系,取得他们的支持和配合,共同做好校园及周边安全工作。

(8)遇到突发事件立即组织安全领导小组启动应急预案,并第一时间赶到现场指挥。

(9)学校安全职责所必需的其他行为。

6. 班主任安全责任书(略)。

7. 防灾演习方案(略)。

注释:

[1]朱旭东.论教师专业发展的理论模型建构[J].教育研究,2014(6).

[2]杨骞.自主和美教育基础论[M].天津:天津教育出版社,2015:156-161.

[3]杨骞.自主和美教育基础论[M].天津:天津教育出版社,2015:136-143.

[4]杨骞.自主和美教育基础论[M].天津:天津教育出版社,2015:87-90.

第八章
学校管理的保障——学校管理支持系统

学校是一个开放的系统,系统的运行离不开政府、家长、社区、专家、媒体及其单位的支持和帮助。其关系可图示为:

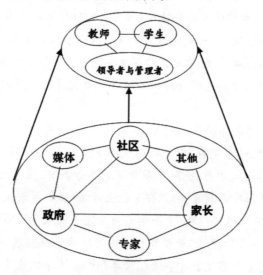

学校支持系统

一、政府

1. 政府及其相关部门为学校提供直接支持

学校的硬件和教职员工的所有投资、招生、日常管理等都直接接受教育局、人社局,财政局等部门的支持和指导。尤为值得提到的是近几年,滨海新区和开发区的所有领导都莅临过学校指导工作。

2. 开发区管委会党组书记、管委会副主任王盛通知参加国际学校建校二十周年文艺展演并发表讲话（2014 年 9 月 24 日）

各位领导、各位来宾、老师们、同学们：

今天，我们怀着十分喜悦的心情参加天津开发区国际学校二十周年校庆典礼。在此，我谨代表开发区管委会向国际学校 20 岁生日表示热烈的祝贺！向远道而来的教育界同仁们表示热烈的欢迎！向为国际学校改革和发展做出重要贡献的宋阔均校长、杨骞校长以及全体师生员工表示崇高的敬意！

二十年前，在开发区建区 10 年之际，为完善区域投资环境，解决外籍人员子女和中国职工孩子的教育问题，开发区兴办了第一所学校——国际学校。二十年来，国际学校始终坚持正确的办学方向，坚守素质教育，以创新求发展，以特色铸辉煌。"一校两制"，开辟了国办学校办学体制改革的新路；"七大特色"，成为学校科学发展的成功典范；学校管理体系和育人模式的构建，学校办学理念的创新和持续的变革实践更是体现了教育家办学的气魄与胸怀。

二十年来，国际学校从小到大，从弱到强，不断发展；二十年来，开发区整个教育体系也趋于完善，内外部环境根本性改善，管理机制不断健全，办学条件逐步提高，从学前教育、基础教育到高等教育，从学历教育到职业教育，从公立教育到民办教育，都取得了很大成绩。特别是近几年来，开发区教育事业在全市地位迅速提高，中小学成为居民子女入学的第一选择，大学自主创新能力进一步增强，职业教育和培训为区域产业发展提供了大批急需人才。这些都充分凸显了教育事业在构建和谐泰达中的重要功能，充分体现了教育事业在投资环境中的突出地位。

开发区教育二十年所取得的成绩大家有目共睹，这些成绩的取得是历届管委会领导高度重视的结果，是社会各界长期关心支持的结果，是广大教师和教育工作者拼搏奋斗的结果。在此，我也借国际学校建校二十周年之机，代表党组、管委会，对开发区全体教育工作者，以及所有关心支持教育事业的社会各界人士表示崇高的敬意和衷心的感谢。

老师们，同学们，各位莅临开发区的朋友们，值此国际学校二十周年之际，我也对未来开发区的教育发展提两点希望和要求。一是各个学校要坚持创新，勇于实践。开发区各级各类学校要以推进素质教育为主题，以促进教育公平为取向，以改革创新为动力，以服务区域发展为使命，创建名校品牌，为区域投资者、建设者和居民解除子女教育的后顾之忧，为开发区的经济社会建设提供强有力的人才资源和智力支持。二是广大教育工作者要牢记使命，勇担重任。百年大计，教育为本，教育大计，教师为本，希望老师们树立崇高的教师职业理想，全面提高师德素养，锤炼高尚品格，强化对教育事业、对学生的深厚感情，做受学生热爱和尊敬的人民教师。

各位领导、各位来宾、老师们、同学们，回顾开发区教育二十年的奋斗历程，有耕耘、也有收获，有创业的艰辛、也有成功的快乐。我希望再过十年、二十年我们相会时，开发区国际学校将成为一所更具特色、全国乃至国际知名的学校；希望我们开发区的教育有更高质量，更具特色，为开发区整个经济与社会事业的繁荣、人民的安居乐业、招商引资环境的进一步优化做出更大贡献。

最后，祝全体与会者身体健康，工作顺利，家庭幸福！谢谢大家！

3. 滨海新区工会和开发区工会推荐我校英语教研组为全国总工会"工人先锋号"和天津市总工会"工人先锋号"光荣称号

二、社区

1. 成立《开发区国际学校咨询委员会》

天津开发区国际学校咨询委员会章程

为贯彻国家教育方针，落实素质教育理念；为加强学校与社会各界的紧密联系，建立学校与社会双向互动的机制；为提升学校教育质量，提升学校管理效能，经研究决定成立国际学校咨询委员会。

一、国际学校咨询委员会宗旨

它是社会参与国际学校办学的参谋、咨询、指导和监督的内部机构，是学校与社会建立稳定、全面、紧密联系的桥梁纽带,是由滨海新区内关心教育、支持学校建设和发展的社会组织代表自愿受邀组成的协调机构。

二、国际学校咨询委员会人员构成

学校首次拟邀请下列单位作为咨询委员会的成员单位(排名不分先后):滨海新区团工委、滨海电视台、滨海时报社、开发区管委会办公室、开发区文教卫生局、开发区劳人局、开发区财政局、开发区建发局、开发区发展计划局、开发区审计局、开发区政研室、开发区外事局、开发区卫生防病站、开发区环保局、开发区城管局、开发区工会、开发区商会、泰达图书馆、开发区社区学院、塘沽交通支队、开发区武警大队、黄海路派出所、开发区志愿者协会、紫云社区、多闻律师事务所等。

根据工作需要,可由相关人士推荐,学校研究后,适当增聘。

聘期2年。

三、国际学校咨询委员职责

1. 参加咨询委员会的会议和活动。

2. 听取国际学校的年度和阶段性工作及学校发展方向汇报。

3. 及时获得国际学校教育教学管理等方面信息。

4. 协助学校收集开发区各个方面对国际学校工作的意见、建议和要求,以及对教育改革的意见和建议。

5. 对国际学校的工作计划、发展目标、活动安排等参谋、咨询、指导、监督。

6. 对学校各项具体工作事项给予建议、指导和监督。

7. 受学校委托,对涉及学校建设与发展的重大问题进行调研、论证和咨询,并提出建设性意见。

8. 受邀参加学校的其他有益活动。

四、国际学校咨询委员会的工作制度

咨询委员会每学年至少召开一次全体成员会议。根据学校需要或咨询委员会成员的建议,可适时召开专题会议或走访咨询委员征求意见。

五、本章程由国际学校咨询委员会表决通过后方生效,并依据委员会运行情况适时修改完善。

三、家长

1.成立《家长学校》和《家长委员会》

天津开发区国际学校进一步加强"家长学校"工作的有关规定

为进一步加强家校合作,充分发挥家庭教育在育人中不可替代的作用,不断提高学校教育与家庭教育的质量和水平,全面落实育人目标,特制定本规定。

一、意义

1.密切学校与家长的沟通和联系。

2.搭建家、校间优质教育资源的互动平台。

3.开展家庭教育的理论与实践指导。

4.促进家长自觉履行家庭教育的职责。

5.促进学校教育与家庭教育的有效结合。

6.协助学校提高办学质量和水平。

二、组织管理

1."家长学校"校长由学校校长兼任,"家长学校"副校长由若干位家长和分管学校德育的副校长担任,学校所有学生家长均为成员。

2."家长学校"下设"家长学校管理委员会"(简称"校级家委会")作为具体办事机构,负责日常事务工作。

3.校级"家委会"设主任1名,副主任若干名,委员若干名(原则上校级家委会中确保每年级有1名家长),秘书长1名(德育主任担任)。

4.各班成立"班级家委会",委员3至5名,其中主任1名,主要负责学生所在班级的家委会工作,班主任为联络人。

三、家委会职责

1.与学校共同研究制定家长学校年度与学期工作计划。

2.搜集家长对学校工作的意见、建议,对教师教育教学进行反馈评价。

3.定期组织召开相关会议,研究家、校教育中存在的热点、难点问题和解决办法。

4.挖掘校内外教育资源,与学校共同开展旨在提高家教水平和家校合作的活动。

5.利用校园网"家校联盟"等栏目,加强家长学校工作的对外宣传。

6.定期开展优秀家长的评选与表彰。

四、家委会委员的产生与管理办法

1.家委会委员须热心于学校与家庭教育,且有一定组织能力。

2.家委会委员采用教师推荐、学校聘任的办法,每3年聘任1次,可以续聘。

3.校级家委会委员应认真参加学校组织的相关会议和活动,因故不到,应提前通知学校,却因个人原因不能履职的,学校有权提出人员变更申请。

4.家委会主任委员的临时性变更需经家长学校校长批准。

5.家委会委员应为在校学生家长,学生毕业后,家长自动失去家长委员资格。

6.本规定通过校级家委会讨论通过后生效。

天津开发区国际学校

2013 年 3 月 1 日修订

2.家长积极参与学校管理

学校召开家长委员会会议共商制作新校服

2014 年 7 月 3 日下午四点,在我校至善楼四楼会议室召开了家长委员会会议,商讨制作学生正装校服。校服不仅是学校学生的一个标识,也是传承学校文化的一个载体,所以国内外的中小学都十分重视校服。

会议由刘丽莉副校长主持,全校各个班级的 1 名家委会代表参加了会议。刘校长向大家汇报了从今年 2 月至今准备制作正装新校服的工作。2 月家委会代表提出国际学校的学生应有一套正装校服,得到了广泛支持,形成了统一的意见。3 月、4 月,学校德育处通过走访学生、座谈会等形式广泛听取学生的意见和建议,学生们都期盼着早日穿上新的校服。5 月,由家长代表、学生代表、班主任代表、美术教师组成工作小组,研究具有学校特色的校服颜色、款式等问题。6月，经多方推荐，选择了三家校服厂参与竞争，他们分别提供了样服和报价。会上，展示了三家校服厂的样服和报价，学生进行了试穿，家委会代表进行了观摩、评议，并投票选出了得票最高并超过半数的一家厂商。之后，通过大家的讨论，又确定了三件套（女：衬衣、裙子和西装上衣，男：衬衣、裤子和西装上衣），另外，毛背心和短裤可自选。最后，推选出2位家委会代表（小学和中学各1位）将和厂商进行进一步的协商，确定款式和价位，争取在新学期让学生们都穿上新的校服。

此次制作学生新正装校服，我们始终本着公开、民主、负责的原则，体现了家长参与学校管理的民主制度，此项工作受到了家长们的一致好评。

3. 期末召开家长会

在 2014—2015 学年度第一学期期末家长会上的讲话

2015 年 1 月 28 日

杨校长：各位家长朋友，下午好！今天的家长会改变了一点形式，我邀请两位同学和我一起，通过校园电视台向各位家长做期末总结。我很喜欢这种形式。下面先请两位同学做个自我介绍。

张安丽：尊敬的叔叔阿姨，我是九年三班的张安丽，今天我代表中学同学和杨校长一起在家长会上讲话，感到无比骄傲和自豪。

武子淳：各位爷爷奶奶，我是六年级二班的武子淳，今天我代表小学同学、和杨校长一起在家长会上讲话，我也感到无比骄傲和自豪。

张：时间过得真快，转眼间一个学期结束了，愉快的学校生活还历历在目，刚刚播放的短片就是我们生活的缩影。

武：是啊，在老师们的辛勤培育下，在爸爸妈妈的悉心照顾下，我们又长高了，成熟了，进步了。

杨校：在这里，我首先代表学校向各位家长和老师们表示衷心的感谢。

杨校：这个学期紧张、忙碌，但很充实、快乐，学校成功举办了建校二十周年系列庆祝活动，包括师生文艺展演、校本课程成果展、学校顶层设计研讨会等，这些活动受到各界好评。我们在全面总结二十年办学经验的基础上，进一步明晰了学校思想体系，在正确的办学思想指导下，深化课堂教学改革，优化课程结构，提升教师专业水平，减轻学生课业负担，积极开展各类学生活动,如:体育活动（趣味体育活动周、篮球联赛、三跳比赛等）、艺术活动（合唱团、管弦乐团、剧社、啦啦操队、舞蹈队等）、科技活动、社会实践活动等,丰富了孩子们的学校生活,也培养了孩子们多方面的能力,成绩喜人。

张：在天津市学校文艺展演中,我校小海燕合唱团表演的合唱《四季的问候》获得小学组一等奖,青鸟剧社表演的校园短剧《红领巾》获得小学组一等奖,校园短剧《开心果子》获得小学组二等奖

武：在2014年天津市中小学羽毛球比赛中,我校代表队获得初中组男团第二名,小学组男团第三名。

张：在滨海新区2014年学生器乐节比赛中,我校管弦乐团表演的《康康舞曲》获得一等奖；在滨海新区2014年学生舞蹈节比赛中,我校舞蹈队的同学们表演的两个舞蹈《茉莉花》《我和芭比》均获得一等奖。

武：在首届滨海新区中小学啦啦操大赛中,我校啦啦操队获得花球课间啦啦操示范动作小学丁组第一名、最佳造型奖和团体奖第二名。

张：在天津开发区中小学生运动会上,我校获得小学男子组篮球项目第二名、初中男子组足球项目第三名、初中男子组篮球项目第三名。

杨校：学校被国家体育总局授予全国啦啦操实验学校的称号,校园网在首届天津市中小学校园网站评选中获优秀校园网站,学校还获得滨海新区中小学德育工作先进集体,滨海新区首届校园艺术节优秀组织奖,第二届滨海新区师生书画大赛优秀作品展优秀组织单位奖,2013—2014年泰达基础教育贡献奖之素质教育奖、科研兴教奖和投资优化奖,天津开发区中小学英语风采大赛最佳组织奖,2014年第二届"泰达杯"中英文朗诵比赛最佳组织奖,2014年第三届"泰达杯"少年儿童钢琴、小提琴大赛最佳组织奖等荣誉。

杨校：除了以上25个集体奖项,本学期,我们的孩子们在读书、科技、体育、艺术等活动中,有近三百人次获奖。由于时间关系,我们只将获得市级以上奖项的情况向各位家长做一汇报。

张：在2014年"大田杯"天津市"好书伴我成长"读书系列活动征文比赛中,李易峰获得中学组一等奖,张馨玥获得中学组二等奖,孙怡然、潘子晴、王子璇3人获得中学组三等奖,李博文获得小学组二等奖,李骁获得小学组三等奖。

武：在2014年"大田杯"天津市"好书伴我成长"读书系列活动剪纸比赛中,徐嘉晨获得小学组一等奖,谢世菊获得小学组二等奖,杭智慧获得中学组一等奖,董微微获得中学组三等奖。

张：在2014年"大田杯"天津市"好书伴我成长"读书系列活动演讲比赛中,陈纪元、杨静泽2人获得中学组三等奖。

武：在天津市青少年科技创新大赛科学影像节目评选中,杨惠婷获得一等奖,邓方林、王艺凝、雷音、俞若鸿4人获得二等奖,陈泳宁、温子鉴、张义成、朱佳新4人获得三等奖。

张：在2014年天津市中小学羽毛球比赛中,韩秦获得初中组女子单打第二名,董欣岳、张铭峪获得小学男子双打第五名。

杨校：这些成绩的取得离不开孩子们和指导老师的努力拼搏,也离不开广大家长朋友的大力支持与配合,再次向大家表示感谢。

张：紧张而充实的一个学期的学校生活即将结束,寒假就要开始,为了让我们度过一个安全、健康、充实而有意义的假期,学校进行了认真研究和部署,下面请杨校长提出假期要求和建议。

杨校：寒假即将开始,为了让孩子们过一个充实而有意义的假期,我在此提出以下六点建议,希望得到各位家长的支持与配合。

1. 与孩子一起协商,合理计划和安排好孩子假期的学习、文体活动以及走亲访友,有节奏、有规律的生活。

2. 加强对孩子的安全和法制教育,遵守社会公德,遵守社会各种规则,做文明学生。

3. 督促孩子认真完成寒假作业,读有益的课外书籍,如果能够与孩子一起读、一起交流会更好。

4. 一定要放手让孩子做些力所能及的家务,尤其是鼓励孩子自己的事情自己做。

5. 要求孩子参加户外活动,坚持每天锻炼身体一个小时。

6. 鼓励孩子积极参加社区公益活动,学校所在的紫云社区的活动在《致家长的一封信》中已安排,请查阅。

近期,中国教育科学研究院一项调查显示,家庭对孩子的隐性学业支持因素值得关注。那些善于听取孩子意见、父母经常读书看报、家人共进晚餐、正能量多的家庭,会管理零花钱、会做家务（自理能力强）的孩子,他们的成绩更优秀。各位家长，从我做起，从小事做起，给孩子一个和谐的、充满教育智慧的家庭环境。

最后祝各位春节快乐，阖家幸福！谢谢大家！

武：谢谢杨校长！今年的1月6日，学校成功举办了首届家长论坛，四位家长代表与大家分享了家庭教育的经验，下面为大家播放其中的片段，请收看（庞老师的部分发言）。

张：家长会集中部分到此结束，请各位家长继续参加班级家长会。

4. 致家长信（略）

5. 家长论坛

下面是一位家长在家长论坛上的发言，"用爱和智慧陪孩子慢慢长大"：

各位专家、老师、家长朋友们，大家好！

非常荣幸能有这样一个机会和大家一起交流关于孩子教育的话题。

我的孩子7岁，目前在我们国际学校读二年级。孩子入学一年半以来，我感到在国际学校良好的教育氛围中，孩子已经逐渐养成了比较好的学习习惯，他的自我管理能力和学习自觉性慢慢提高，随着知识的不断积累，他也变得越来越懂事，能够独立解决在学习中遇到的问题，知道了该如何与人相处、懂得了关爱和分享，这些都使我觉得非常欣慰。我想这与国际学校长期以来所倡导的自强、关爱、责任的核心价值以及勤俭、宽容、关爱、诚信的教育理念是密不可分的。学校给孩子提供了一个社会大环境，孩子在这里生活、学习，作为家长真的感到孩子很幸运，也很放心。

给孩子系好人生的纽扣需要"两只手"的密切配合，"一只手"是学校，"一只手"是家庭。一所好的学校一定会对孩子的成长、身心的发展起到非常大的作用，但作为社会人，家庭对孩子的教育和影响也是非常大的。可以说孩子接受教育的第一环境是家庭，人们常说"父母是孩子的第一任老师"，我认为非常有道理。父母虽不可能像学校老师那样安排专业和系统的教育，但父母本身的言行在潜移默化中会对孩子除了学习以外的很多方面,例如生活和学习习惯、个性品质、价值观念等产生极其深远的影响。

一、潜移默化,以身作则

自从孩子出生后,我们家庭内部达成一个共识,坚持以身作则,希望孩子做到的,自己首先要做到,不让孩子做的,自己坚决不做。

1. 在生活和学习习惯方面

关于读书问题:在孩子还没有出生时,我在尹建莉《好妈妈胜过好老师》一书中拜读过她关于阅读重要性的文章,我个人也非常认同阅读对于孩子成长的重要性。因此,孩子出生后,当然也是由于工作关系,我们一直保持全家阅读的习惯,也给孩子买各种图书,在他能接触的环境中,随手可以接触到书籍,结果的确受益匪浅。

看电视问题:电视的弊端—影像干扰思考,我认为弊大于利。加之在我家由于工作关系,没时间看,大家也就都不看,时间长了,就成了习惯。这样孩子有很多看书和独立思考的时间。

2. 在个性品质方面

孩子们的世界和我们不同,他们感兴趣的事物有时候是我们不能理解的。这一点家长们都应该有同感,带孩子去超市,我们对买什么菜感兴趣,孩子对玩具感兴趣;去图书馆我们对专业书刊感兴趣,孩子对儿童读物感兴趣,我们去海边对拍照感兴趣,孩子对沙子和玩水感兴趣,而且他们对自己感兴趣的事物往往十分投入,见到就不愿意走。比如,我孩子从小就对人家修车感兴趣,看见千斤顶卸轮胎,无论多冷的天,蹲在那里看。我一般不催孩子,没有极其特殊情况,一定让他看个够,玩个够,直到他自己想走。从一些专业育儿书上看,孩子的世界不能用成人的眼光看待,他们会从关注的东西中探究世界。孩子天生都有很强的注意力和耐心甚至是毅力,我们不要轻易干扰他,我们需要的就是拿出时间陪伴就行了。为什么要催他呢?我们的事儿一定比孩子的事儿重要吗?

有时候,给孩子一点儿耐心,他会还给你意外的收获。比如,我们去蓟县黄崖关长城,6千米多的长城,对于当时5岁的孩子还是有难度的,但是,因为当时他在园区门口看到了"不到长城非好汉"的题词,我们给他解释完以后,他坚持必须爬完。其实真的挺累,中途我和他爸爸好几次动摇,想提出来不爬了,但是一想,什么是好汉,如果我们自己都做不到,怎么给孩子解释"好汉"的含义。所以坚持陪孩子走完每一级台阶。试想一个五岁多的孩子,需要多么大的毅力。

所以,其实父母都可以是教育家,因为生活处处有教育的机会,只要我们做用心、细心、耐心的父母,从生活中加以引导,父母就是孩子生活中的老师,随时随地可以对孩子进行行为引导、示范,这样会在无形中给孩子很多有益的引导和启发。

二、严慈并济,正确疏导

现在的孩子受的宠爱太多,结果经受不起挫折,加之我们在教育改革过程中,有专家提倡快乐教育,让孩子快乐成长等等。其实本意是好的,但是在实践中,也逐渐衍生了一个弊端,一个负面现象,那就是我们的孩子变得越来越脆弱,只能称赞,说不得,经受不起挫折,受不了打击和困难,往往就为一点儿小事儿,动辄有跳楼的、自杀的、杀人的。学习和生活不可能是完全快乐的,单纯快乐教育的结果对孩子而言也许就是不快乐的结局。生命的成长就如同自然界一棵树,经历风雨、逆境是必然的也是必要的,人的一生,生活也好,学习也好,经历一些困难和挫折是必然和正常的。就拿学习来说,低年级学些基础知识,加减法可以快乐学、玩着学,但到了高年级,面对数理化,就是很枯燥的知识,就得钻研、下苦功夫,因此也必然面对苦恼、厌烦。关键是怎么去引导孩子正确认识这个问题。

1. 摆正在孩子面前的角色定位

在生活中,我跟孩子的关系是"妈妈朋友",既不是普通朋友完全平等、没要求,也不完全是高高在上的严厉妈妈,而是介于两者之间,严慈并济。

大多数情况下,我和孩子做心理上的朋友,平等沟通。跟孩子把道理讲清楚,而不是简单的强迫、指责、批评。其实孩子本身都是懂道理的,关键在于家长是否正确疏导。(比如孩子的弹琴问题,我本不是钢琴家,基本不懂乐理,但是我是听众,可以评价好不好听。)

2. 引导孩子正确对待困难和挫折

小孩儿都爱听表扬夸赞的话,我的孩子也不爱听父母、老师批评。我就开导他说,老师是园丁,你是小树,老师帮你修枝剪叶,这个过程一定不好受,但你自己想一想是不是为你好呢?如果你做错事了,老师并不批评你,一定是老师放弃对你的管理了,那可不是一件好事。

引导孩子将困难和挫折当作很正常的事情来看待,告诉他们该经历的就得经历,该承受的挫折就得承受,该承担的后果就得承担,这是人生必然的经历。例如,一次就餐中,他弄坏了酒店的杯子就得赔偿,这是你该负的责任。再如,有一次语文书忘记带了,我发现了也不管,有了这次教训,他再也不会忘了。我认为,以正确心态面对竞争、挫折和困难,能自我化解压力,自我调节能力等,这也是健康孩子的重要条件之一,除了身体健康外,心理健康尤为重要。

3. 引导孩子正确对待竞争

例如 2013 年 TEDA 杯钢琴比赛获得第三名,他当时很不服气,很难过。跟他讲明道理后,每天很努力练习,2014 年获得第二名,前进了一步,自己也很感慨地说,"天道酬勤,不愁懒啊!"比如本次 Spellingbee 竞赛,事先他也是很努力地练习,挺自觉的。但是在竞赛中 g 的发音错误,导致没有进前三,他也很难过,回来后我们及时给他引导,告诉他你努力了,别人也在努力,不但要努力,学习知识还要细致,避免马虎。他比较能接受。慢慢地,他不仅自我心理调适能力强了,也知道如果你要取得成绩必须付出努力。对于一些问题出现,他已经能从自己身上找原因,而不是一味嫉妒、不服气。作为父母,看到这一点也比较欣慰。

4. 关于克服马虎问题

马虎应该是一个让很多家长都为之头疼的问题。日常社会学习中,孩子一犯错误,我们就会归结为马虎。比如考试,试题大部分孩子都会做,但是为什么还会错呢?一出现小错误就是"马虎",家长会说,"都会,就是马虎了。"马虎的后果说小也小,但是说大也大,例如国外有多次航天器的发射由于螺丝没拧紧、抹布留在冷却管内、某一个参数小数点输入错误等一些低级错误而导致发射失败或航天器发射途中爆炸。马虎虽小,可能暂时来看马虎不是大问题,但不加注意却有可能变成一种不认真的态度,那样结果是很可怕的。以上案例我也给孩子讲过,我跟他说,对于你出现的低级错误,不要给自己找借口,咱们要想办法克服它,不要等它酿成大错。

我想导致马虎的原因一是对问题、工作不重视,这是一种态度,不用心;二是不熟练。我个人认为"不马虎"是种能力,我帮助孩子培养这种能力的办法有两个:一是提醒他自己心理要重视,二是反复练习和强化。就拿学习来说,一二年级的数学,多为计算题,最多 100 以内孩子都会,但是因为不熟,所以总犯错。因此,当孩子出现错误的时候,我一般会用两种办法,一是帮助他总结原因,为什么错了,忘记进位了? 7+9 等于 18 了? 让他将错题记在小本子上，强化记忆，让他自己重视这些问题。时间长了，他自己也会找办法强化记忆。比如，他有时在课堂上听见老师讲多音字，可能老师只是不经意的一提，但是他写在手背上，回家告诉我，老师讲了这个字还可以读什么，但是不需要我们掌握，很有心。二是多做题，有时间反复练习，熟能生巧，我们家经常晚饭后比赛 1 分钟计算大赛，然后举行颁奖典礼和获奖感言，让他有成就感，同时摆脱枯燥的学习形式。三是培养孩子独立完成作业、独立检查的好习惯，在这个过程中他自然会对自己没把握的问题格外重视。

总之，为了孩子健康成长，我们家庭这只"手"的作用不可忽视。伴随孩子的成长过程，我也是在学习和探索适合孩子的家庭教育方法，用爱和智慧陪孩子一起慢慢长大，努力做一个负责任、有智慧的妈妈。而实践中，孩子各不相同，他们就像花朵，会在不同的时期，绽放属于他们的美丽。因此我相信，每一位父母都应该有自己独特的教育孩子的方式和方法，实践为人父母之道。只有如此，我们才能和学校提供的优质教育保持同步，共同帮孩子扣好人生的纽扣，引导他们实现人生目标。

不妥之处，敬请指正。谢谢！

二年三班游天翔妈妈庞明秀
二〇一五年一月六日

6. 一位家长的来信

尊敬的杨校长：

您好！我是一年一班新生的家长。9 月 24 日，我应邀观看了开发区国际学校 20 周年校庆文艺演出，在震撼、感动、自豪的同时，有些话想跟您说。知道您很忙，就用这种写信的方式向您诉说一个一年级新生家长的心声。

我们是从外地来天津的，随着孩子逐渐长大，到了学龄，作为家长，我们多方打听，得知国际学校是开发区最好的学校，管理精细、老师负责、教学质量首屈一指，而且国际学校的校长是博导，深耕教育这片沃土，提倡课程改革和创新，带领国际学校走出了一条特色化的教书育人之路，国际学校的孩子们在老师的教育下茁壮成长，在通往梦想的道路上硕果累累……了解这些以后我开始多方准备，争取能够让孩子进入国际学校学习。

第八章　学校管理的保障——学校管理支持系统

收到国际学校发给孩子的录取通知书那天，我开始接触到真实的国际学校。新生家长会上，各位老师精心准备，告诉我这个有点茫然、有点不知所措的家长如何帮助孩子做好幼小衔接，如何培养孩子良好的习惯，如何配合老师做好孩子的教育工作，细致入微，娓娓道来，仿佛在与多年的老友在交流教育经验，使我受益匪浅。

开学第一天，我怀着忐忑的心情送孩子去学校，看着他小小的身子背着大大的书包独自走向学校，回头向我挥手再见，那一刻，心中五味杂陈。虽然门口有热情的老师和高年级的孩子周到地给一年级的新生提供服务，引领他们找到自己的教室，可我心里有许多不安。我不知道孩子的教室有多远，不知道教室里是什么样子，不知道老师是什么风格，不知道孩子们是什么情况，不知道……不知道的事情太多太多，心里也就越是忐忑。可是我知道这是孩子成长的必经阶段，我该放心让他学会独立，所以能做的，只有等待。

孩子放学回家，我迫不及待地向他了解学校的情况，知道了他们的教室在校园的最南边；班主任老师姓张，和蔼可亲，多才多艺，为了给孩子们备课，她顾不上照顾自己年幼的孩子，钻研教学，自制教具，书写范例，经常工作到深夜；数学老师姓任，关心学生，要求严格，尽心尽职，一丝不苟；英语老师姓姬，活泼开朗，教学有趣，循循善诱，诲人不倦；孩子们会在大课间的时候去设施齐全、精心修葺的体育馆开展活动；周一会有升旗仪式，有一个八年级的姐姐在国旗下演讲，述说自己在年幼时参加升旗仪式，曾暗下决心有一天也要站在国旗下说出自己的心声……

从孩子口中，我知道了一年一班是什么样子，而20年校庆的文艺演出，让我见识了完整的国际学校，她的全貌、她的精神、她的灵魂。诗朗诵《九月的记忆》给了我最深刻的印象，舞台上幽暗的灯光、老师们饱含深情的声音把我们带回了那个沧桑巨变的年代，从建校就在国际学校工作的几位老师，用他们独特的方式，回忆青春、回放历史，引领我们步入历史长河，我们仿佛也回到了20年前的那个九月，在声音的海洋中，我们一路走来，走过操场、走过小径、走过讲台、走过年轮，一直从过往走到现在，从艰难走到奋进再到今天的辉煌，体味创业的不易、守业的艰难和二次创业的激情澎湃，情到深处，热泪盈眶；年轻的老师展示的是国际学校实力强大的教学团队，他们多才多艺，创意无限，舞蹈美得让人眩目，歌曲听得让人沉醉，轻喜剧让人忍俊不禁的同时带来了无尽的思考；管弦乐团、小海燕合唱团带来的演出让人震撼，就是这些年纪不大的孩子们，通过老师的辅导和自己的努力，在市内、国内乃至世界赢得了许多荣誉，我在瞠目结舌之余，也感叹这其中该有学校和老师的多少心血和汗水；青鸟剧社几位年纪不大的小演员，将表演发挥到极致，选题深刻、编排入理、演绎丰满，给家长和孩子们留下了深刻的印象；舞蹈队和健美操队的孩子们个个舞姿曼妙，动作到位，用肢体语言传播着艺术的美感；歌曲联唱、电声乐队合奏让我看到的是，国际学校在注重丰富多彩的校本课和社团活动的同时，还给孩子们提供了自我发展、自由发挥的无限空间，用博大的胸怀去容纳所有孩子的优点和长处……一场精彩的文艺演出，展示了国际学校最美好的愿景、最优秀的团队、最好的教学成果。

如果说，之前我还有一些不安，那么，到现在，我为孩子能在这样一所学校学习和生活而感到幸运和自豪，因为今天展现在我们面前的国际学校就已经十分美好，而您又提出要重新出发、二次创业，要带领着所有老师一起，将国际学校建设成为一所学生向往、教师幸福、家长满意的优质学校，以及有思想、有精神、有气质的卓越学校。我知道要实现这样的愿景，您要带领着老师们付出更多的心血和汗水，解决更多的棘手问题，研究更多的改革和创新，但您的坚定和自信也深深地感染着我这个一年级新生的家长，使我笃信这美好的愿景在您的坚持和带领下一定能够实现，我的孩子在这样的环境中长大，必然会耳濡目染并学会树立社会主义核心价值观，成长为一个身心健康、积极努力、对社会有用的人。所以，谢谢国际学校给了孩子一个开放、积极、包容、奋进的学习生活环境，也谢谢所有的老师在教书育人的岗位上所做的一切工作！

最后，祝愿国际学校这面旗帜永不褪色，永远辉煌！

此致

敬礼！

一年一班贾惠光家长王丽颖

二〇一四年九月三十日

四、专家

1. 专家团队

学校为持续发展的需要,聘请了管理顾问（原天津 109 中学王桂儒校长）、学术顾问（天津市教育科学研究院基础教育研究所所长陈雨婷博士）以及艺术顾问（天津开发区教育文化卫生体育局文化科徐欣科长）。每学期都要邀请国内专家到学校做报告。

2. 结题会纪要（天津市教育科学"十二五"规划课题"校长价值引领与学校文化建设"结题会会议纪要）

由杨骞教授主持的天津市教育科学"十二五"规划课题《校长价值引领与学校文化建设》结题会于 2013 年 7 月 12 日在天津经济技术开发区国际学校隆重举行。天津市教育学会副会长刘长兴先生,天津市教育科学研究院院长、博士生导师张武升研究员,天津市中小学教研室曹全路主任,天津师范大学教育科学学院院长、博士生导师李素敏教授,天津市教育学会副秘书长侯佑罡先生,天津滨海新区教育局方华副局长,天津开发区教育文化卫生体育局副局长、教促中心主任周兴文博士,以及开发区教促中心、《天津教育报》等单位的来宾莅临会议,国际学校近 30 位教师与会。南开翔宇学校康岫岩校长,天津市教育科学规划办公室赵丽敏主任,天津开发区教育文化卫生体育局曾佳局长因故未能到会,但都分别来电表示祝贺。

结题会分为两个阶段。前一段由开发区国际学校刘丽莉副校长主持,开发区教育文化卫生体育局副局长李洪波先生致欢迎词,课题主持人杨骞教授做了题为"价值引领行动研究文化育人"的结题报告。

后一段由鉴定专家组组长张武升院长主持。刘长兴主任认为,本项课题选题非常创新,非常有意义,"校长价值引领"很好地诠释了"一个好校长就是一所好学校"这一命题,学校文化是当下学校管理的核心概念和关键主题,本课题将二者结合起来,更具有创新性和价值性,课题研究的过程严谨,成果也比较丰富。李素敏教授认为,课题选择了热议问题作为切入点,既有理论依据,又有实践意义,本课题研究目标明确,设计缜密,方案合理,研究方法选择得当,分析论证合乎逻辑,结论正确,具有科学性和可靠性,尤为可喜的是,本研究可以成为"理论与实践相结合""研究与管理相结合"的典范。曹全路主任认为,本研究在前人研究和大量资料的基础上,提出了很多具有学术价值的观点和理论,比如"以学习、探究、服务"为核心的学校文化体系,以价值品质为基点的价值教育体系,观点独特,具有新意。侯秘书长认为,选题准确、目标明确、方案合理、研究方法恰当,构建了文化系列与案例,践行了以价值品质为基点的价值教育,打造校本课程体系,成果显著、效果颇丰。方局长认为,课题研究很规范、很扎实、成果丰硕,国际学校行走在教育家办学的路上,取得了初步成果,教育家首先要有问题意识,要在历史发展中找准位置,开发区面临转型升级,这个课题就是正确的选择,显示了历史责任感,这个课题将目前的难点和热点问题结合在一起,更有针对性,边实践、边总结,形成了物化成果,已取得初步成效,很有前瞻性。张武升院长认为,本研究通过校长的价值引领,构建的学校文化的一系列案例,校本课程的多种多样,价值品质教育的多种途径,学生评价的多元方法,指向教师专业成长的校本教育的多项措施,为中小学深化改革和走向现代化道路,树立了标杆,极富推广价值。

专家组建议本课题继续深入研究下去,加大孵化力度,加强对学校文化的亚文化、校本课程的分类、社会实践的范围、国际化和中西融合等问题进行进一步深入思考,使其在学校建设和发展中发挥更大的作用。

专家组一致同意该课题顺利结题。

最后,杨骞校长诚挚地致以答谢词,感谢专家的肯定和建议。杨校长也谈到本课题属于"提前结题",其实结题与否并不重要,结题会旨在由各位权威专家为国际学校的发展把脉,为国际学校的文化建设给予指导,以便国际学校未来的发展更加科学、持续、优秀。

该课题形成了大量有价值的理论和实践成果,校长的价值引领了学校丰富的文化建设实践,使全校师生受到学校文化的熏陶,有效地实现了"文化育人"的理念。

3."学校顶层设计与学校变革"研讨会会议纪要

2014年9月24日上午,开发区国际学校20周年校庆主题活动之一的"学校顶层设计与学校变革"研讨会在学校至善楼5楼会议室隆重召开。

第八章　学校管理的保障——学校管理支持系统

天津市教育学会会长、天津市政府首席督学刘长兴会长，天津市教科院院长、博士生导师张武升研究员，天津市教研室何穆彬书记，天津师范大学教科院院长、博士生导师李素敏教授，中国教育学会办公室主任鲍东明研究员，天铁集团总经理助理、教委党委书记陈自鹏博士等多位教育专家莅临会议，另外与会的还有全国教育科学规划办基础教育学科评审组成员、中国教育学会初中教育专业委员会理事长、原辽宁省农村实验中学冯振飞校长，中国教育学会初中教育专业委员会副秘书长伊文领老师，天津市教育学会初中教育专业委员会副理事长张怀君局长、秘书长韩锋主任，小学教育专业委员会秘书长丁安廉校长等，南开中学校长马跃美博士，原天津109中学老校长、特级教师王桂儒，天津新东方学校段建坤校长等30多位兄弟学校校长，滨海新区教育局李春年副局长、开发区教文卫体局副局长周兴文、李洪波等领导和同仁，《中国教育报》《中国教育学刊》《中小学管理》《天津教育》《天津教育报》《滨海电视台》《滨海日报》等多家媒体的记者出席会议，国际学校全体教师与会。

研讨会由天津市教科院基教所所长陈雨亭博士主持。国际学校杨骞校长以"培养自主和美的人"为主题做报告，报告由三幅漫画引出学校教育的两个基本问题，即培养什么人和怎样培养人的问题，在回顾与反思我国以及其他国家在不同历史时期对上述两个问题的相关规定基础上，杨校长提出了"自主和美"的教育体系。这一体系以人的本质观、人的生命观、教育生命观为基点，按复杂思维理论的逻辑，将培养"自主和美的人"作为培养目标，即学校努力培养具有"自我意识、主体能力、和谐发展、美好人生"的人。在阐释"自主和美"教育的含义时，杨校长从三个层级进行了表述：狭义上，只指学生的自主和美教育和发展，教育方式上强调学生的主体性，发展方式上强调充分自由、健康和谐的发展；中义上，还包括教师的自我更新和专业发展以及校长的自我完善和职业发展，教师和校长的自主和美教育旨在指向学生的自主教育和美的发展；广义上，还包括学校的自主变革和全面、和谐、健康、持续的科学发展；学校变革旨在指向学生、教师、校长的自主和美发展。构建"自主和美"教育体系框架主要遵循了主体性、活动性、针对性、整体性、开放性等原则，实施"自主和美"教育主要通过课程教学、社团活动、实践活动、主题活动、自我教育、自我管理等六大途径。目前，国际学校已形成初步七大特色：先进的办学理念和科学的思想体系，以十个价值品质培养为核心的德育，丰富多彩的校本课程和社团活动，以培养学习能力为核心的学科教学模式，促进学生全面和谐发展的学生评价体系，促进教师专业成长的教师教育体系，以学习、服务、合作为核心的学校文化。

刘长兴会长在点评时说，参加此次研讨会感触颇深，20年前参加了国际学校建校的开学典礼，如今开发区走过了30年，国际学校走过了20年，都是一个历史性飞跃，而杨校长由大学教授成为中小学校长，由理论工作者进入实践领域，这个转身可以称为"华丽转身"，是成功的。刘会长从四个方面对杨校长的报告给予评价：第一，政策落地。多年来的教育改革所要研究的就是培养什么人和怎样培养人，国家针对这一问题出台了很多政策。杨校长不只是把握了政策，也不是让政策停留在口号层面，而是有许多接地气的主张和做法，涉及了从办学思想到学校管理、课程设计、活动开展等一系列问题，将国家的宏观要求即素质教育和微观的工作现状结合起来，而且将宏观要求落到现状的改革上，是很不简单的，比如他所设计的课程框架创造性地将国家课程与校本课程结合起来了，有自己的思想，有独特的办法。第二，理论整合。如今很多教育理论异彩纷呈，提供了理论支撑，但又眼花缭乱，让人不知如何选择。作为校长，需要根据国家政策，结合学校实际，对这些理论进行有效的整合，变成自己的理论，就深刻多了，杨校长已对理论进行了整合，形成了自己的办学思想和教育思想，是管理上质的变化。第三，实践创新。创新体现在恰当处理了很多关系，如品德与行为的关系，课程与活动的关系，全面与个性的关系，质量和负担的关系，教学与管理的关系等，是对教育策略的深入思考。第四，科学研究。教育是科学研究的过程，不能仅仅停留在实践探索的层面，杨校长由问题进入课题，由"学校如何管"这个问题开始进行深入研究，如"培养什么人"和"怎样培养人"的问题，从1957年的国家政策一直到现在的政策，杨校长一直在研究我们走过了一条怎样的路径，又提到了一些理论，如关于生命的认识，对生存和发展做了比较深刻的诠释，这就不得了，之后根据学校现状和国家、地方政策要求进行顶层设计，设计中既有观点又有路径和策略，并形成了一个系统，在实践中验证，这就是研究。最后，刘会长说，开发区国际学校正在日新月异，也祝愿国际学校继续日新月异。

中国教育学会办公室主任鲍东明博士首先表达了对杨校长这样教育家型校长的敬仰。鲍博士认为"学校顶层设计与学校变革"这个问题很有价值,实际上就是研究学校场域变革的问题。从方法论角度认识,作为学校场域的变革,首先要始终坚守正确的教育价值观,就是育人为本,这个命题是教育规划纲要中提出的,具有时代意义。育人为本就是从教育学观看教育,教育要将人性灵魂的优秀和人格的健全放在最为重要的位置,表现为对人生命的敬畏和对人成长的坚信;育人的教学观就是对长期以来偏重于育人的政治观、经济观、社会观的纠正,落实在学校的课程、教学和各项活动中,让学生获得有效发展,要面向全体而不是个人,要学生全面发展,要处理好知识与能力、科学与人文、身心、智力因素与非智力因素的关系,要着眼于学生的差异发展,就是为每个学生提供适合的教育,就是要将兴趣贯彻在学生学习的过程,课程要有丰富性,为孩子们提供多元化的成长路径和发展路径。国际学校建构的"自主和美"教育体系将育人为本作为灵魂和总纲,具有先进性。其次,作为学校场域的变革,要恪守少年儿童身心发展的规律和教育教学规律。当今是创新的时代,规律被忽视了,培养人的活动与工业生产的活动完全不同,教育创新就是要探索、发现规律,然后遵循规律,这是教育的特点所在,如学生的发展是有顺序性的、差异性的、不平衡的,教育就要遵循孩子的身心发展特点,教育节奏要与孩子的生命节奏相吻合,违反规律就会产生反教育、伪教育行为。"自主和美"教育强调以学生为起点,遵循规律,这样的教育才是有效的,充分体现了合理性。第三,学校场域变革要突显校长课程领导,《校长专业标准》中强调校长要领导课程教学,而没有使用"管理"一词,由校长在学校中的特殊地位和课程作为学校育人系统的特殊地位决定的,否则,育人目标很难完成。领导重在推动变革,产生建设性的变化,做正确的事;管理重在维持秩序,保证组织的秩序和一致性,正确地做事。管理和领导都很重要,强调课程领导就是强调校长统筹学校课程变革与课程建设行为,构建学校课程体系。国际学校在构建"自主和美"教育体系过程中也在积极尝试这种课程体系的构建。第四,学校场域变革就是培育和建设学习型组织文化,学校要形成读书氛围,读书应成为教师的习惯,读专著和名著,与教育有关的,如杨校长编制的《校长视线》,将自己阅读到的好文章编辑成册让老师们学习,校庆又出了几本书,充分反映了学校文化的特点。教师要有反思的习惯,要让反思成为一种常态,不一定是人人做课题,针对自己的行动研究,达到自我革新,走向名师和教育家。鲍博士以教育社会学的视角,以学校场域变革为主题,给大家带来了思考。

自主和美教育实践论

天铁集团总经理助理、教委党委书记陈自鹏博士在点评时说,开发区有名,开发区国际学校有名,开发区国际学校杨校长更是大名鼎鼎。今天慕名参加研讨会,听了主题报告觉得非常受教育,主要谈六点心得:第一,理念科学,"自主和美"教育体系融入了现代教育理念元素,也就是符合教育、教学、管理规律,能促进学生、教师、学校发展,学生的发展就是成长、成功和成就,教师发展是立德、立功和立言,学校发展就是大楼、大师和大气;第二,系统完整,"自主和美"教育既有理论依据、育人体系、管理体系、操作机制以及特色建设,这样的方案是系统完整的;第三,逻辑严密,"自主和美"教育体系中有教育目标、教育内容、教育方法和教育评价,值得借鉴;第四,实践可行,听了杨校长的报告,也读了杨校长发表的文章,杨校长与一般校长不同,他有教育学理论方面的思考,将育人理念和管理理念分别论述,同时还有成功的育人实践和管理实践,值得学习;第五,聚焦价值,我们为什么办教育,办什么样的教育,教育工作者要经常思考这两个问题,办教育就要满足社会发展和个体发展的需要,归根结底就是能培养真善美的人,国际学校不仅有基本价值还有核心价值,值得学习;第六,特色鲜明,"自主和美"是教育目标,是愿景,是理想,也是特色,期待国际学校能把"自主和美"这篇文章做好,办出更多特色。另外,陈博士也提了一个建议,学校能否在和谐发展的基础上将全面发展和个性发展、教师的引导发展和学生的自主发展结合起来。

天津师范大学教科院院长李素敏教授说,杨校长从大学教授、教育理论的研究者成为实践者,在实践领域探索了多年并取得成功,很佩服他的胆识、勇气和魄力。有什么样的校长就有什么样的学校,一个学校有一个好校长是一大幸事,国际学校有这样的幸运。国家倡导教育家办学,杨校长做出了榜样,是值得学习的表率。杨校长关于国际学校发展的顶层设计有几个创新之处:第一,在"培养什么人"的问题上,关于培养目标的表述,不同时期提法不同,培养"自主和美"的人是在广泛继承过去提法的基础上有所创新,是新的观念,又将这一目标分为不同层次,即有学生的、教师的、校长的自主发展,最终落脚到学校的变革和持续发展,形成了自己的育人结构体系,并从不同层面落实;第二,在"怎样培养人"这个问题上也有创新之处,杨校长的报告中关于课程体系的设计有突破和创新,设计了六大领域课程体系,在原来分科基础上做了整合,将体育与健康、音乐与审美等整合在一起，六大领域考虑了原有的知识结构，又考虑了人的素质结构，课程与课程不是截然分开，有联系，形成完整的体系，教学观念上体现了"眼中有人"，如促进教师专业发展，不仅重视教师的教学能力，也注重教师的科研能力，以科研促教学，落实了科研兴校，此外，又特别重视将学生放在第一位，以生为本；第三，注重学校管理，学校办出水平，顶层设计很重要，还要让师生接受，在各自的工作中将设计贯彻执行，方案中有管理机制，有了好的管理才能保证教育教学活动的进行，进而提高教学质量。最后，李教授又提出一个问题，自主和美教育目标的模型和自主和美教育模型，前一个按照顺时针排列，后一个按照逆时针排列，不知是有意为之还是无意疏忽，两个模型顺序不同；另外，报告中提出了七种文化建设，逻辑上还需要进一步推敲，不同的标准分类放到一起还需推敲，使方案更科学、准确、完整，更好地指导国际学校的发展。

天津市教科院院长张武升研究员在点评时说，本次研讨会规格很高，专家层次很高，题目选得好，与学校的发展契合，根植于学校发展，又超越了学校发展，具有普遍意义。关于报告有三点思考：第一，教育究竟由谁来办，当今时代提倡教育家办学，教育家来自于三个方面，一是管教育管了多年，很有经验和思想的人，二是当校长办学校办了多年的人，三是研究教育的人又投身实践，杨校长就是从书斋中走出来投身于实践的教育家，教育应该由懂得教育规律的专家来办，这是教育的希望，这是从国际学校的发展和杨校长的办学实践得出的共识；第二，顶层设计很重要，符合国家推进改革的重要方法论，顶层设计和摸着石头过河相结合，教育中应有更多的顶层设计，顶层设计就是科学设计，按照教育规律来做，因为教育改革不允许失败，杨校长到开发区国际学校后，吸收学校以前的经验，尊重本校的办学特点，对学校的发展有设计并形成了体系，杨校长做的这一工作很可贵，因此才推进了学校的进一步发展；第三，开发区教育局为国际学校的发展提供了良好的氛围。

点评结束后，五位专家以及王桂儒校长、马跃美校长、冯振飞校长、杨骞校长又与现场的兄弟校校长和老师们进行了互动。丁安廉校长说，今天参加研讨会收获很大，很想听一听三位名校长听了杨校长报告后的感受是怎样的。王桂儒校长说，自己在很多方面与杨校长相通，如强调教育家办学，注重学习，有先进的理念等。马跃美校长说，自己看了《天津教育》对杨校长的访谈,感触很深,而自己与杨校长又有很多共同的经历,所以很关注杨校长和国际学校,杨校长的理论功底和系统的顶层设计都非常好,很值得学习,最深刻的体会是,目前很多名校的校长忙于事务性工作,有很多实践经验,与理论结合不足,如果将理论与实践结合,学校将能办得越来越好。冯振飞校长说,杨校长在辽宁工作时影响很大,是真正地将教育理论与实践结合的专家型、学者型校长,杨校长撰写的文章《教师每日十问》曾发给辽宁省农村实验中学教师人手一份进行学习,杨校长与时俱进,不断学习、充实、完善自我,所以他的教育理念新、教育实践深,在国际学校看到杨校长取得的成果很高兴。《中小学管理》杂志社许丽艳副编审说,今天参加研讨会收获很大,杨校长向大家呈现了学校顶层设计的方案,作为校长该如何进行学校顶层设计,并请杨校长揭示顶层设计背后的一般规律。杨校长回应道:一要广泛地学习和阅读有关"人学"的著作,学习广泛的教育理论;二要进行逻辑思考,从哪里出发去向哪里要明确,不知道出发点和归宿就无法选择路径,也就是校长要思考培养目标和人的本质;三要提炼和升华自己的经验;四要不断思考和前进,今天报告中论述的方案是若干年思考的结果,校长要有胸怀和坚守,要坚守理想,这是校长要有的品质。张武升院长对此问题也做了回答,他认为学校顶层设计至少要包括四个方面:理论指导、历史依据、现实需要并得到群众认同。

本次研讨会作为国际学校20周年校庆的主题活动,有着不同寻常的意义。它既是对过去20年办学的一个高度概括,也是学校未来发展的一个新的起点,具有划时代的意义。这次研讨会不仅启发了所有与会者对教育的深刻思考,也会引领学校改革必须走教育家办学之潮流。

4.石中英教授在我校首届家长论坛上的点评(2015年1月6日)

刚才,我听了几位家长就如何开展价值观教育的发言,收获很大,也很有感触。下面我基于大家的发言,讲几点个人的意见,和大家分享,请大家批评。

一、把握方向

教育是陪伴孩子成长的过程。从"教育"的词源来看,无论是西方的"教育",还是东方的教育,都含有"陪伴"的含义。陪伴不单单是指父母陪在孩子的身边,陪伴还有其他的任务。作为孩子成长的陪伴者,父母不仅要指引方向,还包含着辅助、支持、鼓励等含义。我们很多父母在孩子未成年的时候,都会陪在孩子身边,但却没有领会到"陪伴"的真正含义。刚刚我们的家长说:"父母都是生活中的教育家"。这个观点我非常赞同。教育学就是着迷于孩子成长的学问,就是研究如何陪伴孩子成长的学问。教育学是一门专业,但是大多数家长没有机会去学习,但在生活中,每一个家长对于教育问题都有所观察,有所思考,所以每一个家长都有自己的教育学思考。

把握方向的"方向"到底是什么呢? 或者说,作为父母,我们究竟要把孩子培养成什么样的人呢? 这个问题至关重要,比如有家长刚才谈到要培养"健康的孩子",那么请问:威胁到孩子健康成长的因素都有哪些? 有助于培养健康孩子的因素是什么? 对"健康的孩子"怎么理解? 有的家长还谈到了让孩子"快乐"成长。这也不错,因为我们每个人都应成为快乐的人。但是,我们对于"快乐"的内涵是怎么理解的? 我们怎么样才能把一个人的生命变成快乐的? 那些时刻威胁快乐的因素是什么? 家长们还谈到培养"优秀的孩子",那么,什么样的人才是优秀的? 优秀的孩子究竟是从结果来看,还是从过程来看,是从他占有社会财富来看,还是从他为社会做出的贡献来看,从他所处的社会高度来看,还是从他的内在品质来看? 我们得好好思考这些问题。这些问题是方向问题、根本问题。在这些问题上,我们不能被社会上的一些错误的舆论所牵引,成为错误舆论的受害者。作为父母,我们不能只关注孩子成长中的一些细枝末节的问题,更重要的是要努力去思考,孩子将会成为什么样的人,这是家庭教育的大问题,也是整个教育的大问题。大问题想清楚了,与孩子成长有关的其他问题才能继续想下去。

二、寻求共识

家庭是孩子的第一所学校,父母是孩子的第一任教师。照此说来,学校就是孩子的第二个家庭,教师也有替代性父母的作用。所以,自古以来,家庭与学校的合作,教师和家长的牵手,是所有成功教育的秘密。刚才家长们讲到自己的育儿经验都非常好,但不知道你们的做法学校老师知不知道;反过来说,天津开发区国际学校对于学生的基本价值品质教育也做了许多卓有成效的工作,不知道诸位家长知道不知道。我也不知道家里对"好孩子"的定义与学校里对"好学生"的定义有多少重叠之处。现在有一种现象,学校认为孩子价值观教育主要是家长的责任,家长则认为主要是学校的责任。

一旦出现问题,不是坐下来讨论如何解决问题,帮助孩子成长,而是相互责备,仿佛彼此之间是敌人而不是同盟军。我知道,家长和学校都有关于好教育、好孩子、好学生的理解,也都在根据各自的理解在实施家庭教育、学校教育。现在要紧的是,彼此不要唱独角戏,而应该合作起来唱一出大戏。

从家长论坛上诸位家长的发言来看,天津开发区国际学校的价值教育已经得到了家长的广泛认同。价值教育是杨校长和他的团队几年前提出的,该校也是我们国家比较早的关注孩子良好价值品质形成的一所学校。确实,价值观对于人的一生来说太重要了,有的人走错路了,根本原因是因为价值观错了。价值观这个东西虽然看起来很"高大上",看不到也摸不着,但从一个人的为人处事就一下子能看出来这个人的价值观和价值取向。若我们从小没有培养孩子正确的价值观,孩子成长的每一步都很危险。看看反腐败斗争中那些犯错误的人,按照智力来讲,那些都是了不起的人,他们有智商、有能力,但到最后竹篮打水一场空,一生都毁了。这对他们个人来说是悲剧,带给这个社会的灾难更大,直接原因就是他们的价值观出了问题,没有站稳价值立场。教育要为孩子们的一生负责,家校合作不能仅限于学科学习方面,要扩展到价值观教育方面。在这方面,国际学校已经建立了良好的平台和机制,希望能够长期坚持下去并不断有所创新。

三、促进自主

刚才有家长说,开发区国际学校的校训"自由自律"很有国际范儿,这话一点也不假。从哲学上说,人是有自由精神的,正如马克思所说,自由是人类的内本性。这个命题的意思是说,人只有秉持自由的精神才能成为真正的人,没有自由精神,人要么是奴才,要么是极端专横的人。极端专横的人,看起来气魄很大,但无论是对于他自己还是对于他人来说,都不能带来正能量。所以,不论是资本主义的核心价值,还是社会主义的核心价值,都包含着"自由"范畴。自由不是放纵,自由是以尊重法律和道德原则为前提的,是理性指导下的自由。所以,自由、自律也是相通的。没有自由,谈不上自律,自律是自由在社会生活中的表现。随心所欲的行动从来都是与自由精神相悖的。

自由精神和自律意识的培育一定从小就开始。那么,对于小孩子来说,什么是自由呢?我看自由就是自主,培养他们的自主意识,就是培养他们的自由精神。何谓自主,就是孩子自己的能力能够做到的事情,教师和父母不要包办代替,而是要积极地鼓励孩子们自己去做。当然,为了养成孩子们审慎行动的习惯,在放手让孩子们做之前,父母或教师给予一些规则、要求、指导、建议等等是可以的,但即便是这样,也不宜先入为主,而应该依据孩子们的要求而给予帮助。养成了自主的习惯、精神,孩子们做事就能够自律了——自主的行动,自主的反思,自主的承担责任。一个人有了这些品质,就摆脱了对他人的依赖,就成为一个具有自由精神的人,在家里面就是一个让我们放心的人,到外面就是一个积极的社会公民。纵看历史,横看社会,人这一辈子最大的毛病就是依附而不自主——依附于权威,依附于财富,依附于金钱,依附于各种各样的人和物。凡是这种人都是没有长大的人,一个人真正的成长就是自由精神的形成。

四、关注细节

今天的家长论坛大家讲得都非常好,比如孩子弹琴磨蹭怎么办,孩子早上起不来赖床怎么办,孩子写作业马虎怎么办等等。大家交流了很多很好的经验。教育是在细节当中,教育的艺术就在于处理好这些细节问题。如果把人生看作是一件艺术品的话,教育者就要在孩子这块纯净的画布上绘制美好的人生蓝图。要实现教育的目的,家长和教师一定要高度关注细节,千万不要把细节问题不当问题。在细节问题的处理上,教育者的教育意识、对学生价值观的引导、民主自由的精神等等,才能慢慢地培养起来。

很多父母根本不清楚孩子成长过程中的细节问题,根本不关注这些问题的解决,等到这些问题慢慢汇聚变成比较大的问题的时候,要帮助孩子改正都已经晚了。凡事都是有征兆的,若在小问题出现的时候,我们就去和孩子们讨论,帮助他们分析原因,促进他们来解决这些问题,以后就不会有大的问题发生。在这种经常性的交流中,孩子识别问题、判断问题、分析问题的能力也就慢慢成熟了。这样等到将来他们离开我们,也就可以展翅飞翔了,想飞多高就飞多高,想飞多远可以飞多远。我建议,咱们以后的家长论坛可以围绕这些每个家庭都会遇到的细节问题展开讨论,老师们也参与进来,家校携手来解决这些司空见惯但至关重要的教育细节问题。

五、长善救失

教育像中医,不像西医。西医是脚痛医脚,头痛医头,而中医是从一个系统的观念来考虑人的健康问题,比如头痛可能是肝火旺,医生可能会扎你的脚。前面说到教育工作要关注细节,不是说要抓住孩子们的问题不放,而是要关注孩子身上一些积极方面在哪里,要努力运用孩子自身的积极力量来克服一些消极的态度和行为倾向。哪个孩子身上没有毛病? 十全十美的孩子去哪里寻找? 教育就是一种长善救失的意识。长善救失的意思是说,孩子身上的毛病我们看在眼里记在心里,但不要着急动手去将这些毛病克服掉。人就是优点、缺点的统一体,不可能将缺点改掉只有优点。怎么改正缺点,解决问题呢? 无数成功的教育案例说明,要将优点放大,当优点放大以后,缺点也就慢慢地消失了。所以,今天来看"长善""救失"之间的关系,它们之间并不是并列关系,而是条件关系,旨在通过发扬孩子们的优点来克服孩子们的缺点。发扬优点、克服缺点不是两件事情,而是一件事情。发扬优点是克服缺点的条件。这是我国古代教育的智慧,也是成功教育的不二法门。

六、正确引导

现在孩子们的观点也是非常多样的,影响孩子们对很多事物的价值态度的因素也是多种多样的。小小的孩子就已经有自己的价值评价、价值判断、价值选择。我们家长一定要将孩子往正确的道路上去引,不要满足于教他们一些世俗的社会技巧。那些东西看起来管用,事实上把孩子害了。很多年前,我和杨校长做价值品质教育,有人就说,这个社会是一个价值失序的社会,现在你要我们重视价值教育,孩子们将来到社会上不会吃亏吗? 现在我估计不会有这种观点了。那些价值观出问题的人,那些违背社会法律、伦理和良知的人,终于陆续尝到了人生的苦头,有的甚至银铛入狱。看起来,人的一生还是要按照正确的价值原则来为人处世比较好。一个人千万不要心存心机,而是要朴素、诚实、正直一些好。所以,家长一定要给孩子指引正确的人生道路,一定要告诉他人一生究竟该怎么走过,当孩子遇到价值冲突的时候,一定要将孩子往正道上引,不要将孩子往邪路上引。在孩子成人成才的道路上,我们家长不能犯糊涂,帮助孩子扣好第一粒纽扣的前提是家长要将扣错的纽扣改过来。如果家长们不去违法乱纪,不去贪污腐败,不去道德败坏,按照正确的价值观来为人处事,我想孩子们,就不会犯太大的错误,在自己人生的道路上尽管走得慢些,但是会让我们放心。

五、媒体

媒体主要包括报纸、期刊以及网络。《中国教育报》《教育研究》《中国教育学刊》《未来教育家》《教育科学》《中小学管理》《中小学校长》《中国教师》《天津教育》《辽宁教育》《辽宁教育研究》《天津教育报》《天津基础教育》《泰达教育研究》等都关注过我们学校,给予了很多的报道和宣传。

六、其他

还有很多单位、部门,比如教研室、教科院、师范大学、兄弟学校等都不同程度地对学校建设给予各自的支持和帮助。

近几年一直坚持的就是《中国价值联盟学校》的各项活动。《中国价值联盟学校》由天津开发区国际学校、安徽省寿县一中、北京市朝阳区南湖中园小学、武汉市马房山中学、北京市大兴区第二小学(原海南省海口市英才小学)等五所学校组成(其他观摩校还有一些)。这是由北京师范大学石中英教授发起,并得到教育长江学者项目的资助。每年召开一次年会,参加年会的除了联盟校的领导和教师外,一定会有来自北京师范大学、首都师范大学、湖南师范大学、河南大学、山东师范大学、北京教育学院等高校的教授和博士参加,大会有学术报告,也有经验分享。联盟还编辑出版《中国价值教育通讯》和注册网站(www.jiazhijiaoyu.com)。

中国价值教育联盟学校 2010 年工作研讨会会议纪要

2010 年 12 月 24 至 26 日,中国价值教育联盟学校 2010 年工作研讨会在天津开发区国际学校隆重举行。本次研讨会由北京师范大学教育基本理论研究院、天津开发区文化教育卫生局联合举办,安徽省寿县一中、北京朝阳区望京新城南湖中园小学、海口市英才小学、武汉市马房山中学等四所联盟学校协办。包括来自北京师范大学、首都师范大学、湖南师范大学、河南大学、北京教育学院等高校的多位教育专家以及来自全国 20 所中小学的校长和教师代表 230 余人与会。另外,《中国教育报》《中国教育学刊》《中小学管理》《中国教师报》等媒体记者也参加了研讨会。

本年度研讨会主题为“价值教育引领学校变革”。开幕式由天津开发区国际学校杨骞校长主持,天津开发区文教卫生局李洪波副处长出席并致辞,北京师范大学石中英教授发表了充满智慧、饱含深情的讲话。

24 日,与会代表分别走进了小学语文、数学、英语、班会以及初一、初二班会的课堂,之后,全体代表又观摩了武斌副校长的高中美术鉴赏课。北京师范大学石中英教授、北京师范大学王葎副教授、首都师范大学朱晓宏副教授、北京师范大学基本理论研究院余清臣副院长、河南大学魏宏聚副教授、北京教育学院涂元玲博士,中国青少年研究中心洪明博士分别对 7 节课进行了精彩点评。专家们认为,这七堂课各具特色,都是成功的、精彩的,主要表现为:老师们都具有深厚的学科素养,对教授的内容有精深的理解,教学目标清楚,教学形式活泼、生动,有的老师自然亲切、有的老师举重若轻,能为学生创设良好的学习氛围,注重学生体验,重视生活化倾向,价值教育目标能够有效达成。

当然,专家们也提出了一些建议和思考:课堂上应增加情景再现体验,增加真实性体验;关注学生认知的差异,寻找学生发生错误的根源,进行更有针对性的引导;应从教师的"教"转向学生的"学",把更多的时间还给学生;班会主题应更集中、突出,并有所取舍。余清臣副院长还提出了自己的思考,他认为优秀的价值教育课堂应该包括以下几个方面内容,即目标明确而通透,内容丰富而饱满,途径深入内心,学生深度参与,价值教育无缝渗透。点评过后,专家们为上展示课的老师颁发了荣誉证书。

24 日下午,魏宏聚副教授进行了主题为"课堂教学中实施价值教育的途径"的报告。他认为"课堂教学中的价值教育是一个起源于体验并在体验下不断修正并最终获得价值观念的连续过程"。因此提出了以下四种途径,即"通过能体现情感、态度与价值观的,生动、精彩的知性内容教学,引导学生通过认知的发展产生想象性体验(想象性体验);创设教学情景产生体验,培养相应的情感、态度与价值观(情景再现性体验);通过学生参与的活动产生体验,培养相应的情感、态度与价值观(参与性真实体验);通过抓住教学中价值教育契机,在教学机智中培养学生的情感、态度与价值观(偶发性真实体验)"。分组讨论时,与会者一致认为,课堂教学中应该渗透价值教育,无论是文科教学还是理科教学,但这种渗透应该是潜移默化的,要达到"润物细无声"的效果。

25 日,湖南师范大学刘铁芳教授进行了主题为"公民教育的扩展与学校公共生活的重建"的报告。他认为,价值教育是对传统教育的改造和提升,渗透在日常的教育教学生活中,是为学校教育寻找一个灵魂。公共生活简言之就是大家一起追求一种价值,"话语""理性""交流""达到卓越"是其关键词。让学生进入公共生活就要唤醒学生的在场意识,引导学生广泛交流,鼓励学生勇敢参与,引导学生超越私人的欲望,认同学校公共生活的核心价值观。另外,他还特别强调了教师的民主性格是公民教育的最重要的基础,而教师对学生的爱应超越私己性情感,并需要理性的表达。

之后,北京师范大学秦行音副教授又进行了主题为"全球化背景下的价值教育"的报告。秦教授从"转型时期的价值混乱和对道德教育的悲观""价值教育面临的三个背景""在这种背景下价值教育应该思考什么"三个方面阐明了自己对于价值观教育的思考。她认为,"中华文化背景、全球化的时代背景、当代教育制度等三个当代价值观教育面临的背景决定着价值观教育的内容和方式。"在这种背景下,价值观教育应该考虑的是"寻求共享的价值观,学会共同生活",而价值观教育就是"指向内心的精神和信仰的构建"。

26日,五所联盟学校就2010年学校价值教育的推进情况进行了年度汇报,德育主任或优秀班主任代表则围绕"价值教育与良好班集体建设"进行了主题发言。除报告人和听众进行现场互动外,与会代表又分为六组,围绕"课堂教学中的价值教育"和"西安药家鑫事件"两个话题展开了研讨。

无论是专家报告还是与会人员的讨论,研讨会在以下几个方面达成共识:价值教育势在必行并且已经迫在眉睫。校长应具有一定的价值领导力,以引领学校的价值教育。加强教师队伍建设是实施价值教育的前提和保障。课堂是价值教育的主要阵地。主题活动是践行价值教育的有效途径。家校合作是学校价值教育的外在推动力。

大会最后,石教授以"感恩""惊喜"和"期望"三个关键词对本次研讨会进行了总结。四点感恩就是"感恩提供高品质服务的天津经济技术开发区国际学校的全体领导和师生,感恩一年来为整个价值教育理论和实践做出不懈努力的朋友,感恩此次会议上进行示范教学、学术演讲、小组讨论和大会交流的各位同仁,感恩那些向我们提出价值教育需求的孩子们,是他们让我们感受到价值教育工作的意义。"五个惊喜为"对于价值教育在学校教育中的地位和作用认识逐渐清晰，各个学校从自己的发展目标出发，形成了系统的价值教育计划。价值教育向学科教学的渗透取得了初步的成效。班级管理中注重对学生良好价值品格的培养，有许多发人深思的案例。价值教育实践者的内在成长。"九点期望为"坚守价值教育的信念，加强教育价值的理论学习；以价值教育推动学校教育价值观的转变；打造一支优秀的价值教育团队；将价值教育落实在教育、教学和管理的细节当中；做好价值教育经验的总结概括及行动研究；拓展和丰富价值教育的途径；以爱、同情和责任为基础，建立良好的师生关系；构建以平等、尊重、信任和民主等价值为基础的学校文化，充分发挥隐性课程的作用；积极借鉴国外价值教育的优秀经验，做好价值教育国际化。"

大会在2011年研讨会的承办校——安徽省寿县一中的积极表态中降下帷幕。在未来的日子里，相信各所学校的价值教育探索之路会越走越开阔！

参考文献

[1] 顾明远. 中国教育大百科全书 [M]. 上海：上海教育出版社，2012.

[2] 黄楠森，袁贵仁等. 人学原理 [M]. 桂林：广西人民出版社，2000.

[3] 王啸. 教育人学——当代教育学的人学路向 [M]. 南京：江苏教育出版社，2003.

[4] 王海明. 新伦理学 [M]. 北京：商务印书馆，2001.

[5] 瞿葆奎，郑金洲. 教育基本理论之研究（1978-1995）[M]. 福州：福建教育出版社，1998.

[6] 单中惠. 西方教育思想史 [M]. 太原：山西人民出版社，1996.

[7] 鲁洁. 超越与创新 [M]. 北京：人民教育出版社，2001.

[8] 叶澜. "新基础教育"论——关于当代中国学校变革的探究与认识 [M]. 北京：教育科学出版社，2006.

[9] 石中英. 教育哲学 [M]. 北京：北京师范大学出版社，2008.

[10] 胡德海. 教育学原理 [M]. 兰州：甘肃教育出版社，1998.

[11] 陈桂生. 教育原理 [M]. 上海：华东师范大学出版社，1996.

[12] 郑金洲. 教育通论 [M]. 上海：华东师范大学出版社，2000.

[13] 陈佑清. 教育活动论 [M]. 南京：江苏教育出版社，2000.

[14] 十二所师大联合编写. 教育学基础 [M]. 北京：教育科学出版社，2002.

[15] 十二所师大联合编写. 心理学基础 [M]. 北京：教育科学出版社，2002.

[16] 冯建军. 当代主体教育论 [M]. 南京：江苏教育出版社，2001.

[17] 冯建军. 生命与教育 [M]. 北京：教育科学出版社，2004.

[18] 扈中平. 教育目的论（修订版）[M]. 武汉：湖北教育出版社，2004.

[19] 邵瑞珍. 教育心理学 [M]. 上海：上海教育出版社，1997.

[20] 林崇德. 学习与发展 [M]. 北京：北京师范大学出版社，1999.

[21] 林崇德. 教育与发展 [M]. 北京：北京师范大学出版社，2002.

[22] 丛立新. 课程论问题 [M]. 北京：教育科学出版社，2000.

[23] 廖哲勋. 课程学 [M]. 武汉：华中师范大学出版社，1991.

[24] 李秉德. 教学论 [M]. 北京：人民教育出版社，1991.

[25] 王策三. 教学认识论 [M]. 北京：北京师范大学出版社，2002.

[26] 施良方,崔允漷. 教学理论：课堂教学的原理、策略与研究 [M]. 上海：华东师范大学出版社，1999.

[27] 陈佑清. 教学论新编 [M]. 北京：人民教育出版社，2011.

[28] 田汉族. 交往教学论 [M]. 长沙：湖南师范大学出版社，2002.

[29] 杨骞. 数学教学耦动论 [M]. 上海：中国教育出版社，2004.

[30] 杨骞. 自主和美教育基础论 [M]. 天津：天津教育出版社，2015.

[31] 顾明远. 让学生在活动中成长,是教育改革的重要方向 [N]. 中国教育报，2014-7-26.

[32] 顾明远. 素质教育要以学为本 [J]. 人民教育，2014（16）.

[33] 顾明远. 教育的本质是生命教育 [J]. 课程·教材·教法，2013（9）.

[34] 顾明远. 优秀教师无不把学生当作学习主体 [J]. 中国教育学刊，2012（8）.

[35] 顾明远. 要与反教育行为作斗争 [J]. 中国教育学刊，2011（9）.

[36] 顾明远. 论学校文化建设 [J]. 西南师范大学学报，2006（5）.

[37] 陶西平. 重新认识基础教育"独立价值"[J]. 中国教育学刊，2012(1).

[38] 陶西平. 构建以学生为主体、价值为导向的课堂文化 [J]. 中小学管理，2012（9）.

[39] 陶西平. 教育必须坚持引导青少年正确价值观 [J]. 中国教育学刊，2012（4）.

[40] 鲁洁. 道德教育的根本作为：引导生活的建构 [J]. 教育研究，2010（6）.

[41] 鲁洁. 教育的原点：育人 [J]. 华东师范大学学报（教育科学版），2008（4）.

[42] 鲁洁. 道德教育的期待：人之自我超越 [J]. 高等教育研究，2008（9）.

[43] 鲁洁. 做成一个人——道德教育的根本指向 [J]. 教育研究，2007（11）.

[44] 鲁洁. 超越性的存在——兼析病态适应的教育 [J]. 华东师范大学学报（教育科学版），2007（4）.

[45] 鲁洁. 教育：人之自我建构的实践活动 [J]. 教育研究，1998(9).

[46] 文喆. 学校发展与校长的教育家成长问题 [J]. 中国教育学刊，2013（5）.

[47] 文喆. "以人为本"和教育的几个问题 [J]. 人民教育，2008（1）.

[48] 王定华. 试论新形势下学校文化建设 [J]. 教育研究，2012（1）.

[49] 王定华. 新形势下我国中小学生品德状况调查与思考 [J]. 教育科学研究，2013（1）.

[50] 石中英. 当前加强青少年价值教育的几点建议 [J]. 中国教育学刊，2014（1）.

[51] 石中英. 中小学校开展社会主义核心价值观教育的基本原则 [J]. 人民教育，2014(17).

[52] 石中英. 中小学校开展社会主义核心价值观教育的基本途径 [J]. 人民教育，2014(18).

[53] 石中英. 中小学校开展社会主义核心价值观教育的主要方法 [J]. 人民教育，2014(19).

[54] 石中英. 学校文化建设要有大视野 [J]. 新课程研究（中旬刊），2014(2).

[55] 刘铁芳，黄鑫. 教学何以成为美好事物的经历 [J]. 中国教育学刊，2014（7）.

[56] 吴康宁. 教育改革成功的基础 [J]. 教育研究，2012（1）.

[57] 杨启亮．基础教育课程与教学改革的适切性 [J]．教育学术月刊，2013(11)．

[58] 杨启亮．课堂教学有效性的几个基础问题 [J]．教育发展研究，2012（8）．

[59] 杨启亮．教学的教育性与教育的教学性 [J]．教育研究，2008(10)．

[60] 成尚荣．回到教学的基本问题上去 [J]．课程·教材·教法，2015（1）．

[61] 成尚荣．教学改革要坚持以学生学会学习为核心 [J]．人民教育，2013(22)．

[62] 成尚荣．教学改革的新走向与新趋势 [J]．人民教育，2013(24)．

[63] 成尚荣．教学的再定义及其变革走向 [J]．人民教育，2012（18）．

[64] 成尚荣．课堂教学改革的坚守、突破与超越 [J]．江苏教育研究，2012（3）．

[65] 成尚荣．教学改革绝不能止于"有效教学"——"有效教学"的批判性思考 [J]．人民教育，2010（23）．

[66] 查有梁．从有效教学到优质教学 [J]．教育科学研究，2014（10）．

[67] 廖哲勋，罗祖兵．试论学习活动方式的本质含义和重要作用——为修订课程标准和深化课程改革而作 [J]．课程·教材·教法，2013（1）．

[68] 金生鈜．何为教育实践？[J]．华东师范大学学报（教育科学版），2014(2)．

[69] 金生鈜．教育的终极价值与教师的良知 [J]．教师教育研究，2012（4）．

[70] 陈佑清．建构学习中心课堂——我国中小学课堂教学转型的取向探析 [J]．教育研究，2014（3）．

[71] 陈佑清．多维学习与全面发展——促进全面发展的学习机制探讨 [J]．教育研究，2011（1）．

[72] 陈佑清．不同类型学习在学生发展中的关系 [J]．教育研究与实验，2011（2）．

[73] 陈佑清．关于学习方式类型划分的思考 [J]．课程·教材·教法，

2010（2）.

[74] 焦炜，徐继存．课堂空间：本质与重建［J］．当代教育科学，2012（19）.

[75] 车丽娜，徐继存．论教学文化建设［J］．中国教育学刊，2010（7）.

[76] 余文森．论新课程课堂教学改革的八大关系［J］．当代教育与文化，2013（1）.

[77] 余文森．论课堂有效教学的基本特性［J］．课程教学研究，2013（1）.

[78] 余文森．有效教学三大内涵及其意义［J］．中国教育学刊，2012（5）.

[79] 杨骞．教师专业发展"五步曲"［J］．教育研究，4（2006）

[80] 杨骞．学校文化建设中的因素分析［J］．教育研究，1（2009）

[81] 杨骞．教师发展的学校责任与实践模式［J］．教育研究，4（2008）

[82] 杨骞．优化数学思维结构 提高数学思维能力［J］．中国教育学刊，5（1992）

[83] 杨骞．谈数学学习方法及其指导［J］．中国教育学刊，3（1997）

[84] 杨骞．关于加强数学应用教育的思考［J］．中国教育学刊，3（1998）

[85] 杨骞．关于数学教学中学生自主学习的研究［J］．中国教育学刊，3（2000）

[86] 杨骞．略论数学教育的科学价值［J］．中国教育学刊，4（2002）

[87] 杨骞．立体化的大课程理论与实践［J］．中国教育学刊，4（2003）

[88] 杨骞．校本研究：认识与对策［J］．中国教育学刊，7（2005）

[89] 杨骞．示范高中应成为素质教育的积极实践者［J］．中国教育学刊，7（2006）

[90] 杨骞．高中教育质量的再审视［J］．中国教育学刊，4（2008）

[91] 杨骞．师生关系的现实与理想有多远［J］．中国教育学刊，1（2009）

[92] 杨骞．学校核心文化建设的探索［J］．中国教育学刊，7（2009）

[93] 杨骞．办学水平与教育质量关系之研究［J］．中国教育学刊，5（2011）

[94] 杨骞．学校变革价值标准与行动研究［J］．中国教育学刊，11

（2011）

[95] 杨骞．校长作为课程领导者的认识与尝试 [J]．中国教育学刊，11（2012）

[96] 杨骞．"教育家办学"的真谛：尊重教育规律 [J]．中国教育学刊，1（2013）

[97] 杨骞．美国11—13年级数学课程改革的建议和设想 [J]．课程·教材·教法，1（1990）

[98] 杨骞．数学教学的心理学分析 [J]．课程·教材·教法，12（1991）

[99] 杨骞．试论数学学习的原则 [J]．课程·教材·教法，4（1992）

[100] 杨骞．论数学观的教育 [J]．课程·教材·教法，10（1994）

[101] 杨骞．素质教育观下的数学教育 [J]．课程·教材·教法，4（1997）

[102] 杨骞．数学素质刍议 [J]．课程·教材·教法，9（1998）

[103] 杨骞．从数学的广泛应用性角度谈高中数学教材的编写 [J]．课程·教材·教法，3（2000）

[104] 杨骞．做校长要勤于感悟 [J]．中小学校长，4（2008）

[105] 杨骞．要引导学生每日要十问 [J]．中小学校长，8（2008）

[106] 杨骞．研究者：不可或缺的校长角色 [J]．中小学校长，11（2008）

[107] 杨骞．校长专业标准与校长专业发展解读 [J]．中小学校长，3（2015）

[108] 杨骞．学校变革：践行一种更有价值的教育 [J]．中小学管理，5（2012）

[109] 杨骞．建构学习型学校的思考 [J]．教育家，3（2004）

[110] 杨骞．践行"好教育"，打造"好学校" [J]．未来教育家，10（2013）

[111] 杨骞．"教师成长"为何这么难 [J]．未来教育家，2（2015）

[112] 杨骞．构建校本教师教育体系的一些探索 [J]．中国教师，8（2005）

[113] 杨骞．从大学到中学，不是低就而是升华 [J]．中国教师，21（2009）

[114] 杨骞．校长每日十问 [J]．中国教师，9（2009）

[115] 杨骞．实现有价值的幸福人生 [J]．中国教师，3（2013）

[116] 杨骞. 论学科教育中的学习指导 [J]. 教育科学,专集（1994）

[117] 杨骞. 也谈现代教学方法的发展趋势 [J]. 教育科学,3（1995）

[118] 杨骞. 学习指导的意义探微 [J]. 教育科学, 1（1996）

[119] 杨骞. 学习指导的目的和内容 [J]. 教育科学, 3（1996）

[120] 杨骞. 学习指导的原则与途径简论 [J]. 教育科学, 2（1997）

[121] 杨骞. 素质教育观下本体教学模式的构建 [J]. 教育科学, 1（1998）

[122] 杨骞. 论学生主体意识的培养 [J]. 教育科学, 2（1999）

[123] 杨骞. 论"评课" [J]. 教育科学, 2（2002）

[124] 杨骞. 课程设计的"目标模式"及相关问题研究 [J]. 教育科学, 3（2003）

[125] 杨骞. 论学校中教师的反思 [J]. 教育科学, 2（2006）

[126] 杨骞. 基于教师实践的教师专业发展 [J]. 教育科学,3（2007）

[127] 杨骞. 师生关系的现实反思和理性诉求 [J]. 教育科学, 4(2008)

[128] 杨骞. 创建教改实验基地拓宽高师服务功能 [J]. 中国高教研究, 2（1997）

[129] 杨骞. 关于高师开设《教材分析与研究》课程的思考 [J]. 高等师范教育研究, 4（1998）

[130] 杨骞. 高师课程改革的新发展：学科教育系列课程的建构 [J]. 中国高教研究, 4（1998）

[131] 杨骞. 试论"诚心诚意把学生当作主人" [J]. 北京师范大学学报,专辑（1998）

[132] 杨骞. 加涅的学习理论在数学教学中的应用 [J]. 外国教育资料, 5（1987）

[133] 杨骞. 学生观新探 [J]. 现代中小学教育, 10（1999）

[134] 杨骞. 谈分析数学教材 [J]. 教学与管理, 1（1999）

[135] 杨骞. 迪恩斯论数学教学 [J]. 外国中小学教育, 2（1987）

[136] 杨骞. "5W2H"教学研究法 [J]. 中小学教师培训, 5（2001）

[137] 杨骞. 校本教师教育体系的建构与实践 [J]. 中小学教师培训, 7（2006）

[138] 杨骞. 课堂教学个性化刍议 [J]. 中小学教师培训, 5（2007）

[139] 杨骞. 数学教育的价值与数学教育改革 [J]. 学科教育, 2 (2003)

[140] 杨骞. 学校现代制度建设若干现象的思考 [J]. 教育参考, 3 (2006)

[141] 杨骞. 教师学习的应然分析 [J]. 教师教育, 10 (2007)

[142] 杨骞. 校长的使命：实现学生、教师和学校的协调发展 [J]. 辽宁师大学报 (社科版), 5 (2008)

[143] 杨骞. 素质教育的四个面向 [J]. 辽宁教育, 10 (1996)

[144] 杨骞. 由一堂课引发的对课堂教学中学生主体地位和作用的思考 [J]. 辽宁教育, 6 (1999)

[145] 杨骞. 学科教学耦动观 [J]. 辽宁教育, 7～8 (1999)

[146] 杨骞. 学科教学目的观 [J]. 辽宁教育, 9 (1999)

[147] 杨骞. 学科教学内容观 [J]. 辽宁教育, 10 (1999)

[148] 杨骞. 学科教学模式观 [J]. 辽宁教育, 11 (1999)

[149] 杨骞. 学科教育评价观 [J]. 辽宁教育, 12 (1999)

[150] 杨骞. 教师在课程改革中的地位和作用浅析 [J]. 辽宁教育, 3 (2000)

[151] 杨骞. 课程改革与研究漫谈 [J]. 辽宁教育, 5 (2000)

[152] 杨骞. 收集事实资料的方法 [J]. 辽宁教育, 3 (2002)

[153] 杨骞. 收集文献资料的方法 [J]. 辽宁教育, 4 (2002)

[154] 杨骞. 资料的整理与分析方法 [J]. 辽宁教育, 5 (2002)

[155] 杨骞. 理论的提炼与建构方法 [J]. 辽宁教育, 6 (2002)

[156] 杨骞. 教研论文的写作与方法 [J]. 辽宁教育, 7 (2002)

[157] 杨骞. 在课程改革中彰显学校特色 [J]. 辽宁教育, 5 (2008)

[158] 杨骞. 论教为学服务的思想 [J]. 辽宁教育研究, 4 (2000)

[159] 杨骞. 课改中教师专业发展的困境解析 [J]. 辽宁教育研究, 7 (2007)

[160] 杨骞. 不唯高考，但要为了高考 [J]. 辽宁招生考试, 1 (2008)

[161] 杨骞. 着眼于学生发展的课程设计 [J]. 中小学教学研究, 4 (2000)

[162] 杨骞. 校本课程的含义、历史、意义 [J]. 中小学教学研究, 1 (2001)

[163] 杨骞. 校本课程开发的策略研究 [J]. 中小学教学研究, 2（2001）

[164] 杨骞. 校本课程开发的原则研究 [J]. 中小学教学研究, 3（2001

[165] 杨骞. 课程改革与生活化原则 [J]. 中小学教学研究, 5（2001）

[166] 杨骞. 学校变革的条件与践行 [J]. 天津教育, 10（2011）

[167] 杨骞. 学校变革的原则与践行 [J]. 天津教育, 5（2012）

[168] 杨骞. 一位教授校长的教育理想与教育实践 [J]. 天津教育, 7（2012）

[169] 杨骞. 学校发展建构与价值引领实践 [J]. 天津教育, 22（2013）

[170] 杨骞. 自主教育与优质学校的探索者 [J]. 天津教育, 1（2014）

[171] 杨骞. 文化育人与学校文化建设 [J]. 天津教育, 3-4（2014）

[172] 杨骞. 滨海新区教师幸福感调查与研究 [J]. 天津市教科院学报, 3（2013）

[173] 杨骞. 中小学教师幸福感研究综述 [J]. 天津市教科院学报, 2（2014）

[174] 杨骞. 论数学教育的目的体系 [J]. 数学教育学报, 3（1995）

[175] 杨骞. 论认知结构对数学学习的影响 [J]. 数学教育学报, 1（1993）

[176] 杨骞. 论情感和意志对数学学习的影响 [J]. 数学教育学报, 1（1994）

[177] 杨骞. 面向21世纪初中函数教育改革研究 [J]. 数学教育学报, 2（1997）

[178] 杨骞. 高中数学课程的新发展 [J]. 数学教育学报, 1（1998）

[179] 杨骞. 关于数学建构性教学的认识和思考 [J]. 数学教育学报, 1（2001）

[180] 杨骞. 波利亚数学教育理论的现代启示 [J]. 数学教育学报, 2（2002）

[181] 杨骞. 数学教育与人本主义 [J]. 数学教育学报, 1（2004）

[182] 杨骞. 数学教学内容别论 [J]. 数学教育学报, 4（2005）

[183] 杨骞. 也谈对数学教育研究的几点认识 [J]. 数学通报, 2（2002）

[184] 杨骞. 关于"说课"的若干思考 [J]. 中国数学教育, 5（2007）

[185] 杨骞. 上课：预设与生成的有机统一 [J]. 中国数学教育, 5

（2008）

[186] 杨骞. 数学"问题解决"研究概览 [J]. 中学数学教学参考，10（1997）

[187] 杨骞. 数学教学目的研究的进展 [J]. 中学数学教学参考，1～2（1997）

[188] 杨骞. 论数学教育中的素质教育研究 [J]. 中学数学教学参考，7（1998）

[189] 杨骞. 谈新高中《数学教学大纲》是怎样体现素质教育思想的 [J]. 中学数学教学参考，1（1998）

[190] 杨骞. 论数学应用教育及其研究 [J]. 中学数学教学参考，12（1998）

[191] 杨骞. 论数学的广泛应用性与社会需求性 [J]. 中学数学教学参考，6（1999）

[192] 杨骞. 数学应用教育的历史回顾与展望 [J]. 中学数学教学参考，7（1999）

[193] 杨骞. 立足于数学应用的数学课程改革 [J]. 中学数学教学参考，8（1999）

[194] 杨骞. 着眼于数学应用的数学教学改革 [J]. 中学数学教学参考，9（1999）

[195] 杨骞. 观察法及其在数学教育研究中的应用 [J]. 中学数学教学参考，9（2000）

[196] 杨骞."研究性学习"研究综述 [J]. 中学数学教学参考，9（2001）

[197] 杨骞. 一种鲜明的数学教育价值观 [J]. 中学数学教学参考，9（2002）

[198] 杨骞. 关于我博士论文选题的一点注记 [J]. 中学数学教学参考，12（2004）

[199] 杨骞. 让听课评课成为教师的生活方式 [N]. 光明日报，2008年7月23日

[200] 杨骞. 课程改革要发挥教师作用 [N]. 中国教育报，2000年6月2日

[201] 杨骞. 校本课程开发应注意的问题 [N]. 中国教育报，2000年

7月11日

[202] 杨骞. 示范高中"示范"啥 [N]. 中国教育报, 2004 年 1 月 6 日

[203] 杨骞. 一位教授校长的领导哲学 [N]. 中国教育报, 2005 年 11 月 22 日

[204] 杨骞. 营造"融合共生"的教师人际文化 [N]. 中国教育报, 2005 年 4 月 26 日

[205] 杨骞. 在是与不是之间探寻学校现代制度 [N]. 中国教育报, 2006 年 4 月 28 日

[206] 杨骞. 教师每日十问 [N]. 中国教育报, 2006 年 8 月 8 日

[207] 杨骞. 我们追求咋样的新时期师生关系 [N]. 中国教育报, 2007 年 1 月 27 日

[208] 杨骞. 其实推门课是"草根式研究" [N]. 中国教育报, 2007 年 4 月 24 日

[209] 杨骞. 公开竞聘未必是最佳选择 [N]. 中国教育报, 2008 年 6 月 17 日

[210] 杨骞. 校长正在忙些什么 [N]. 中国教育报, 2008 年 5 月 27 日

[211] 杨骞. 教师成长离不开听课评课 [N]. 中国教育报, 2008 年 7 月 22 日

[212] 杨骞. 面对诸多的价值分歧,校长何去何从 [N]. 中国教育报, 2008 年 10 月 14 日

[213] 杨骞. 中小学设立新闻发言人跟风还是趋势? [N]. 中国教育报, 2009 年 4 月 8 日

[214] 杨骞. 校长该不该对校舍安全终身负责? [N]. 中国教育报, 2009 年 7 月 8 日

[215] 杨骞. 班主任"行规"出台,校长如何出 [N]. 中国教育报, 2009 年 9 月 8 日

[216] 杨骞. 校园无" 机":手机是洪水猛兽 [N]. 中国教育报, 2010 年 4 月 20 日

[217] 杨骞. 幼儿园不该开奥数 [N]. 中国教育报, 2011 年 3 月 25 日

[218] 杨骞. 打造学校管理的第二团队 [N]. 中国教育报, 2011 年 7

月5日

[219] 杨骞. 校长办学自主权 [N]. 中国教育报，2015年3月2日

[220] 杨骞. 一位让教师享受教育的探索者 [N]. 中国教师报，2007年3月7日

[221] 杨骞. 学校教师管理变革的新尝试 [N]. 天津教育报，2011年6月22日

[222] 杨骞. 教师的幸福在哪里？[N]. 天津教育报，2012年3月28日

[223] 杨骞. 价值引领，行动研究，文化育人 [N]. 天津教育报，2013年9月25日

[224] 杨骞. 小学奥林匹克数学 [M]. 大连出版社，1989年12月

[225] 杨骞. 学科教育学导论 [M]. 大连理工大学出版社，1992年1月

[226] 杨骞. 数学教学笔录精选 [M]. 大连出版社，1992年8月

[227] 杨骞. 高师课程结构论 [M]. 东北师范大学出版社，1993年1月

[228] 杨骞. 小学数学奥林匹克普及读物 [M]. 辽宁大学出版社，1993年4月

[229] 杨骞. 小学数学奥林匹克名题赏析 [M]. 辽宁师大出版社，1995年2月

[230] 杨骞. 中学教材分析与研究》（数学分册）[M]. 辽宁师范大学出版社，1997年12月

[231] 杨骞. 奥林匹克数学 [M]. 科学技术文献出版社，1999年2月

[232] 杨骞. 中考数学解题精典 [M]. 伊犁人民出版社，2000年2月

[233] 杨骞. 普通高中课程改革专题研究 [M]. 辽宁大学出版社，2001年12月

[234] 杨骞. 奥数周周练 [M]. 河海大学出版社，2002年6月

[235] 杨骞. 走向名校"小升初"三级跳 [M]. 南京师范大学出版社，2002年7月

[236] 杨骞. 新课标，新教材，新课堂 [M]. 辽宁教育出版社，2002，2003

[237] 杨骞. 数学教学耦动论 [M]. 中国教育出版社，2004年10月

[238] 杨骞. 中国数学教学研究30年 [M]. 科学出版社，2011年4月

[239] 杨骞. 小学英语教育 cute__teda 模式 [M]. 天津教育出版社，

2014 年 9 月

　[240] 杨骞 . 自主和美教育基础篇 [M]. 天津教育出版社，2015 年 3 月

后　记

　　校长要有自己的教育思想,这是人们的共识,更是教育家办学的基本要求。在 30 年的教育旅程中,古希腊的苏格拉底、柏拉图、亚里士多德等哲学家和教育家的思想光辉始终照耀着我的工作和学习之路;而 18 世纪、19世纪的理性主义教育、要素主义教育、主知主义教育、全人类教育等诸多思想也启发着我对教育的追问与思考;特别是 20 世纪的实验教育、进步教育、实用主义教育、永恒主义教育、存在主义教育、结构主义教育、"个性全面和谐发展"教育、"一般发展"教育、终身教育、人本化教育等著名的教育思想更让我受益颇多;孔子、韩愈、陶行知、蔡元培、陈鹤琴等教育家的思想与实践让我在本土教育营养中获得滋养。在 30 年的教育生涯中,我不仅在思考"教育是怎样的""教育何以可能""教育何以如此"等问题,也在教育实践与办学实践中探索着、感悟着、体验着。《自主和美教育基础论》(天津教育出版社,2015 年 2 月)主要就实践领域中的基本问题做了些许深入地思考和研究,《自主和美教育实践论》则力求回答"培养什么人"和"怎样培养人"这两个教育的基本问题,提出自己的办学使命:践行更有价值更高质量的教育,培养自主和美的人。

　　安徽省太湖县是我的家乡,大别山区的水土养育了我,淳厚朴实的民风也让我从儿时起就获得了"意性知识":立志创业、立志向善、立志寻美、立志坚守。从 1984 年大学毕业至今,30 年的理论学习,我积累了关于人、关于课程、关于教学、关于学习的"理论知识"。作为研究者,我在大学里做了 15 年的基础教育理论研究和实验研究,这一切又促使我产生了"情性知识":对教育实践的情怀、对青少年学生的喜爱、对培养人的事业的追求、对办"好学校"的向往;作为实践者,我在中小学校进行了 12 年的办学探索,无疑丰富了关于教育、关于学生、关于教师、关于管理的"实践知识"。在这四类"知识"的基础上,"自主和美"思想逐步形成。回首来时路,这一思想体系的构建大致经历了几个重要阶段,而一些事件也起到了举足轻重的作用。

第一阶段(1987—2002 年)理论准备阶段。在大学任教期间,围绕素质教育、主体教育、课程理论、教学流派等方面,以课程教学和课题研究等方式展开学习和研究,并深入中小学校做实践观察。

第二阶段(2002—2008 年)实践探索阶段。在一所省级重点中学担任校长期间,围绕课程设置和课程实施、课堂教学模式和教学管理、教师专业和培训、学校文化建设和传承等领域,在原有实践的基础上进行改进,改进后再实践。由于重点高中高考压力较大,应试倾向较为严重,所以在办学过程中,就如何平衡"应试"和"素质教育"做了深刻的反思和追问,我尤为重视学生德智体美劳全面、和谐发展,强调为学生未来人生打好基础和做好准备,继而形成了初步的"和美"思想。

第三阶段(2009—2014 年)实践验证阶段。在另一所国际学校的中国部担任校长期间,进行课程设计的优化和再实践、教师校本教育体系的完善和再实践、学校文化的再思考和再践行。因为是国际学校,相对而言,学生的主体意识更强、自由度更大;也由于班级数较少,教师工作的自主性和灵活性也较强,所以"自主"思想较为明显。

第四阶段(2014—2015 年)理论提炼阶段。2014 年,正值国际学校建校 20 周年,我们组织召开了以"学校顶层设计与学校变革"为主题的研讨会,我在会上以"培养自主和美的人"为题做报告,正式提出"自主和美教育思想"。中国教育学会、天津教育学会、天津市教育科学研究院、天津师范大学、天津市教研室以及天津兄弟学校校长等多个系统和层面的专家应邀与会,专家们就"自主和美教育思想"展开讨论。同年 10 月,我参加教育部中学校长培训中心组织的"第七期优秀中学校长研究班"学习,为进一步论证和研究"自主和美教育思想"提供了难得的机会和非常有利的条件。在研究班里,既可以得到专家的指导,又有同伴互助;既可以向名校学习,也可以向名校长学习。

第五阶段(2016 年—退休)深化推广阶段。未来的几年,在不断深化研究的基础上,进一步完善实践体系,扩大实践范围,创新实践途径,在更大范围内践行自主和美教育,在更高的层面建构自主和美教育。

在以上几个阶段中,有五个"重要事件"对自主和美教育思想的形成发挥着关键作用。

1. 在参加工作后的十年中,连续主持并完成了四个省级科研课题。利用六年时间完成了两个省教委青年科研基金项目,即《数学教学心理研究(1988—1990)》和《数学学习心理研究(1991—1993)》,该研究成果得到了北京师范大学林崇德先生、裴娣娜先生以及时任盘锦市教育局局长的魏书生先生等著名专家的高度赞扬,被誉为达到了国内领先水平。接下来又完成了两个省教委课题,即《中小学学习指导实验与研究》(1995.8—1998.8)和《素质教育教学模式的实验研究》(1996.8—1998.8),这两项成果分别获得教育部基础教育改革实验成果二等奖和三等奖。

2. 1997—1998学年,我申请了北京师范大学的访问学者,师从时任北京师范大学教科所所长的裴娣娜先生。当时,裴先生正领衔做国家社科重点课题《主体教育理论与实验研究》。在此期间,我不仅学习了有关主体哲学的理论,也广泛地参与了全国主体教育学术交流和教学观摩,接触到了主体教育的课堂教学实验,完成的结业报告《试论"诚心诚意地把学生当作主人"》发表在《北京师范大学学报》上,之后连续完成了一系列相关论文。

3. 2001年,在南京师范大学攻读课程与教学论专业博士学位期间,关注了教育更深层次的问题,追问"人是什么""教育为什么"等问题,阅读了一些关于人学、西方哲学、伦理学的书籍,如《人论》(卡西尔)、《人学原理》(黄楠森,袁贵仁)、《当代人类哲学人类学》(韩民青)、《教育人学——当代教育学的人学路向》(王啸)、《西方哲学史》(罗素)、《现代西方哲学》(刘放桐等)、《科学哲学》(刘大椿)、《新伦理学》(王明海)等。

4. 2002年7月,通过公开竞聘,我到一所省级重点中学担任校长,于是我从大学到了中学、从理论研究到了实践一线。正是这一年,我国启动了第八次课程改革,它不仅为学校变革提供了切入点,也为学校管理带来了生机。我与课程改革同行,边实践边研究,边研究边实践。从某种意义上说,课程改革成为我取得些许办学成就的一个支点。

5. 2003年10月,我参加了由教育部中学校长培训中心主办的第26期重点高中校长研修班,为期三个月的学习经历,对于只有一年校长经历的我来说至关重要,它让我用最短的时间和最便利的方式学习和借鉴历史名校的办学经验,让我站在较高的平台上梳理教育实践中的问题和困惑,让我坚定了教育理论是办学实践不可或缺前提的信心，坚定了按照教育规律办学的信念，坚定了办真教育的理想。

上述五个阶段和五个事件，可进一步概括为这样六个词：师范情结、终身学习、教育情怀、研究志趣、教育信仰、实践坚守。

《自主和美教育实践论》能够得以出版，首先感谢曾经并肩战斗过的辽宁师范大学附属中学的战友们，也要感谢正在和我共同前行在自主和美教育之路上的天津开发区国际学校的师生员工们，是他们的实践和付出成就了我的事业；其次感谢支持我的学术界的领导和朋友，尤其是天津市教育学会原会长刘长兴先生和北京师范大学教育学部原部长石中英先生。长兴先生是天津市基础教育界的老前辈，德高望重、学识渊博、谦和平易，颇具长者风度；中英先生是我国著名的教育哲学专家，视野宽阔、底蕴深厚、卓尔不群，大家风度尽显。他们不仅为本书写序，而且为我的研究和实践给予了鼎力支持和莫大鼓励。当然还要感谢出版社及为本书出版提供帮助的朋友们。

"博学而不穷，笃行而不倦"，《礼记》中这句对读书人的劝勉早已融入我的血液之中。办一所学生向往、教师幸福、家长满意的学校是我坚守的人生理想，学习和研究是我生活中不可或缺的组成部分，"发愤忘食，乐以忘忧"是我追求的精神状态。故纵然"老之将至"，我亦无忧，因为只要理想还在，信念犹存，心就永远年轻！

杨 骞

2018 年 1 月